井口貢 編

観光学事始め

「脱観光的」観光のススメ

片山明久　本康宏史　古池嘉和　小泉凡
安元彦心　岩﨑竹彦　古田菜穂子
著

法律文化社

はじめに

「今時、世間に蘭学といふこと専ら行はれ、志を立つる人は篤く学び、無識なる者は漫《みだ》りにこれを誇張す」とは、『蘭学事始』（一八一五（文化一二）年）の冒頭で杉田玄白（一七三三～一八一七）が記した一節です（杉田『蘭学事始』岩波文庫、一九五九年）。

また、夏目漱石は一九一一（明治四四）年八月に明石で行った講演「道楽と職業」のなかで、次のようにいいます。「道楽といいますと、悪い意味に取るとお酒を飲んだり、また何か花柳社会へ入ったりする、俗に道楽息子といいますね、ああいう息子のする仕業、それを形容して道楽という。けれども私のここでいう道楽は、そんな狭い意味で使うのではなく、もう少し広く応用のきく道楽である。善い意味、善い意味の道楽という字が使えるか使えないか、それは知りませぬが、だんだん話していくうちにわかるだろうと思う。もし使えなかったら悪い意味にすればそれでいいのであります」（夏目『社会と自分』ちくま文庫、二〇一四年）。

なぜ「はじめに」で、一見おおよそ「観光」とは関係がなさそうな話から始めるのか？　と問われそうですね。本書の表題が『観光学事始め―「脱観光的」観光のススメ』であるがゆえに、その〝もじり〟のひとつかと思われる人もいるでしょうね。また、深読みする人は、『蘭学事始』の底本を広く流布させるうえで大きく貢献したのが『学問のすゝめ』の著者、福沢諭吉であることにちなんで、「事始め」と「ススメ」か……と思われるかもしれません（少し考えすぎかもしれませんが）。

そうすると、漱石の引用については、ますますもって「脱観光」を気取ってのゆえ、と思われそうですね。いずれにしても杉田・福沢・漱石が連想されるかもしれないということは否定しませんが、彼らのような偉大な思想家に及ぶ術などまったくありません。

しかし本書を著そう、そして編《あ》もうとしてこの表題を想定したときに、冒頭に記した杉田玄白と夏目漱石の一節が思い浮かんだのは事実なのです。

例えば、杉田がいう「蘭学」を「観光学」に置き換えてみてください。またさらには、漱石がいう「道楽」を「観光」に置き換えてみてください。現代の「行為としての観光と、学びとしての観光」に関わる問題に突き刺さってきませんか。私はそんな気がしてならないのですが。

また福沢の、当時稀代のベストセラーとなった『学問のすゝめ』（初出：一八七二（明治五）年）では、学問としての実学を確かに勧めはしていますが、ただ単に実務的・実利的な営為を勧めたのではなかったはずです。たとえていうならば、読み書きそろばんと基本的な道徳とのバランスのとれた学びを求めていたに違いありません。経済と文化のバランスをとることの必要性について、抽象的な理論としてではなく、普通の人々が普通にわかりやすく理解できるようになることを「学問」として求め捉えていたに違いないのです。このこともまた、観光についての考え方や在り方に、どこかで通底するのではないでしょうか。

「文字を読むことのみを知って物事の道理を弁えざる者は、これを学者と言うべからず。いわゆる論語よみの論語しらずとは即ちこれなり。我邦の古事記を暗誦すれども今日の米相場を知らざる者は、これを世帯の学問に暗き男と言うべし。経書史類の奥義に達したれども、商法の法を心得て正しく取引をなすこと能わざる者は、これを帳合の学問に拙き人と言うべし」（福沢『学問のすゝめ』岩波文庫、一九四二年）。福沢の言説をどう読み取り読み解くかについては、確かに様々な解釈ができるかもしれませんが、「文字を読むこと」「論語よみ」であること、あるいは「古事記を暗誦す」ることや「経書史類の奥義に達」することなどの、いわば机上の学問をまったく否定したり軽視したりしていたわけではないでしょうし、また逆に実学や実用に資することがすべてと考えていたわけでもないと思います。

前者がなければ後者はなく、また後者を通して前者も確認、あるいは再発見できるに違いない、そう考えていたと思うのです。こうした捉え方は、観光を学ぶうえでも同様のことがいえるのではないでしょうか。

昨今、観光を声高に叫ぶ人ほど「米相場を知」ることのみが必要と考え、「経書史類」の〝伊呂波《いろは》〟すら無視して、「如何にして観光客にお金を落とさせるか」（なんと思いやりや優しさのない言葉か）ということだけに執心しているような気がして仕方ありません。

観光の究極の奥義は、そのまちにくらす人たちがいかにこころ豊かでありえるかということにあり、その実現のための経済的波及効果のすべてまでを否定するところではありません。しかし経済的波及効果が地域文化を損なうようなことがあったときには、その地域経済の現象の形態を一定オールタナティブにみつめなおす必要性があるということなのです（本文中では、「オールタナティブツーリズム」という言葉も出てきます）。

なお少し余談めきますが、「オールタナティブ（alternative）」という言葉は、日本語の一言で訳し切るのはなかなか難しいようです。ゆえに「もうひとつの……」といった具合にわかったようなわからないような意になってしまいます。観光を語る現代の文脈のなかにもそのような語彙はたくさんあります。本書では仮にそうした言葉を使いながらも、著者なりのわかりやすい解釈に基づきながら記していきたいと考えています[1]。

ちなみに「オールタナティブ」という概念が意味するところを、『広辞苑』が巧みに解釈していることを本書の**第3講3**で紹介しました。これを観光の文脈で使うとしたら、例えばこのように使ってみたらいかがでしょうか（これは、あくまでも私の勝手な解釈にしかすぎませんが）。

対象となる観光資源や観光現象に関わるモノ・コト・ヒトに対して、対決して真っ向から全否定するのではなく（とりわけ感情批判などもってのほかです）、良き部分は認め活かしながら、生じた矛盾と向き合い対峙しつつ、良き部分を活用することを通して、生じえた矛盾を解消し、より良き観光を実践・実現していくこと。そのためには、ステレオタイプ（紋切型）とモノカルチャー的（ひとつの文化現象至上論的）発想こそが、克服されるべき対象となるのです。

この書を編むうえで、「脱観光」を観光論義のなかで活かしていけたらと考えましたので、この「オールタナティブ」に関わる私なりの定義を通して、今一度確認していただき、その意図するところを拝察してもらえればと思います。

本書における各共著者の方々の論考は、そのための大きな導きの糸として示唆を与えてくれるものと確信しています。読者のみなさんは、ゆっくりと味読してください。もちろん、各章のなかでとりあげられ援用されるであろう思想家の考えから、生活者としての私たち常民が、日夜喜怒哀楽とともに、市井でくらしをつむいできた日常の思想（常民の思想やくらしの流儀）に至るまで、一見すれば「観光論」とは思えないものも出てくるかもしれません。しかし「観光」とは、ある意味で学際的な日常の営為でもあるため、それらはどこかで必ず通じてくるはずです。例えば、**第2講**で記した五感や第六次産業の問題についてもそうでしょうし、**最終講**で登場するある数学者のエッセーも、地域の観光を考えるためには、重要なヒントが隠されていると私は考えています。

まさに仏陀のいう「縁起の教え」かもしれませんが、「脱観光」の発想こそが、巡り巡って「観光」に通じていくのだということに、想いを馳せてほしいと感じています。(2) とりわけ、岩﨑竹彦による柳田國男、そして福祉と回想法に関わるふたつの講（**特講①・特講②**）、そして古田菜穂子の哲学的エッセーといえるふたつの講（**特講**

③・特講④）は、おおよそ狭義の観光という視点からは関係性の希薄さを与えてしまうかもしれません。しかし、繰り返し述べてきたつもりの「脱観光的」という言辞は、「観光」という本来多様で広義なものをいい当てようとした言《こと》の葉《は》であり、決して「風吹けば、桶屋が儲かる」式の意図からではありません。

その点からいえば、ある意味でこのふたりの言述は、本書における「脱観光」の真骨頂と捉えてもらってもいいでしょう。

さらに蛇足を描いてしまうことを恐れずにいいましょう。直前の註（2）に記したように、山出保（金沢市元市長）からの示唆が私自身のなかで長い間あたためられたことで、先の拙著『くらしのなかの文化・芸術・観光―カフェでくつろぎ、まちつむぎ』（二〇一四年）のⅢ部のタイトルが「くらしのなかでつむがれる観光―「脱観光的」観光のススメ」となったのです。それが、本拙編著刊行の誘因となったのかもしれません。

さて本書は八月に上梓されることになるのですが、共著者の方々にとっては、前年度桜の頃を、映画でいうならば「クランクイン」、そしてつゆの候を原稿の真っ只中に置き（晴耕雨読ならぬ晴耕雨筆）、そして翌年初を原稿最終締め切り、すなわち「クランクアップ」にするという、一年のなかで最も多忙な時期から最も憂鬱な時期に仕込みを入れて、そして再びの多忙期にフィニッシュという原稿作成作業となってしまいました。しかし実は、そんな時期にこそ私たちのような生業《なりわい》を持つ者たちにとって却って仕事は捗るのかもしれません。みなさんの論考は、生き生きと愉しく臨場感溢れる筆致で進んでいますので、読者のみなさんにもそれを存分にお愉しみいただければと思います。

屋上屋を重ねますが、稀代の都市観光家でもあった永井荷風（一八七九〜一九五九）は、その実践的記録を多く記述のなかに散りばめています。彼の作品の多くは、当時の東京というまちを通して観た、わが国の「都市観光史（誌）」の一断面を語って尽きないのです。

『つゆのあとさき』もまたそのひとつであり、初出は一九三一（昭和六）年の一〇月のことなので（『中央公論』誌上）、六月には一生懸命に原稿を書いていたかもしれませんね。そして、荷風のこの作品へのオマージュなのか、シンガーソングライターのさだまさしは「つゆのあとさき」という楽曲をつくっています（一九七七（昭和五二）年リリース）。その一節、「つゆのあとさきのトパーズ色の風……」に、当時まだ学生だった私はいいようもなく惹かれた記憶があります（併せて、さだの「主人公」（一九七八（昭和五三）年リリース）という楽曲もなぜか示唆的です。「……自分の人生の中では誰もがみな主人公……」、人にとっての唯一無二の人生、そして人がくらすそれぞれのまちも、それぞれが固有の歴史や生活文化を持った唯一無二のまちなのですから。そしてさらにこの楽曲が持つ歌詞で示唆的なのは、自分自身の過去を悔いてノスタルジックに終わらせるのではなく、それを糧にしながら前向きに自己を創造していくことを求めている点です。なぜか観光にもつながるところがありますね。負の文化遺産に目を閉じるのではなく、それを新たな正の文化を創造するための試金石にしようとする行為などを連想してみてください(3)）。

ところで「トパーズ色」とは、ご存じのようにスカイブルーに近い色です。つゆの晴れ間の空の下、「書を携えてまちに出る」（最終講参照）のも一興でしょう。

一方で「トパーズ」の語源は、ギリシア語の〝topazos〟（探求すること）であるという説もあります。さだがこのギリシア語を想定していたのかどうかはわかりませんが、雨の日には晴耕雨読よろしく、思索に耽ってみるのもいいかもしれません。そして晴れた日にはまちに出る！

つまるところ読者のみなさんには、雨の日は書斎で、晴れた日はまちにこの本を携えて出ていただくことで、末永く本書(4)を愛読していただければ望外の幸であるという一言がいいたかったがための極めて迂遠な前書でした。そしてさらに迂遠ついでになりますが、最後に柳田國男の『遠野物語』（初出：一九一〇（明治四三）年）の冒頭の献辞「此書を外国に在る人々に呈す」を戯画風に綴りおくことをご寛恕ください。

此書を「いかにして観光客にお金を落とさせるか」と執心する人に呈す

二〇一五年夏の風と匂いのなかで
時の名残が少しある、いつもの喫茶・風月堂にて風に游ぶことを想いつつ、「六二番のバス」を待ちながら……

著者を代表して　井口　貢

註

（1）わが国でも構造主義や記号論の影響もあってか、一九八〇年代前後を中心にいわゆる「ニューアカデミズム（ニューアカ）」が現代思想界で一世を風靡しました。私もまだかろうじて学生であった頃のことですが、周囲の友人たちはこぞって雑誌『現代思想』（青土社）を購読し、また栗本慎一郎、中沢新一、浅田彰ら諸氏の著作を小脇に抱えていたことをよく覚えています。その頃に少なからずの「外来語」が、わかったかわからないかが本人の心のなかには未着のまま、高校生以上の若者の間で定着していきました。本書では、その頃からよく使われた言葉も時としてあえて使用しています。そしてそれを、観光の文脈のなかで置換しながら、今一度自戒の念とともに、改めてその意味を可能な限りわかりやすく確認してみることも試みています（第1講1の「ディスクール」は象徴的ですね）。実はこうした手法は、前拙著『くらしのなかの文化・芸術・観光―カフェでくつろぎ、まちつむぎ』（法律文化社、二〇一四年）においても若干試みています。
　そしてそれは、ある意味でネガティブな方法となっているのかもしれませんが、「インテリぶりたい人」（小谷野敦『頭の悪い日本語』新潮新書、二〇一四年、六〇頁。これはなかなか面白い本です）へのメッセージとしたつもりです。何よりも、観光は「インテリぶって」は叙述できないということを、稀代の碩学・宮本常一（一九〇七～一九八一）は身をもって、そして書をもって伝えようとしました（宮本の学問を物心両面から支えた渋沢敬三は、宮本に対して、「学者になってはいけない」と諭し、宮本はその弟子たちに「学者に向けて書いてはいけない」と伝えたといいます。その深い意を改めて理解してみたいと思います）。

(2) この「脱観光」的ともいえる観光の着想に、私がひとつの大きなヒントを得たのは、もう今から十数年も前に見聞した山出保金沢市長(当時)の、「金沢を観光都市と呼んで欲しくない」という趣旨の発言でした(『學都』第五号、都市環境マネジメント研究所、二〇〇三年)。なお、二〇一四(平成二六)年の七月に岩波新書のなかの一冊として、山出氏の『金沢を歩く』が出て、多くの読者からの支持を得たようです。本書における本康宏史の論考と併せお読みいただくのも一興です。

(3) 京都の産業観光をも象徴する場所のひとつとして、「東映太秦映画村」があります。ここで時としてみかけ、あるいは映画・テレビの映像でも出会うことができるある名優がいます。福本清三氏がその人です。今年で七二歳と聞いていますが、「斬られ役・五〇年、五万回斬られた男」という言葉を耳にすると多くの方は、「ああ、あの人か」と思うのではないでしょうか。福本氏は、ある日テレビのインタヴューに応えながら、「絶えず、陰ではなく陽だと思ってやってきました」と笑みを浮かべていました(二〇一四(平成二六)年六月二九日、「シューイチ」日本テレビ系列)。すなわち、バイプレーヤーや端役では決してなく、主役のプライドを持つことで、長年に渡ってこうした役を演じてきたのだという意で語りたかったのでしょう。その心意気があったからこそ、二〇一四年七月に全国公開された(京都では六月に先行上映、もちろん私は観ました)『太秦ライムライト』で名実ともに主演を任せられることになったのでしょう。そんな矜持と気概を持つことが人にもまちにも必要なのです。例えば、本書の**第6講**をみてください。井波や高岡に住まう人たちとまちに対する矜持が、そこから十二分に感じ取ることができるはずです。加賀藩のなかで金沢だけではなく、私たちもまた「主人公のひとりだ」と。

さらに補足しましょう。『太秦ライムライト』の劇中で、エキストラの人たちを「虫ケラ」のように扱う、若く鼻もちならない映画監督が登場します。福本氏が演じる香美山清一は彼に抵抗し謹慎処分にあいます。撮影所の事務所長の長沼兼一(本田博太郎氏が好演)が監督に発した一言が重く心に響きました。「太秦にはエキストラはいません。みんな表現者、演者なのです」と。私たちは、「常在観光」を主張し、どのまちにも必ず、キラリと光る文化資源や観光資源があると考えています。長沼の言葉は、そのこととどこかで通じるのではないでしょうか。一見日陰にみえ、ネガティブに感じられてしまうようなものでも、視点を変えてみればポジティブで創造性を持ったものになりうる、それもまた観光の力かもしれませんね。

(4) 前拙著『くらしのなかの文化・芸術・観光―カフェでくつろぎ、まちつむぎ』(法律文化社、二〇一四年)に引き続き、その続編のようなこの編著、しかも一風変わった観光の本を書くことを、このような出版事情厳しきご時世のなか、「洛陽の紙価を高めること」甚だ心もとないにもかかわらず、快くお引き受けいただいた法律文化社の田靡純子社長と編集担当の上田哲平氏には、共著者一同になり代わり衷心よりの御礼を申し上げます。

第I部

観光と観光学

第1講　観光の両義性とその本義

1　「観光」を叙述（ディスクール）してみよう

読者のみなさんは、「観光」という言葉を聞いて、その第一印象としてどのようなイメージを持たれるでしょうか。おそらく十人十色、千差万別ではないかと思います。思い描かれるであろうことを勝手に推測してみましょう。[1]

① 気分転換、癒しを求める、ストレスを解消するために行うこと、楽しみや愉しみを与えてくれる行為、場合によっては享楽性を伴う行為……。

② お金がかかる行為、しかし一方でお金を儲ける人たちを生む行為……。

③ ある地域の歴史や文化と出会うことができる行為……。

④ ある地域で頑張っている人々と出会い、さらには再会することができる行為……。

⑤ 地域の新たな文化をつむぎ創造し、若い人材を生みだすきっかけとなるような行為……。

例えば①と②については、老若男女を問わずすぐに出てきそうな回答です。③以下は、少し年配で郷土史に興味があったり、観光ボランティアガイドに従事していたりといった方々から挙がるような回答内容です。あくまでもですが。その他挙げだせば切りはないかもしれませんが、みなさんが連想されるイメージには絶対的な正解もなければ、もちろん絶対的な誤答もないと思います。ずいぶんいい加減なように聞こえるかもしれませんが、それは「観光」が有する「両義性」のなすところだと思います。

換言すれば、「観光」をステレオタイプでは語れないということ、あるいは原理原則論（語弊があるかもしれませんが、数学や物理学のような）で観光を叙述するということは難しいということです。

「両義性」などという言葉を持ち出すと、なぜかさらに難しそうに聞こえますね。変に理屈などこねくり回さなくても、「観光とは楽しめればいいのだ」という声も聞こえてきそうですね。しかし、「観光を楽しむ」という行為のなかにこそ大きな「両義性」が潜んでいるということを私たちは忘れてはいけないのです。

原理原則論はない、といったばかりなので私がこれから行おうとすることももちろん絶対的な正解とは思わないでほしいのですが、「観光」を考えていただくためのひとつの試論的な叙述（ディスクール）として、みなさん自身の「観光学事始め」のための何らかの参考に資することができればと思いつつ、私見を進めてみましょう。

その前に念のため、右に記した①〜⑤に想定した事例の主旨を、一定整理しておきたいと思います（あえて、学問的要素について付記しました）。

① 「観光における非日常性への配慮……観光心理学的要素」
② 「観光におけるコストと経済効果……観光経済学的要素」
③ 「観光における文化的・学習的効果……観光文化論的要素」
④ 「観光における人的効果……観光人材論、リピーター創出論的要素」

⑤「観光における地域創造的効果……地域文化創造論、地域活性策、地域人材養成論的要素」

2 「観光の両義性」とはどういうことだろう？——社会の文脈のなかで考えてみよう

直前で「観光を楽しむ」という行為のなかに「両義性」があると記しました。両義性とは、ひとつの現象のなかに清濁併せ持つこと、もっとわかりやすくいえば正負の両面を有するということです。少し抽象的な例となるかもしれませんが、「マスツーリズムという観光の形態は、極めて両義性が高い」と叙述してみましょう。そして先に記した①〜⑤を手がかりにしながら、下線部分のゆえんを考えてみたいと思います。

「マスツーリズム」とは、供給サイド（観光業者）からみれば、商品としての旅行を、相対的に低コストで大量に提供することから始まります。需要サイド（消費者としての観光客）はそれを安価な料金で購入して、観光旅行を享受することができます。修学旅行などに象徴される団体旅行は、マスツーリズムというシステムの恩恵を通して実現することが可能となります。消費者の側面からみれば、安く買えることは決して悪いことではありません。そしてこうした観光の形態において、直接の供給に当たる業者（運輸業や宿泊・飲食等に関わる）はもちろんのこと、仲介に当たる業者（旅行代理店等）もともに薄利多売ではあっても、確実に一定の収益を得ることができるのではないでしょうか。

これらをひとつの現象と捉えたときに、まさに「正（清）」という側面をうかがい知ることができそうです。どのような現象でも多く共通していえることですが、その発祥や発想と実践の最初の段階においては、それがベストあるいはベターなものと思われて「正（清）」に溢れていても、やがて経年変化のなかで矛盾点としての「濁」が生じ、「負」に転化していくものなのですね。そこで、新たな段階へと立て直していく必要性が生まれてきます（ひとり「観光政策」にとどまらず、様々な「政策」の立案と実践と再構築の必要たるゆえんですね）。

マスツーリズムとは、誤解を恐れずにいえば、観光商品の大量生産・大量消費（そして、ときとして大量廃棄）です。わが国の社会経済の現代史の文脈として、一九五六（昭和三一）年の『経済白書』が「もはや戦後ではない」と高らかにその序曲を謳いあげて、一九八三（昭和四八）年に事実上の終焉を迎えその幕を閉じた高度経済成長期を考えたときとほぼ符合するのが、わが国におけるマスツーリズムの時代の最盛期でした。この符合と併せながら、マスツーリズムの「負（濁）」の部分を記述したいと思います。少し冗長になるかもしれませんがお許しください。

高度経済成長を支えたモノづくりは、「三種の神器」（白黒テレビ・電気洗濯機・電気冷蔵庫）そして「３Ｃ時代」（カー・クーラー・カラーテレビ：car・cooler・color television）がそれを主導し、高度な科学技術の進展によって安価で良質な工業製品を大量生産してきました。いわば戦後闇市の時代から脱却し、豊かさを謳歌し始めたわが国は、高度大衆消費社会へと移行し、この間に観光という社会現象も高度大衆消費化し、そのリードオフマンとしての役割を担ったのが、マスツーリズムという構想（コンセプト）だったのです（本書の**第３講**でもう少し詳しくお話ししたいと思います）。

一九五五（昭和三〇）年前後、高級車しかなかったといってよい国産車が、当時の価格で一〇〇万円を超えていたのに対して（例えばトヨタのクラウン）、大衆車を開発していくことでおよそ五、六年の後には同じくトヨタが「一千ドルカー」を謳い文句にパブリカを発売し、文字どおり三六万円前後で、しかも「月賦販売」で購入できるようになったのです。

この時期に、運輸省（旧）として初めて『観光白書』を発表します。一九六一（昭和三六）年のことです。また一九六三（昭和三八）年には、「観光基本法」が公布され、翌年の一九六四（昭和三九）年には海外観光旅行の制限付き自由化が実現し、東海道新幹線が開通（東京・新大阪間）、アジアで最初のオリンピックが東京で開催されたのもこの年のことでした。

当初贅沢品であった家電製品やクルマが大量生産のラインに乗ることで、大量消費が具現化したのですが、このことは観光現象においても類似性が強いのですね。おそらく、贅沢品、お金に余裕のある人しかできないと思われていた観光が、いわば大量消費化されて大衆観光と呼ばれるような現象を生んでいくのです。それまでは、修学旅行と新婚旅行くらいしか本格的な観光を経験していないという人が少なくなかったのではないでしょうか。もちろんいうまでもありませんが、修学旅行先も新婚旅行先も海外ではありません。旅行者の居住地がどこであったかの差異はもちろんありますが、前者の定番は京都・奈良・伊勢神宮、後者の定番は熱海などの温泉地だったと思います。新婚旅行のかつての定番として宮崎がしばしば挙げられますが、これはまさに高度成長期、マスツーリズムの時代となってからのことです[2]。

さてそのマスツーリズムの「正」の部分についてはすでに簡単に触れました。繰り返しになりますが、安価な商品としての観光は、それを享受できる人たちを拡大し、より多くの人たちに様々な地域の文化に触れることができる機会をより広げていくことを可能とします。しかし一方で、メディアや旅行代理店等によって過大なまでに喧伝されるという状況を必然的なものとして地域、とりわけ特定の地域にもたらせてしまいます。不特定多数の人々の来訪は、直接的な観光業者にとっては嬉しいことでも、普通にくらす人々にとっては必ずしも嬉しくないことも生み落としてしまうのです。いわゆる「観光公害」です。これはまさにマスツーリズムがもたらせた「負」の要素を象徴的に表した言葉です。

高度経済成長下における急速な重化学工業化と大量生産・大量消費・大量廃棄という社会のシステムの影の部分として、四大公害病に象徴されるような公害の社会問題化が「負」の部分として存在し、社会経済の成長発展のなかの「正」の部分と対峙するようにしてその両義性が指摘されるようになりました。観光においてもほぼ軌を一にするようにして、「ことの深刻さは違う」という人がいるとしても、地域社会に及ぼす「負」の部分は確実に存在するようになったのです。(3)

高度経済成長が実質的に崩壊するのは、一九七三（昭和四八）年のことです。これを契機としながら、画一的な国土開発計画への見直しの機運が高まり、七〇年代末に至ると「地方の時代」という言葉が鼓舞され、地域の内発性を重視する視座に基づいた内発的発展論が提唱されるようになります。(4) それは、地域観光の在り方にも大きな影響を及ぼしマスツーリズムと対峙しながらその矛盾点を解消していこうとするオールタナティブツーリズムや持続可能な観光（サスティナブルツーリズム）の提案などを生んでいくことになります。

これらの点については、本書の**第3講**でもう少し詳しく記したいと思います。

3　観光の本義について再考してみよう

今までの拙著や随所での言説(5)のなかで、私は観光を考えるときには必ずその本来の意味や意義を確認する必要性を説き、拙速に経済効果のみを打算的に求めることの非を伝えようとしてきたつもりです。したがって、それらを読まれたことがある人たちには、再度その趣旨を重ねてしまうことになりますが、しかし本書で初めてお読みいただく人も少なくないでしょうから、今一度改めて確認したいと思います。

冒頭**1**の部分でみなさんに問いかけ記した「観光のイメージ」とは少し異なる部分もあるかもしれません。とりわけ、即効的な享楽や経済効果に過剰に走ってしまうと、観光はその本義から外れ、つまるところ地域にとって大切なモノやコトはもちろんのこと、最も大切であるはずのヒトまでも損なってしまうように思います。地域にとって観光とは、「急がば廻れ」であるということを確認するためにも、観光の本義は強く認識されなければならないのです。

そこでまず、必須ともいえる三つの命題についてその意味を踏まえながら記しましょう。ちなみにこの三つの命題は、中国の古典思想にヒントを得たものですが、現代のわが国において、本当に地域の幸福のために観光を考えるならば、忘れてはならない現代的なテーマでもあるかと思います。まさに温故知新です。

(1) 観国之光（国の光を観《み》つめる）

これは、「四書五経」のひとつである『易経』からの一節ですが、多くの人がご存じのように、日本語の「観光」の語源となった言葉といわれています。ことの発端は、一八五五（安政二）年に、時の将軍であった徳川家定（第一三代目）に対して、オランダ国王のヴィルヘルムⅢ世から贈呈された二隻の軍艦にありました。家定はこれらに和船の名を付けることを命じて、「咸臨丸」と「観光丸」としました。おそらくわが国で広く「観光」という言葉が流布していくことになるのは、これによるところが大きいのではないかと思われます。もともとは、国威を発揚したいという思いが幕府にはあったのでしょう。

しかし『易経』でいう本来の意味は、「国の光を観（示）して観つめる」ことにあり、もう少し丁寧にその意味を辿ってみましょう。「国（地域）の光」とは、「（国）地域にとってかけがえのない文化資源、宝もの」なのです。これを「示す」ということは、その地域に住まう人々が矜持をもって主体的に行わなければならない行為なのです。そして、示された「文化資源、宝もの」を心込めて「観つめる」ことが必要となります。「観つめる」主体は、その地域の人々でもあることを忘れてはいけませんが、一方で他地域の人々であることも大切です。ひとつのまちの文化資源を媒介としながら、複数のまちの人々がそれを学びあうということ、まさに文化的交流が「観光」の要諦となるのです。

(2) 近説遠来(近くのもの説《よろこ》びて、遠くのもの来たれり)

先の言葉とつながるところもありますが、これは多くの人が一度は聞いたことがある孔子の言行録『論語』の一節です。地元に住まう人たちが、そのまちでくらすことの「説び」や幸せや誇りを感じることができて初めて、他地域に住む人々も訪れてくれるということです。「私のまちは、つまらない」と思い込み、その「文化資源、宝もの」の良さを自ら評価できないような人々が多くくらすまちが仮にあったとしたら、他所に住む人々がそこに魅力を感じるはずもないし、行ってみたいと思うはずもない、ということです。

(3) 努力発国光(努力して国の光を発せん)

これは再び『易経』の一節です。そしてここでいう「光」とは、文化資源をより限定的に捉えてみる必要があります。一般的にいえば、文化資源とはモノ・コト、そしてヒトによって構成されています。そのなかで、特にヒトを重視したのがこの言葉なのです。ひと頃よく「まちづくりはヒトづくり」「観光地づくりはヒトづくり」という言葉が使われたことがあります。「努力して、地域のなかの優れた人材を発掘して育てていこう」ということがキーワードとなるのです。また、まちづくりや観光において、ヨソモノ・ワカモノ・バカモノ・スグレモノの必要性とその功徳が説かれたこともしばしばありました。これもまた人材が人財であることを伝えようとした言葉です。「ヨソモノ」をどう捉えるかということは誤解を生むかもしれませんが、地域にとって「二度と来ない一見さん」ではありません。また、有名・優秀・有能な人材を、お金をかけて外部からスカウトしてくることもここでいう「ヨソモノ」とは違います。①②についてもいえることですが、そして直後に「内発性」についいて記しますが、人材は人財であり、地域において内発的な視点に立って育てていかなければならないのです。地域が内発的に成長していくための大きな要諦は、広義の地域教育であり、観光とは狭義の観光教育を超えて地域の将来の担い手である子どもたちの育成に資するものでなくてはならないのです。「まちづくり、観光地づくりはヒトづくり」という一節も、その文脈のなかで考えたいものです。

4 内発性と自律性、そして共感のための地域観光

こうした「観光の本義」を踏まえ、とりわけ地域観光の視点から大切になることは、地域社会にとっての内発性と自律性の意志がどれだけ働いているかということではないでしょうか。グローバル化社会、ボーダレス化社会が叫ばれるなか、「ローカルな良さ」が時として軽視されることがあるような気がしてなりません。「内発的であること」や「自律的な地域づくり」とは、決してグローバル化やボーダレス化に背を向けることではありません。本当の意味での「ローカルな良さ」とは、内発的で自律的な意志なくしては持ちえないのです。そしてそれがあってこそ、初めてグローバル化、ボーダレス化のなかでも堪えうる地域社会が育つのではないでしょうか。換言すれば、安易かつ即効的に外発的な力と他律性に依存し、さらには不易な生活文化の基層を時として揺るがしかねないような表層の流行に翻弄された地域とその観光は、国際社会のなかにおいても評価されません。人口数百人の小さな村が、唯一無二の存在として世界からも注目されるという例がいくつもあるとすれば、その理由を今一度原点に立ち返って考えてみてください。私たちの身近にもあるはずです。例えば、高知県の馬路村、徳島県の上勝町……。私のくらす米原市でも姉川上流域の農村集落（旧・伊吹町）が二〇一三（平成二五）年に、国の重要文化的景観に認定され注目を集め始めています。

ふたつとないはずの地域の観光が果たすべき役割は大きく、そしてまた真の意味での地域観光と内発性、自律性に溢れた地域社会とは、相乗的に互いの醸成に寄与しあう表裏一体の存在に違いないのです。

そこで、以下の引用文を味読してみませんか。

現在日本の経済事情は決して一朝に発現したものではないこと、従って一朝にこれを更改し得るものではないことと、我が国のごとく交通の緻密な人口の充実した猫が屋根伝いに旅行し得るような国でも地方到る処にそれぞれ特殊なる経済上の条件があって流行や模倣では田舎の行政はできぬこと、それだから結局は訓諭よりも当事者の自覚的研究を慫慂する方が大事であるということ……[6]

さて誰の文章かというと、わが国が生んだ、まさに内発的かつ自律的で総合的な政策科学（文化政策や地域観光政策に与えた財貨は非常に大きいでしょう）の草創の泰斗といってもよい柳田國男[7]（一八七五〜一九六二）の著作の一部です。『時代ト農政』からの一節ですが、初出が一九一〇（明治四三）年であることを思えば、まさに思想もまた流行や模倣ではなく不易なものであることがわかります。そして何よりも、こうした問題を考えるときに、日本人による自前の日本の思想であることの意義も、大きなものがあるように思います。

なおさらに記しておきたいことがあります。文化人類学者でもあった梅棹忠夫（一九一〇〜二〇一〇）は、若い日に柳田の薫陶や影響を受けたことは想像に難くありません。梅棹もまた自前の日本の思想の確立をめざしたという点においても柳田と通じるところがあります。さらにいち早く、一九七〇（昭和四五）年前後にわが国における文化政策と文化経済学の必要性を唱えていたのも梅棹です。そして柳田とは視座に微妙な差異はあったものの、「日本とはなにか」という問に対して、日本人自らの頭でその答えを見出す必要性を説こうとしたのです。

柳田と梅棹という二人の巨人の身近にいた伊藤幹治による、彼らの思想の差異と求めたところの共通点に関わる指摘は極めて的確ではないでしょうか。

柳田国男の一国民俗学と梅棹忠夫の日本文明論は、「日本とはなにか」という問に対する答えを追求した日本研究である。柳田は他者としての世界の諸民族の文化を視野に入れ、この国の民俗文化を手がかりにして「日本とはなにか」という問に対する答えを求めようとした。それに対して、梅棹は他者としての世界の諸文明との関係で日本文明を相対化し、日本文明を手がかりにして「日本とはなにか」という問に対する答えを追求している。(8)

さて、直前で傍線を施し私が記したこと、そして柳田の箴言「……猫が屋根伝いに……」です。語弊を恐れずにいうならば、安易に〝ゆるキャラ〟や〝B級グルメ〟に依存し、それで地域観光の振興を気取るようなことは、そろそろ再考しなければならないのではないでしょうか。もちろん、まちのマスコットキャラクターや安くて美味な郷土の日常性に富んだ料理そのものは決して悪くはないのです。その活用の在り方や、一種のギャグとはいえ「B級……」などと表現するやり方、語呂合わせだけの紛いものづくりなどからまず考えなおすことが必要なのです。

ギャグで言い放つことが、公共性を伴って人口に膾炙していくことで、不本意に思い、傷つく人がいることを忘れてはいけないのです。あえて具体例を挙げることは避けますが、思い当たるようなことはきっとあるはずです。

観光にはそれを支える（支えてきた）人々を含め、すべて「喜」びや「楽」しみだけでは終始しないということと併せ考えなければならないのです。すなわち、観光の背後には「怒」りもあれば「哀」しみもあるのだということを忘れてはならないのです。能天気な仕掛け人に他律的に依存した「ゆるキャラ」「B級グルメ」遊びでは、そのまちにくらす人の「怒」と「哀」の部分までは決して慮ることはできないのではないでしょうか。

少し情緒的な表現になるかもしれませんが、地域社会のなかで普通にくらす、普通の人々（まさに柳田のいう「常民」）の「あわれ」（「憐れ」ではなくむしろ「哀れ」「逢われ」……）に対して無私な気持ちで共感することができる「詩心」こそが、観光を考えるうえで必要なのだと思います。[9]

柳田が重視した内発性と自律性への意志が、[10]「詩心」とともに地域観光を考えるうえで大きな意味を持つということを、重ね重ね強調しておきたいと思います。そして併せて、「常民」のための、「経世済民」「学問救世」を旨とした柳田の思想は、「観光学」においても通じうる大きな示唆を私たちに与え続けてくれているのではないでしょうか。さてこうしたことをも踏まえながら、次の**第2講**では「文化政策としての観光」について考えてみたいと思います。

【井口貢】

註

（1）かつて、しばしば流行語のようにして使われた「ディスクール」をあえて使用しました。〝死語〟となった観もありますが、今でも時としてみかけます。本来は、誰にでもわかりやすく語りあうように記述することができなければいけないのであって、相手を煙に巻いて論駁することが「ディスクール」ではないのではないかと思います。「はじめに」の趣旨を反芻してみてくださいね。また「観光」について考えるということは、刹那的に考えたり、楽しいことや快楽だけを追い求めたり、あるいは「入込観光客数」など計量的データを並べて満足するだけで事足れり、というわけでは決してありません。やはり「叙述」するということがとても大切なのです。

（2）昭和でいうと四〇年代初頭（一九六六～六九年を中心に）ということになりますが、名コンビ・永六輔（作詞）といずみたく（作曲）による「日本のうたシリーズ」がつくられました。都道府県ごとに一曲ずつ歌をつくるという試みでした。おそらく最も有名となったのは、京都をテーマとした「女ひとり」や群馬の「いい湯だな」だったかと、私自身リアルタイムで印象深く感じています。そして宮崎の歌が「フェニックス・ハネムーン」だったのです。「君は今日から　妻という名の僕の恋人……」で始まる美しいバラードのこの楽曲は、結婚式披露宴でもしばしば唄われたようです。宮崎の日南海岸はまさに新婚旅行銀座だったのですね。

（3）例えばの話となりますが、新潟県の鄙びた温泉町であった越後湯沢は、川端康成（一八九九〜一九七二）の小説『雪国』の舞台として脚光を浴び、さらにわが国初のノーベル文学賞の受賞を得たことで一躍脚光を集めました。その後首都圏を中心にリゾート客やスキー客が殺到し、リゾートマンション等が多く建設され、地元住民の人々にとっては日照権の問題からリゾートマンション住民のゴミ問題に至るまで、様々な葛藤が生まれ、「東京都越後湯沢町」といった揶揄まで流布したことは記憶にある人もいるのではないでしょうか。最近では、新幹線も停車しスキーなどのスポーツ観光を中心とした首都圏からの日帰り客も少なくないようです。

同じく文芸作品との関連でいえば、三島由紀夫の『潮騒』が評判となり何度も映画化されるなかで、主人公の新治と初江のクライマックスシーンともいえる「観的哨」が、一時今でいうコンテンツツーリズムの恰好の対象となりました。小説に描かれた「歌島」は、実在する神島（三重県鳥羽市に浮かぶ孤島）がモデルとなりました。ふたりがひと時の逢瀬を楽しんだ「観的哨」が、訪れた観光客のとりわけ若いふたり連れと思われる人たちが主人公にあやかろうとしたのか、落書きに溢れているのを実見したのも、私にとっては記憶に残る「観光が及ぼした負の側面」でした。私が二〇歳の頃の体験なので、随分と以前のことにはなりますが。この例については、前拙著『くらしのなかの文化・芸術・観光―カフェでくつろぎ、まちつむぎ』（法律文化社、二〇一四年）でもう少し詳細に記述しましたので、ご覧ください。

また、マス化した観光現象が「負」の局面を生み出してしまった最近の例としては、日本のマチュピチュ、天空の城……ということで評判となった、兵庫県朝来市和田山町の竹田城址の事例は、記憶に新しいのではないでしょうか。

（4）わが国の近代の思想家のなかで、内発的発展の必要性を最初に示唆したのは、夏目漱石と柳田國男であったと思います。漱石は一九一一（明治四四）年に和歌山で「現代日本の開化」と題した表題のなかでそれを語っています（現在は岩波文庫等に所収）。奇しくもそれと同年に柳田の『遠野物語』が上梓されます。漱石が一国の内発性を求めたのに対して、柳田は岩手県の小さなまちから日本に敷衍化できる内発性を伝えようと試みました。現代においては、社会学の立場からの鶴見和子や経済学の視点を中心とした宮本憲一による「内発的発展論」を忘れてはいけません。また、文芸社会学の視点から井上ひさしの『吉里吉里人』（新潮社、一九八一年）を読み込むことも、地域の内発的発展を考えるための大きな導きの糸になるでしょう。

（5）前拙著『くらしのなかの文化・芸術・観光』では、「自らのまちを旅して」みるための指針として、この三つの命題を記しました（一一七～一二〇頁）。その他では、『まちづくり・観光と地域文化の創造』（学文社、二〇〇五年）、『観光学への扉』（学芸出版社、二〇〇八年）、『観光文化と地元学』（古今書院、二〇一一年）などをご参照ください。

（6）柳田國男『時代ト農政』（『柳田國男全集二九』所収）ちくま文庫、一九九一年、一〇～一一頁。

（7）とはいうものの、柳田の学問と思想を「内発的……泰斗」とは認めない人たちも少なくはないでしょう。柳田の著作を「学術論文」とは認めないという人もいるでしょう。その理由のひとつとしては、多くが「学者に向けて」書かれていないからかもしれません（「はじめに」で紹介した、渋沢敬三と宮本常一に関わるエピソードも併せ想起してみてください）。また、高等学校の教科書では多く『倫理』のなかで柳田の思想は触れられていますが、むしろ『現代国語』でその文章をみたことがあるという人の方が、印象には強く残っているのではないでしょうか。『雪国の春』所収の「清光館哀史」（初出：一九二六年）などはしばしば採用されてきたのではないかと思います。

柳田学に強く共感してきた室井光広の近著の一節を、考察の手がかりにしてみるのもいいでしょう。「柳田民俗学の稲作一元論を批判する研究者たちの論文にかえって一元的な退屈さを禁じえない。柳田のほとんど雑学に近いエッセー仕立ての文が放つ雑穀的風合いに尽きせぬ興趣を覚えるのである」（室井光広『柳田国男の話』東海大学出版部、二〇一四年、二一頁）。ちなみに、宮本の著作についても、「雑穀的風合い」というほぼ同様の指摘ができるところが、興趣に富んでいると私は思います。

（8）伊藤幹治『柳田国男と梅棹忠夫—自前の学問を求めて』岩波書店、二〇一一年、一九頁。

（9）「普通の人々」というのは、まさに柳田がいう「常民」に近いものであり、とりわけ私が本文中で意識したのは、普段の日常のなかで「観光」について、通常は利害得失を意識してくらしてはいない人々や、意識されずして特定の立場の人たちから「観光」に利活用され、そして心身ともに「搾取」されてしまう人々です。こうした、ありふれた日本人の「あわれ」の感情を柳田の常民思想に見出そうとした、おそらく最初の人は在野の民俗学者谷川健一（一九二一～二〇一三）であったことも併せ指摘しておきたいと思いますが、柳田と同様に「あわれ」の発見に努めたのは、他ならぬ旅の民俗学者でありわが国の観光文化論を構築した宮本常一（一九〇七～一九八一）だったことを忘れてはいけないでしょう。

（10）柳田のこうした問題意識は、ほぼ同時代の人といってよい夏目漱石（一八六七～一九一六）のそれとも通底しますね。このことは、直前の註（4）でも記したとおりです。漱石は残念ながら短命（没時：四九歳）に終わり、柳田は八八歳の天寿を全うしたという違いはありますが。朝日新聞では「漱石　こころ　一〇〇年」と銘打ち、二〇一四（平成二六）年四月より『こころ』を一〇〇年ぶりに再連載しました。柳田に関わる著作・研究書が多く上梓されている昨今と併せ、漱石と柳田の思想が軌を一にするようにして流れるこの時代の文脈は、決して偶然ではないように思います。漱石については、文化政策や観光の視点で示唆を得るためのまずは一歩の必読文献は、やはり註（4）でも紹介した「現代日本の開化」です。これは彼が一九一一（明治四四）年に和歌山市で行った講演録です。ちなみに、その前年に柳田の『遠野物語』と『時代ト農政』が世に出ています。「現代日本の開化」については、『漱石文明論集』（三好行雄編、岩波書店（岩波文庫版）、一九八六年）でその全容を読むことができるのですが、一部引用してみましょう。

「西洋の開化（即ち一般の開化）は内発的であって、日本の開化は外発的である。ここに内発的というのは内から自然に出て発展するという意味で丁度花が開くようにおのずから蕾が破れて花弁が外に向かうのをいい、また外発的とは外からおっかぶさった他の力でやむをえず一種の形式をとるのを指したつもりなのです。……今の日本の開化は地道にのそりのそりと歩くのではなくって、ヤッと気合を懸けてぴょいぴょいと飛んで行くのである。……自然と内に醗酵して醸された礼式でないから取ってつけたようで甚だ見苦しい。これは開化じゃない、……我々の遣っている事は内発的ではない、外発的である。これを一言にしていえば現代日本の開化は皮相上滑りの開化である……理屈は開化のどの方面へも応用ができるつもりです」（上掲書二六～三六頁）。どうでしょう、観光の在り方についても「応用できる」ように思いませんか。

さらに蛇足となりますが、直前に柳田と漱石についてその問題意識の通底……と記しました。『遠野物語』の序文冒頭にみる柳田の献辞ともいえる洒落た一節「此書を外国に在る人々に呈す」は、まさに上に引用した漱石の考察と重なって聞こえるのではないでしょうか。また「……どの方面へも応用……」（漱石）ということで、ひとつ思い出すことがあります。それは二〇〇三（平成一五）年に、公共広告機構のCMとしてオンエアされ当時大きな話題を呼んだものです。「ニッポン人には、日本が足りない」とそのメッセージとともに、日本にやってきて山形県の古湯の老舗旅館の若女将となった米国人女性の奮闘する姿は心に残りました。少し事情があって、固有名詞や地名はあえて記しませんが、彼女はその後いくつかの著書も上梓し、古き良き日本の姿を伝えようと試みました。米国人女性のこのメッセージもまた、漱石の指摘や柳田の献辞とつながりませんか。

ちなみに漱石の上掲書は三好行雄編ですが、石原千秋編による『社会と自分　漱石自選講演集』（筑摩書房（ちくま文庫）、二〇一四年）にも所収されており同書のなかの「道楽と職業」も興味深い論考ですが、そのことは本書の「はじめに」で少し触れたとおりです。

第2講　文化政策としての観光

1　観光を考えるための導きの糸

第1講1で観光のイメージは十人十色、千差万別と記しました。したがって、観光について学ぼうとするときも、依って立つべき「導きの糸」も千差万別になってしまうことはやむをえないのかもしれません。しかしそのことは、観光を考えるうえにおいて「哲学」が不在であっていいというわけでは決してありません。むしろ、千差万別であるがゆえに「哲学」を見極めなければならないということではないでしょうか。

しかし「哲学」といっても小難しいことを考える必要はありません。ある意味単純明快なことなのです。そもそも「哲学（philosophy）」とは「知を愛する」という行為が語源といわれています。「愛知心《えいち》」ですね。地域の観光を考えるうえで必要な哲学（愛知心）とは、まさに「地域の知（恵）を愛する行為」だと思います。

こうしたことを前提にしながら、とりわけ地域観光について考えるときの導きの糸となるのが「地域文化政策」という思考ではないでしょうか。もちろん「文化」という概念は観光以上に多様であるため、「文化政策」についての捉え方も、人によってその価値観は多様でしょう。しかし、上述したように「地域の知（恵）を愛する」という哲学は共通して持ちたいものです。

「地域の知恵」を愛しつむぐことで、「地域の知恵」も「知識」も継承され、それが新たな「地域の知」の枠組みを創出し、将来の地域へとつなげていく。こうした「知の創造的な循環」を通して、地域に住まう人々が心に豊かさを感じ、このまちに生まれ・くらし・逝くことに「甲斐い」を感じることができる、地域文化を媒介にしてそんな地域を実現することができるということが、究極的には「公共政策」としての「地域文化政策」の役割なのではないでしょうか。

少し難しい表現となるかもしれませんが、私なりの、地域文化政策についての一定の定義を記しておきたいと思います。

> 地域の所与性・常在性①を重視した文化資源②の活用を通して、地域の福祉水準③や創造的環境の向上④を実現するための公共政策であり、そこにおいては地域の固有価値が尊重され、文化と経済の調和ある発展が具現化されなければならない[1]。

これを「観光政策」に置き換えたときに、同様の発想に立って考えることがまさに文化政策を導きの糸として考える観光論ということになるのです。引用文中の傍線については、ここで新たに施したものですが、とりわけそれらを中心に補足してみたいと思います。

まず傍線部①の常在性については、「常在観光」[2]という概念を想起してください。これは、文化資源としての観光は常にいかなる場所にも存在しており、それを見出すことの努力の必要性と、その結果もたらされる観光の振興の在り方といっていいでしょう。

次に②の文化資源についてです。これは、大前提として文明と文化の差異を確認したうえで捉える必要性があります。その差異について、一言でいうとしたら、前者は優劣を競いその比較をすることが可能であるのに対して、文化は優劣を比較し論じることが困難であるということではないでしょうか。それを前提に語るとすれば、地域ごとに唯一、代替不能な固有価値を持った文化の諸相を文化資源と呼ぶことができるでしょう。そしてそれらは、ハード・ソフト・ヒューマンという三つの視点から考えるとわかりやすいのではないかと思います。単純にいうと、建造物やまちなみはハード、祭りや四季の行事などはソフト、歴史上の人物や地域に生きる人たちはヒューマン（ヨソモノ・ワカモノ・バカモノ・スグレモノ……とはよくいったものですね）となるわけですが、それらがつむぎ合いながら地域の文化資源を構成しているのです[③]。

もう少し具体的にいいましょう。私の好きなまちのひとつに松江（島根県）があります。本書の**第10講**で詳細は小泉凡が語ってくれることになりますが、このまちの人たちの多くは、深い縁《ゆかり》のあるラフカディオ・ハーン（小泉八雲：一八五〇～一九〇四）に今も強い思慕の念を持っているようで、恵愛の意を込めて「へるんさん」と呼びます。松江にとってハーンの存在はヒューマンとしての文化資源なのです。そして、ハードとしての「へるん旧居跡」を保存修景しながら記念館として活用することでハーンの業績（ソフトとしての文化資源）を顕彰しています。そしてこれらは、松江の光を大きく示しています。それを支えているのが市民（ヒューマンとしての）であることをも併せ確認しなければなりません。

福祉水準③というのは、狭義の福祉ではありません。老若男女、障がいを持った人も健常者もすべての市民が有する幸福度やくらし甲斐いを、文化と観光の文脈のなかで捉えてください。④の創造的環境の向上というのは、常在の文化を活用しながら文化がさらに新たな文化を生みだしていく力になるということです。常在の文化資源を活用し観光が振興されることで、そのまちに住まう人たちの矜持や生き甲斐いが向上され、その結果として地域の固有価値を持った文化が継承され、さらにはそれを梃《てこ》にするかのようにして新たな地域文化の創造にもつながっていくということです。

文化と経済の調和ある発展は、こうした循環のなかで歩調をあわせていくに違いないのです。経済的な効果のみを一義的に捉え、地域でつむがれ続けてきた文化を表層的に手段化したり、「木で竹を接ぐ」ように文化創造を気取っても、地域を長く幸福に導くことができる観光の創造はできないということを肝に銘じなければならないのです。そのことを気付かせてくれるのが、導きの糸としての文化政策なのだと思います。

こうして記してきたことを踏まえながら、次節では語呂合わせ風に「一・二・三・四・五・六の観光論」について考えてみましょう。

2 「一・二・三・四・五・六」の観光論

(1) その「一」と「二」から

整数を一から六まで並べた、語呂合わせか数字合わせのような、あるいは何か数え唄のような変な表題になっていることについて、まずは読者のみなさんにご寛恕いただきたいと思います。しかし、その数字がそれぞれ文化政策としての観光を考えるうえでも意味を持つ数字になるような気がしてならないのです。そこで「一・二・三・四・五・六の観光論」を順に従って記してみたいと思います。

「一」＝観光とは、一人称、ひとりだけで楽しむものでは決してないということ。

確かに、文化政策も観光政策もその発端においては、たったひとりの市民の発想から始まることもあります。しかしそれだけでは、文化や観光・旅に関わるひとつの動機でしかありません。柳田國男は「経世済民」と「学問救世」を旨にしながら、「旅行は学問のうち」と捉えてこういいます。「旅行にも愚かな旅行、つまらぬ旅行は多々あって、しかも一方にはまた非常に貴重な可能性もあるのである。我々が御同様に良書を求めて倦まぬのと同じく、常に良き旅行を心がけねばならぬゆえんである。良き旅行というものはやはり良き読書と同じで、単に自分だけがこれによって、より良き人となるのみならず、同時にこの人類の集合生活にも、何が新たなるものまた幸福なるものを齎し得るか否かに帰着する」[4]。

たったひとりの人のひとつの動機が、それを超えて広く共有され公益性をもたらすことで、文化や観光は文化政策、観光政策となるのです。

「二二＝二人称、ふたりの世界をさらに超えるということ。

日本経営史の世界で時としてとりあげられるのが、近江商人の経営理念[5]です。それを象徴するのが、多くの商家の家訓に表れた「三方よし」の精神です。一般的には「売り手よし・買い手よし・世間よし」を総称して「三方よし」といわれています。

観光にこれをなぞらえていうならば、観光客である「私とあなた」という二人称だけが良ければ良いというのはもちろん論外です。さらには「観光客と旅行代理業者」の二人称のみが良ければ……というのももちろん「売り手良し・買い手良し」の段階で終わってしまいますね。二人称、ふたりの世界を超えるということは、「世間良し」にまで観光を高めなければならないということです。

近江商人の源郷のひとつである日野町（滋賀県蒲生郡）は、農村部を背後にしながら江戸期からの近江商人の旧居群を残す静かで美しいまちですが、二〇〇九（平成二一）年春より体験型の農村観光に力を入れています。その前提として、「三方よし！　近江日野田舎体験」と銘打ち、滋賀県と蒲生郡と日野町の三者が協働することで「三方よし！　近江日野田舎体験推進協議会」をその前年の二〇〇八年に設立しました。ここでいう「三方よし！」とは、旅人（旅行会社、旅行者、団体、学校等）を「買い手」と捉え、受け入れ手（推進協議会を中心としたコーディネーターサイド）を「売り手」に、自治体や地域をまるごと「世間」と捉えています[6]。まさに、「二二」を超えるための「三方よし」の観光論です。

(2) さらに「三」と「四」を思う

「三方よし」ということで、すでに「三」は登場したわけですが、もうひとつ大切なさらなる「三」を確認したいと思います。それは観光(学)について考えるうえでとても大切なまなざしとなるものです。

「三」=三つの心を忘れてはならないということ。

観光という行為が、学問としても実践としても場当たり的で刹那的で、そして一部の利害と利益のための下僕とならないためには、三つの心を基調としたまなざしを忘れてはいけないと思います。「詩心・史心・誌心」という三つの心がそれに当たります。いずれも補足しあいながら、共感の念とともに鼎立されなければならない心でしょう。

「詩心」については、次の「四」と併せて記したいと思います。

「史心」については、少なくとも人文・社会科学においてはそれを抜きにして語ることはできないものです。柳田においては自然科学の世界においてもその必要性を説きます。

「当世の史学に対する一つの態度、私たちがかりに名づけて史心というものだけは、いかなる専門に進む者にも備わっていなければならぬことは、ちょうど今日問題になっている数学や生物学も同じことだと思う[7]」。「数学や生物学も同じ……」と碩学・柳田にいわれると、いわんや文化政策・観光政策おや、と思わざるをえません(門外漢のまったくの余談ですが、昨今話題となったSTAP細胞問題も、史心の欠如ゆえでしょうか?)。

また金沢を終世その研究対象とした日本史家の田中喜男は、「金沢の問題は日本の都市問題であるが、何れの都市においても歴史を背負わない都市は存在しない[8]」と指摘しています。歴史を背負うという点においては、農山漁村等においてもそれは例外ではないのですが、「金沢の問題は日本の都市問題……」というように、ひとつのまちの歴史を通して日本を観るということの大切さ、そして日本からの俯瞰をベースにひとつの都市や農村について考える営為は、史心を抜きにしてはなしえないと思います。例えば金沢について、表層的で刹那的な観光業的発想で「加賀百万石、北陸の小京都……」と謳いあげても、それはステレオタイプで、ひとつ誤ればモノカルチャー的観光論に堕してしまうのです。本当の意味で観光を考察するためにも、史心は必要といわざるをえないのです。(9)

金沢を通してのこうした問題については、本書においては本康宏史が**第5講**で詳述しています。この奥深いまちの奥深い問題を通して、日本を考えてみてください。

さて次は「誌心」について考えてみましょう。辞書的にいえば「誌」とは、例えば『広辞苑』（第三版、岩波書店）では次のように記されています。「書きしるすこと。記録。文書」。そこであえて、「史心」と「誌心」の違いや、それを併せ持つことが観光について考えるうえでいかに大切なのかということを私の独断的解釈を踏まえつつ記してみたいと思います（「はじめに」で紹介した小谷野敦の言葉を借りると「頭の悪い日本語」となってしまうことを覚悟しながら……）。

おそらくみなさんも耳にされ、どう違うのだろうと思われたことがありそうな、こんな例から始めてみましょう。『〇〇県立△△高等学校一二〇年史』と『〇〇県立△△高等学校一二〇年誌』、どちらも「△△高等学校」創立以来一二〇年の歴史が叙述されていることに違いはなさそうです。あくまでも一般的な印象で捉えると、「史」は学術的で「誌」は軽い読み物風と思われる方もあるでしょう。また受験勉強で、一生懸命世界史や日本史を勉強した人のなかには、前者を「編年体」、後者を「紀伝体」というイメージで捉える人もいるでしょう。また「はじめに」に現代思想云々ということを記しましたが、その文脈で使用すると、「史」とは「通時性」を重視し、一方で「誌」とは「共時性」を慮る叙述法かなと感じる人もいるでしょう。あるいは、「鳥の目」と「虫の目」という言葉があります。ひとつの地域社会を俯瞰する「鳥の目」には「史心」が必要で、それを補うために必要な「虫の目」こそが「誌心」なのでは、という解釈もできそうです。

上記したように、あくまでも私の独断的解釈ですが、いずれも当たらずとも遠からずと思います（少なくとも、観光を叙述するうえにおいては）。またさらに上に紹介したように、辞書的には「誌」とは「……記録。文書」と記されていますが、口述に基づいた記憶を記録として、話者とは別の第三者が文書に残すことも「誌」の作業です。これもまた、観光について考える大切な方法です。柳田國男の『遠野物語』（岩波書店、角川書店、新潮社、筑摩書房などから多数文庫化されています）はまさにそのひとつの象徴的成果ではないでしょうか。こうした手法を考えるうえで、さらに御厨貴の『オーラルヒストリー─現代史のための口述記録』（中央公論新社〈中公新書〉、二〇〇二年）も大きなヒントとなるでしょう。これらを踏まえいうならば、「誌」を考えるうえでの必要不可欠な知的営為として「フィールドワーク」と「エスノグラフィー」、そして「フォークロア」を挙げることができそうですね[10]。

しかしいずれにしても、註（10）における引用文のなかで私が傍線を施した箇所「研究者の姿勢や感性」とは、まさに「誌心」が問われるところであり、これをひとり研究者のみではなく、広く地域に住まう人々の心（観光の業務に直接的に関わるか否かを問わず）まで敷衍していかなければならないのです。そしてそのことが、観光を通した地域の幸福にもつながっていくのではないでしょうか。

「四」＝忘れてはいけない四つの感情。

四つの感情とは、喜・怒・哀・楽のことです。すでに第1講4で触れたことですが、観光とは喜ばしくて楽しいことばかりではありません。その楽しさの背後にある（とりわけ楽しさを支える人々の背後にある）悲しみや苦しみ、そして怒りや哀れみの感情に対して共感することができなければ、観光の楽しみや愉しみもその地域社会のなかにおいては持続したものとなることはできないのではないでしょうか。

かつて阪急ブレーブスというプロ野球球団がありました。そのマスコットキャラクターであるブレービー君は、元祖〝動くゆるキャラ〟だったのかもしれません。そのなかに入って奮闘して、スタジアムにやってくる子どもたちを愉しませてくれていた人は、かつて在京の著名球団でドラフト一位に指名された人でした（残念ながら若くして亡くなりました）。ここからは私の推測にすぎませんが、彼の悲しみや苦しみを知ることのできた人は、そこに共感することで、愉しむことの意味を感じ取っていたのではないでしょうか。それゆえに、彼も亡くなるまでそのなかで演じ続けることができたのではないかと思います。もちろん子どもたちは、そうした事実など知る術もなかったでしょう。しかし哀しみを知り共感することができる大人たちがいたことを、ブレービー君を応援し続けた子どもたちは、きっと何らかの形で彼らの背中から読み取っていたのではないでしょうか。観光の喜怒哀楽とは、大人たちの背中からも次世代を担う子どもたちに伝えなければならない、それが私たち大人の使命でもあるのです。そして、他者の喜怒哀楽と共感することのできる心根こそが「詩心」でもあるのです。

(3)「五」と「六」という符合の意味

人のなかには「五」つの、そして社会のなかには「六」つの複合化された言葉の符合が、観光において重要な意味をなすように思います（また謎解きのような、言葉遊びのようなことを記してしまいますが……）。そこでまずは、「五」から記しましょう。

「五」＝五感を大切にし、それを育む。

五感とは人に備わる五つの感覚です。一般的にいうと、「視・聴・嗅・味・触覚」がそれに当たります。

さて「観光」についてその本義は記したとおりですが、英語ではいくつかの語彙があることは周知のとおりです。〝tourism〟〝travel〟〝journey〟〝sightseeing〟などを挙げることができます。「観」や〝sightseeing〟については、「みる」こと、すなわち視覚に重きを置いてはいます。もちろん、この二つの「みる」においてその含意するところに違いはありますが。「観る」ことの意味や意義については記したとおりですが、〝sightseeing〟については、日本語に置き換えると「物見遊山」というニュアンスが強くなります。〝tourism〟については、「轆轤《ろくろ》」を語源として「くるくると回る」すなわち「周遊する」の意味合いを有することになります。そして〝travel〟に至っては、〝trouble〟が語源といわれるため、「困ったことに出会う」のは旅のつきものということになってしまいます。

何がいいたかったかといえば、これらの語彙のなかには明確には「五つの感覚」が必ずしも豊かには表現されていないということです。しかし様々な意味で、五感は観光にとって不可欠な要素ではないでしょうか。このことについてはすでに予告はしましたが、**第10章**で小泉凡によって松江市での取り組みを中心に詳細が語られることになります。

一例を挙げれば、ラフカディオ・ハーン（小泉八雲）が松江で観光を感じた最初の印象が、松江大橋に響く人々の下駄の音であったということです[11]。片方の眼が不自由であったハーンにとって、視覚を補って余りある鋭敏な聴覚がまちを感じさせたのですね。

またこれは私事となりますが、私の金沢での観光を感じた原体験は、三味の音と古書の饐えたような匂い、そして心地よく鼻を刺した漆器の香りだったということを付記しておきたいと思います[12]。

なお以下は付け足しの余談です。五感というものの具体的な感覚を漢字で表記すると、その意味合いに微妙な差異や、大きな相違点を生みだすことがあります。そこからも、まちの観光を感じさせる瞬間があるのかもしれません。上記したように金沢の「匂い」を「臭い」と表記すると、観光の伝わり方はまったく違ってきます。平仮名や片仮名でも同様ですね。「におい」という表記と「ニオイ」も違います。ここからも、「観光を叙述する」ことの責任の重さを感じ取ってみてください。

「六」＝地域経済の視点で考えるならば、第六次産業としての観光。

ここまで主として、「観光と文化」について叙述してきたようですが、ここで少し視点を変えてみましょう。

みなさんは、中学生や高校生だった頃の社会科（公民科）の授業のなかで、「産業構造の高度化」という用語を学習したことと思います。その際にまず学ぶことは、産業構造の分類です。すなわち、第一次産業は「農林水産業……」、第二次産業は「鉱工業、製造業……」そして第三次産業は広汎に及び「金融、サービス、情報、教育、交通・運輸、流通業……」といった具合です。そこでは、観光に携わる職業は、観光業という形で狭義に把握されてしまうと「第三次産業」ということになります。すると農業や漁業は、あるいはモノづくりに携わることは観光とは関係ないのか？　ということになってしまいますが、それはまったくの誤解でしょう。今でこそ、グリーンツーリズムやエコツーリズム、あるいは農村体験観光、産業観光といったオールタナティブツーリズムが人口に膾炙してきたこともあって、ステレオタイプ化した観光の捉え方も変容してきたとは思います。しかし人が旅を覚えたときから、産業という視点を含めて考えたときに、第三次産業のみからなる行為だけでは観光は成り立ちえなかったはずです。「一×二×三＝六」、すなわちそれぞれの産業が、足し算としてではなく掛け算として力を寄せあうことで、初めて地域は成り立ち、観光も立ち行くのです[13]。

「私たちは、直接観光に関わる仕事をしているわけではないので関係ないですよ」と他人事のようにいうことなかれ、そのまちにくらすすべての人は、直接・間接を問わず地域の観光に関わっているということに共感し、その共感力が教育や協育の源泉となり、地域力を育む観光力となるのではないでしょうか。複合化された大きなエンジンがいついかなる場合も正しいわけではないでしょうが、観光については地域に住まう人々が「第六次産業」としての思いと能動的な行為をもって協働することが必要なのです。そして産業を広義の生活文化・くらしの文化に複合的に位置づけることを通して、「くらしづくり観光」さらには「まちつむぎ観光」として、観光は文化政策の一翼を担うことができるに違いありません。(14)

【井口貢】

註

（1）井口貢「地域から考える文化政策の哲学―地域・観光振興を事例に」同志社大学政策学部一〇周年記念出版編集委員会編『政策学ブックレット③ 地域の自律は本当に可能か』学芸出版社、二〇一四年、四三頁。

（2）井口貢『まちづくり・観光と地域文化の創造』学文社、二〇〇五年、三～四頁。

（3）井口貢『くらしのなかの文化・芸術・観光―カフェでくつろぎ、まちつむぎ』法律文化社、二〇一四年、八九頁。

（4）柳田國男『青年と学問』（『柳田國男全集二七』所収）ちくま文庫、一九九〇年、一五八頁（初出：一九二八（昭和三）年）。

（5）この研究については、滋賀大学経済学部附属資料館に膨大な資料が収蔵されています。それらを駆使しての本格的な研究が着手されたのは、戦後になってからのことです。江頭恒治『近江商人中井家の研究』（雄山閣、一九九四年（復刻版）、初出は一九六五年）や小倉栄一郎『近江中井家帖合の法』（ミネルヴァ書房、一九六二年）はその記念碑的労作です。ここでいう中井家とは日野商人（現在の滋賀県蒲生郡日野町）の代表格です。ちなみに日本経営史上では、近江商人というのは高島商人・湖東商人・八幡商人・日野商人を称します。なぜか奇しくも、現代の滋賀を代表する観光文化を今も誇る地域です。

（6）井口貢「地元学への射程」井口編『観光文化と地元学』古今書院、二〇一一年、五～八頁。

（7）柳田國男『日本の祭』角川学芸出版（角川ソフィア文庫）、二〇一三年、一〇頁（初出：一九四二（昭和一七）年）。柳田は「数学」をも史心に必要なものと例示しています。私のような文科系の人間からすれば、「おや?」と思うかもしれませんが、実は優れた数学者は、詩心をベースにして史心をも有しているのではないでしょうか。そんなことを感じさせてくれるわが国の数学者のひとりに、岡潔（一九〇一～七八）がいます。柳田よりは随分と若いので、ふたりの間で親密な交友があったかどうかは、寡聞にして私にはわかりません。ただ、岡については本書の最終講で少し触れてみたいと思っています。

（8）金沢学研究会編『金沢学② パフォーマンス・金沢 都市文化を読む』前田印刷出版部、一九八九年、二九四頁。なお

「金沢学研究会」については、本康宏史「「金沢学」と観光文化」（井口貢編『観光文化と地元学』古今書院、二〇一一年）に詳しいので、ぜひ参照されたいと思います。
(9) この点については、同上書に所収された田中喜男の論考「ブラックホール金沢論」（七一〜一〇八頁）が考察のためのひとつのヒントとなるでしょう。またこれと併せて、浅香年木『百万石の光と影　浅香年木遺稿集二』（能登印刷出版部、一九八八年）の一読も勧めたいと思います。
(10) 現代民俗学会二〇一四年度年次大会（五月一八日、お茶の水女子大学）におけるシンポジウムの基調テーマは、「民族誌はもういらない？　現代民俗学のエスノグラフィー論」という刺激的なテーマを掲げていました。ひとつの参考として、川田牧人と菅豊のふたりの文責によるレジュメの冒頭を紹介しておきます。
「日本におけるエスノグラフィーは、フィールドワークを基調とした調査研究の成果を公表するメディア＝民族誌として受けとめられる場合が多い。しかし、エスノグラフィーは本来、調査研究を行うフィールドの選定や研究対象の発見といった初期段階から、地域や人びとへのアプローチの方法、収集データの整理・分析法、さらに記述法、記述メディアの公開法といった最終段階までに至る、多局面に関わる研究行為の方法を総合的に捉える概念である。それは情報のインプットからアウトプットという研究プロセス全体と密接に関わっているが、しかし単なる情報収集の個別メソッド、あるいはテクニックではなく、フィールド科学を標榜する研究者の姿勢や感性、そして内在する問題意識なども問う全体的な「方法」なのである。民俗学では、このエスノグラフィーという言葉にはあまり馴染みがない。それよりも記述範囲が限定的なメディア＝「民俗誌」という、かなり特殊な用語でエスノグラフィーに類するものを捉えてきた。……」（傍線部、引用者）。

補足となりますが、「みんぞくがく」とは、「民族学（ethnology）」と「民俗学（folklore）」というふたつの視点から比較研究がなされなければならないのですが、例えば「日本の観光文化」という視点で考察するときには、どうしても後者の「民俗学」に比重が傾くのは事実です。
(11) ラフカディオ・ハーン『新版　日本の面影』角川学芸出版（角川ソフィア文庫）、二〇〇〇年、七三〜八〇頁（初出：一八九四（明治二七）年）。
(12) 井口貢『くらしのなかの文化・芸術・観光』前掲書、一三六〜一四〇頁。
(13) 井口、同上書、一二二〜一二五頁。
(14) 井口、同上書。さらには、井口「観光政策と文化政策――観光と文化の位相」北川宗忠編『観光文化論』（ミネルヴァ書房、二〇〇四年）一九〜三四頁を参照。

第3講　現代観光誌

この章では、私がリアルタイムのなかで感じた「観光」について、史的どころか、詩的・誌的にもならないであろう、極めて独断的で私的な「観光私誌」を綴ってみようと思います。

1　一九七〇（昭和四五）年一〇月初旬のある朝に……

（1）「知らない街を歩いてみたい……」

「昭和四五年一〇月初旬のある朝、通勤客の多くはいつもの電車に乗ってほっと一息入れたところで、〝おや、今日は少し雰囲気が違うぞ〟と感じたはずである。それは車内のポスターのせいである。……」で始まるこの一節は、わが国の現代観光史において、大きな意味を持つ、エポックメーキングな出来事ではないかと思います。

実はこれは、雑誌『宣伝会議』（宣伝会議、一九七二年一月号、二五頁）に掲載されたある特集記事のなかからの引用です。これに続いて以下、次のように記されています。「その車内ポスターは、おきまりの不動産やデパートやらファッションやらのポスターに較べると枚数はやや多かったが、それは決して強烈な視覚的インパクトを持ったポスターではなかった。目立つことといえばDISCOVER JAPANという英語文字の大きさぐらいだ。しかし、それとてもそのポスターを際立たせるものではなかったはずだ。みんな、横文字の広告にはなれているのだから……。それにもかかわらず、このポスターには「雰囲気が違う」と感じさせる何かがあった。これが四五年の一〇月いまから一年ちょっとまえにはじまった国鉄のDISCOVER JAPANキャンペーンのオープニングである」。

本誌一月号は、総頁数約一八〇頁中の四六頁を割いて「ディスカバー・キャンペーンの研究」を特集しており、引用した部分は「こころのマーケティング〈DISCOVER JAPANキャンペーン研究〉」（川上宏・梅田昭紀）からのものです。

「国鉄」とは、日本国有鉄道（現在のJR）のことで、「ディスカバー・ジャパン・キャンペーン」（以下、「ディスカバー」）というのは、大手広告代理店の電通とタッグを組んでできた、国鉄始まって以来といってよい一大キャンペーンのことでした。「雰囲気が違う」というのは、他でもありません。これを境に、わが国の国内観光の局面が大きく変わったのではないかと私は考えています。

実は同年同月に、日本テレビ系列で『遠くへ行きたい』という旅番組がスタートしており、毎週日曜日の早朝であるにもかかわらず、二〇一五（平成二七）年五月現在も続く長寿番組として人気です。そしてそのタイトルバックに流れた曲が「遠くへ行きたい」（作詞：永六輔、作曲：中村八大）でした。「知らない街を歩いてみたい……」で始まる哀愁を帯びたこの楽曲は、今もこの番組の冒頭を飾るスタンダードナンバーとして多くの歌手によって、そしてたくさんの人々が口ずさむことで、歌い継がれてきました(1)。

「ディスカバー」と歩調を合わせるようにして生まれたこの番組とが、タッグを組むようにして、上述のように国内観光の局面を変えたとすれば、その理由はどこにあったのでしょうか。そのことについて、少し私なりに考えてみたいと思います。ちなみに、「局面を変えたことを象徴的に表す言葉をひとつ記せ！」といわれたときに、私の解答は「知らない街を歩いてみたい」ということになるでしょう。

(2) ディスカバー・ジャパン・アンド・マイセルフと時代の文脈

一九五六（昭和三一）年の『経済白書』が「もはや戦後ではない」と記したことはあまりにも有名です。これがいわば、極端ないい方かもしれませんが日本史上未曽有の「高度経済成長期」の実質的な前奏曲を奏でることになりました（奇しくも、私はこの年に生を得ることになります）。

ところで、一九七五（昭和五〇）年生まれの研究者（地理学）である森正人に興味深い労作があります。『昭和旅行誌　雑誌『旅』を読む』（中央公論新社、二〇一〇年）がそれです。この著作は、一九二四（大正一三）年に、当初は日本旅行文化協会（日本交通公社、すなわちJTBの前身です）によって刊行された月刊誌『旅』を通して考察された昭和の旅行史（そして、旅行誌）です。なお『旅』は二〇〇四（平成一四）年一月号でいったん休刊となり（そのときの版元は、JTB出版事業部）、その四か月後の五月より新潮社によって復刊されることになるのですが、いわゆる観光業界以外の出版社の参入ということになったわけです。しかしその後に月刊誌が隔月刊となり、二〇一二（平成二四）年には再び休刊ということになりました。

さて「ディスカバー」については、森の著作のなかでも詳述されており（「第六章　世界とふるさとを旅する」一八三〜二三二頁）、啓発される部分も少なくありませんので、重要な参考文献として、ここで改めて紹介しておきたいと思います。

さて前節の最後で記した私の解答について考えてみましょう。

確かに、大正の終わりに創刊された『旅』が、人々を観光の気分に誘い、昭和となってその実現に向かわせようとしたことは「大きな力」となったことでしょう。ただ森も随所で示唆していますが、その間に第二次世界大戦が勃発し、そして敗戦と復興を経た高度経済成長がその「大きな力」として実質的に果たした役割は非常に大きかったと思われます。その高度経済成長が終焉の予感を感じさせ始めた頃、いやいやまだまだとばかりに大阪千里丘陵で開催された「世界万国博覧会（Expo '70）」（以下、「万博」）、その閉幕を待つようにして始まったのが実は「ディスカバー」だったのです。「万博」が交流人口を激増させたことはいうまでもありませんが、その閉幕は逆に反動として、交流人口の激減を予感させます。「ディスカバー」には、それをくい止めたいという発想が意図のひとつに存在していたことは否定できないでしょう。

しかし当時の広告キャンペーンの大きな流れのひとつとして、「「目的性」から「テーマ性」へと移行しつつある(2)」傾向にあったことは否定できない事実であったようです。そして「ディスカバー」のメインプロデューサーだった電通の第五連絡局連絡部長（当時）藤岡和賀夫は、このキャンペーンの制作意図を次のように語っていました。「……これまでの広告をこえたところで、広告自身が、なにか意味あるいは価値がもてないかという気持が出てきたのです。もう一つは、これからの旅は、いままでの目的地主義とか、あるいは観光地の絵ハガキといった感じの旅とは違ってくるのじゃないか。では、どう違ってくるのか。私の場合は、そこに一つの発見というテーマをもってきたわけです。同じ富士山を見ても、人によって、きれいだと思う人がいれば、きたないと思う人がいる。大きいと思う人がいれば、小さいと思う人がいる。要は、見る側の主体の問題で、そう考えると、発見ということは自分自身の発見ということにつきるんじゃないか。そこでタイトルはディスカバー・ジャパンなんですが、実はディスカバー・ジャパン・アンド・マイセルフというコンセプトで広告のモチーフに「心」をもってきた。……(3)」。

すなわち大きくいえば、ここにおいて文化観光におけるマスツーリズム的要素が、大きくオールタナティブなものに比重を変えるひとつのきっかけをつくったのではないかということです。マス的な思考に立てば、富士山は「皆がきれいに思う」ことを求めるわけです。そうしたなかで「きたないと思う」ひとがいてもそれを許容し、その許容を通して何かを発見してもらう、そこにオールタナティブな観光が生まれるのです。

あるいは、「誰もが知っているまちへ皆で訪れ、皆で同じ感動を味わう」観光ではなく、「知らない、観たことがないまちを訪れてみて、自分だけの発見と感動を味わう」観光、まさに「知らない街を歩いてみたい」ということになるのです。(4)

しかしあえて念のために記しますが、これは二〇〇〇年代（平成でいう一〇年代）になって流行った、いわゆる「自分探しの旅」とは異質のものであるということは確認しておきたいと思います。すなわち「ディスカバー・マイセルフ」には、旅という行為を通して、文明がもたらす疎外を文化的に救済する意図が働いていたと思うのですが、「自分探しの旅」にはあまりそのような意図を読み取ることはできないように思うのです。(5)

そのことについて、さらに時代を追いながら考えてみましょう。

2　一九七五（昭和五〇）年文化財保護法の改正、あるいはその前夜

(1)　前提としての「文明」と「文化」

文明と文化とは、よく似た言葉ですが、似ているゆえにその差異もまた際立つことがあります。ここで、「文明と文化」論を展開するつもりはありませんが、観光を考えるうえでもまったく無視することはできないのではないかと思います。前拙著のなかでその差異について一覧表にしましたので興味があればご覧いただければと思いますが、(6)特に観光を論じるうえで大切な点を再度整理・補足し、反復しておきたいと思います。

a　文化は優劣が付けにくいが、(7)文明は必ずしもそうではない。

b　文明は利便性を求めがちであるが、一方で不便なことも文化たりえる。

c　便利・快適であることが固有の文化を損なうこともある。
d　文明が経年変化のなかで疎外的状況を生んだとき、それを救うのは文化の力。

ひとつひとつを詳細に論じることはあえて避けながら、本節でいう「一九七五年」に絡めて考えていきたいと思います。この年の文化財保護法の改正において、最も重要な点は、「伝統的建造物群保存地区」制度の創出・認定ではなかったでしょうか（以下、「伝建地区」）。文明的利便性を追求した高度経済成長期においては、老朽化した古建築や古いまちなみはまさに地域の生活文化の歴史の生き証人であったにもかかわらず、古いがゆえに邪魔者扱いされ、疎んじられてきたことが多々あったのではないでしょうか。

「伝建地区になると町が寂れるというのが当時の市長の考えだった。そういう人のもとでは町並み保存などやれん」[8]とは、内子町（愛媛県）のカリスマ的（といっていいかどうかはともかくとして）公務員だった岡田文淑の、当時のことを回想した感慨です。

「文明的利便性」、という言葉はもっと簡単に、「合理性」と置き換えてもよいでしょう。

旅の民俗学者でもあった宮本常一は、一九七五（昭和五〇）年頃に著した著作のなかで興味深いことを記しています。京都のまちに残り活用されている明治の古建築を捉えながら「赤煉瓦を用いたものが多く、当時は大変モダンなものであったに違いない。……同志社大学にも京都大学にも、西本願寺前にも赤煉瓦の建物がある。そういうものをこわしたがらないで持ち伝えている。多少の不便をしのんでも利用しているようである。モダンな建物でも決して使い勝手がよいとはきまっていない。そのうちすぐ多くの不便を感ずるようになる。合理的というのはそのとき合理的であっていつまでも合理的だということではない。むしろそのとき合理的であると考えたものが後不合理になやむことだって多い。明治の建物だけではない。京都の人たちは江戸時代のものも、それ以前のものも残せるだけ残そうとしている」[9]。なお、京都について「日本的、あるいは最も日本らしいまち……」というような言辞に出会うことがしばしばありますね。しかし少しばかり逆説的な言葉遊びのようなことをいえば、高度経済成長期の頃においては「画一的で合理的な白いビルをつくる」ことが「日本的で日本らしかった」とすれば、京都などは「最も日本的ではなかった」のかもしれませんし、のちに「小京都ブーム」のなかで賞賛されることになる「小さな昔町」などもそうですね（もちろん宮本は、そこまではいっていませんが）。

岡田文淑は宮本常一に、その自宅まで会いに行ったことがあったそうです。そのとき宮本は、おそらく岡田への励ましの念を込めて、逆説的ともいえる言葉を伝えました。「町並み保存なんて馬鹿なことはおやめなさい。私は全国を歩いて内子も何度も行っているが、あんな山をいい加減に荒しておくような民度の低い住民に、町並み保存なんて、もっとも高度な文化的なことができるわけがない」[10]と。もしかして宮本は「民度の低い住民」として行政のトップを想起していたのではないでしょうか、そしてさらにいえばそうしたトップを選挙で選んだ住民をも……。

（2）「重要伝統的建造物群保存地区」の誕生

岡田文淑が宮本常一を訪ねたのは、おそらく「ディスカバー」が始まった一九七〇（昭和四五）年前後のことではなかったでしょうか。そのおよそ五年後の一九七五（昭和五〇）年に、国は「文化財保護法」の改正を通して、「重要伝統的建造物群保存地区」制度の認定を開始しました。

二〇一三（平成二五）年一二月二七日現在では、四一道府県八六市町一〇六地区がその認定の対象となっています。その認定の趣旨と詳細については、「文化庁」のホームページを参照してみてください。北は函館市元町末広町地区から南は沖縄県竹富町竹富島まで、城下町・宿場町・門前町・農山村集落など全国各地の歴史・文化的に価値の高いと思われる集落や町並群を計画的に保存し、あるいは修復しながら後世に伝えていくことを大きな主旨としています（保存修景）。さらにわかりやすい一言でいえば、「伝統的な建造物群を、点ではなく面として、歴史的価値を形成する環境も含めて保存する」[11]ことです。

高度経済成長が瓦解したのは一九七三（昭和四八）年のことでした。高度経済成長が池田隼人内閣によって政策的に実践されることになったのは、一九六一（昭和三六）年のことでしたが、実質的な発端を象徴した言辞が、先に記した「もはや戦後ではない」（一九五六年『経済白書』）です。この間、戦後復興を旗印に、モノの豊かさを求め新たなインフラを全国各地に次々と形成し、まさに合理的で便利なモノをつくりあげていくことを至上命令とする「文明化」の時代だったのでしょう。しかし歴史はその矛盾を見過ごすことは決してありません。誤解を恐れずにいうならば「弁証法的」に変容するのです。直前に引用した宮本の一文を、その行間を含め改めて確認してください。

そして「弁証法的」に変容するということは、「点」的にある日を境に一八〇度の変化が起こるわけではありません。確かに、文化財保護法の改正は法的・政策的に「この日から」という起点はあります。しかしその起点を生みだすためには、単に政治家や優秀な官僚の手腕だけではなく、それを招き寄せるための、まさに「柳田的常民」（ordinary people）の努力や辛苦の結晶があったことを忘れてはいけないのです。

高度経済成長期の基調をなしたのが「文明化」であったとすれば、成長の瓦解という「文明的挫折」は、おそらく、いや必ず「文化」による揺り戻しをもたらすのではないでしょうか。もちろん観光においてもそれは同様で、「マスツーリズムからオールタナティブツーリズム」という合言葉のような文言はまさにそれを象徴しています。

その意味でも忘れてはならないのが、文化財保護法改正の一年前の一九七四（昭和四九）年四月に完全な民間団体として結成された「全国町並み保存連盟」でしょう（現在はＮＰＯ法人「全国町並み保存連盟」、事務局は東京都港区西新橋）。ホームページに掲載された「活動紹介」によると、連盟の趣旨は次のように記されています。「全国町並み保存連盟は、「今井町を愛する会」（奈良県今井町）、「妻籠を愛する会」（長野県南木曽町）、「有松まちづくりの会」（愛知県名古屋市）という三つの住民団体によって、一九七四年（昭和四九年）に結成されました。こうした動きが、翌年の伝統的建造物群保存地区制度導入のあとおしをしたといわれています。「町並みはみんなのもの」を合言葉に、「郷土の町並み保存と、より良い生活環境づくり」をめざし、国や地方自治体、各団体や研究者と連携しながら歴史まちづくりに取り組んでいます[12]」。

三つの住民団体が発起人になるような形で結成されたこの連盟は、現在はブロックごとのまとまりを持ちつつ、全国総計で七一団体によって構成されています（北海道・東北ブロック八団体、関東九、北陸・甲信越七、東海一二、関西一一、中国・四国一〇、九州一四）。

当初の三団体が中心となって、一九七八（昭和五三）年四月に「第一回全国町並みゼミ」という勉強会が開催され、以降年一回の「ゼミ」が全国各地の加盟団体の持ち回りという形で開催され今日に至っています（二〇一四年は、福岡市で第三七回目を迎えます）。

3　オールタナティブって？——愛知からの保存修景、あるいは文化開発

（1）脱「紋切型、ステレオタイプ、モノカルチャー」

直前で「マスツーリズムからオールタナティブツーリズム」と記しました。少しでも観光に興味関心がある人であれば、誰もが一度は聞いたことがある言葉ではないでしょうか。日本語一言で表現することは、時として難

しいかもしれない言葉です。

例えば、『広辞苑　第六版』（岩波書店、二〇〇八年）でこの項の一部を紐解いてみましょう。

既存の支配的なものに対する、もうひとつのもの。特に、産業社会に対抗する人間と自然との共生型の社会を目ざす生活様式・思想・運動など。


この視点から考えてみれば、スクラップ・アンド・ビルドの手法によって、次々と新規のビルをつくりあげていこうとすることがある意味で支配的であり、慌ただしくクルマを走らせて仕事から仕事へと飛び回ることが是とされた高度経済成長の時代に、町並みを保存し、それを修復しつつ環境に優しく、穏やかに暮らしていこうとする発想が全国各地から生まれてきたということは、まさにオールタナティブであったわけです。「ディスカバー」には、国や国鉄、あるいは企業としての電通などに様々な意図や思惑があったとしても、従来のマス的な旅（例えば、大温泉地の大型旅館に団体で慌ただしく時間とお金を消費する旅……）に対しての、新たなオールタナティブな旅の提案（例えば、親しい友人と小さな宿場町の民宿で時を寛ぐ旅……）であったことも事実です。

さて、上述した「全国町並み保存連盟」の結成とその「第一回全国町並みゼミ」について少し考えてみましょう。ともに大きく関わっているまちが、「有松まちづくりの会」です。

第一回目のゼミの開催地は、その有松（名古屋市緑区）と足助（愛知県西加茂郡足助町、現在は豊田市）との共催によるものでした。当時のイメージでいえば、おそらく他府県の人たちからみて「愛知・名古屋」とは、町並みや観光とはかなり縁遠いもののように思われていたかもしれません。そのことは、ともすれば現在においても大同小異に思う人もいるに違いありません。

例えば、それが「京都」であればいつの時代も誰もが町並みや観光というイメージを強く抱き、良きにつけ悪しきにつけそのまなざしに呪縛されてしまいます。愛知・名古屋であれば、「ものづくりと産業」というステレオタイプのイメージに呪縛され、観光という発想が見出しにくくなっているのですね。すでに記した「観光の本義」について確認しながら、ステレオタイプのイメージから抜け出して、「ものづくりと産業」から観光を抽出することもまた、観光のためのオールタナティブな思考なのです。ゆえに観光とは、そもそもが「紋切型やステレオタイプ」の発想から脱却することを学び、地域とは、あるいはまちとは決して「モノカルチャー（うちのまちには、これしかない！）」ではないということを発見し、ひいてはそれを社会の見方・考え方までに敷衍するための知的な営為でなければならないのではないでしょうか。さらなる大前提として、「ノンカルチャー（うちのまちには、何もない！）」という発想からの脱却が重要となりますが……。

（2）保存することも開発なり——足助と有松

「保存することも開発である」とはまさに言い得て妙、オールタナティブな発想はここにも見出しえますね。いわば文化開発や観光開発にとって、要諦といってよいひとつの大切な手法だと思います。私はかつて一九九二（平成四）年からおよそ六年間余り、岡崎市（愛知県）に住んだことがあります。徳川家康（一五四二～一六一六）の生誕の地として多くの人が知る西三河地方の中心都市です。その頃初めて訪れた足助のまちで耳にした言葉が「保存することも開発なり」でした。足助のまちづくり観光の仕掛け人のひとりとして尽力し、その後に内閣府の観光カリスマにも認定されることになる小澤庄一とその盟友の矢沢長介の周辺で発せられ始めた言葉ではないかと思われます。その後縁あって、足助を研究対象のひとつとすることになり、何人かの町民の方々とまちづくりに関わる共同研究も行いました。その詳細とそれらを通してみた観光に関わる考え方は、他の拙著や報告書類

（とりわけ、下記二点）を参照いただければと思います[13]。

こうした調査研究の経緯のなかで、足助の取り組みから一定敷衍化できることを、私は「足助のまちづくり観光を巡る三つの命題」と名付けました。

① 保存することも開発である

② 観光とは地域文化の創造である

③ 福祉とは観光である

この三点がそれに当たりますが、その含意するところを改めて考察してみてはいかがでしょうか。

有松については、「有松絞」（まさに常民がつむぎ、継承し続けてきた伝統工芸、伝統産業）で著名なことは足助を知る以前から知ってはいましたが、町並み保存とまちづくりや観光、そして足助との関係性という文脈のなかで認知するようになったのは、足助について調査を始めてからのことです[14]。

足助は徳川家発祥の地である松平郷（現・豊田市松平町）と隣接する天領のまちとして、そして南信州に抜ける「塩の道」の主要な街道のひとつとして栄え、塩問屋と材木商が街道沿いに甍を競いあいました。また天領ゆえにか、農民も武器を所有することが一定許され、弓矢師が代々その技を伝え、それは今も続きます。さらには、県内屈指の紅葉の名勝地である香嵐渓も、その所以を辿れば禅宗の古刹である香積寺の第一一代住職であった三栄が江戸時代初期・一六〇〇年代の前半に般若心経を唱えながら苗木を参道に手植えしたことに対する敬慕の念が、大正そして昭和の初期に至っても住民の間に「地域遺伝子」のごとくエートスが継承され、今でいうボランティア活動として無私のまちづくりが展開されたからなのです（足助のように天領やそれに類したところは、相対的にで

写3-1　徳川宗春のフィギュア像

出所：池田桂撮影。

すが、そうではなかった諸藩と比して租税も低く、自由な空気があったという見方もあります）。

　有松についていえば、今それがある一因として、尾張徳川家の治下で展開された商業政策、さらには尾張徳川家第七代目当主であった徳川宗春（一六九六〜一七六四）に象徴され、いまもその影響が色濃く残っているかと思われる個性的な文化政策の存在があったことも忘れてはならないでしょう。宗春は徳川将軍（第八代目）であった吉宗（一六八四〜一七五二）と同時代の人であり、吉宗の享保改革にレジスタンスの意を込めて、宗春の今でいうマニフェストである『温知政要』に基づいた経済政策と文化政策を展開したのです。今の日本を代表する商店街のひとつといってよい大須商店街や、二〇〇五（平成一七）年の愛知万博（愛・地球博）の頃に火がついた「名古屋メシ観光ブーム」ももとを正せば、尾張徳川家以来大切に保持されてきた大須観音への信仰や門前町としての繁華と良い意味での遊びの精神、健康食としての八丁味噌の伝承があり、それを住民が敬意を持って矜持とともに支持してきたからでしょう。

　余談ですが、名古屋市民の宗春に対する思慕の念を表しているのか、名古屋市内では最大の繁華街である栄の中心に近いところにある金色に塗られた郵便ポストの上には、宗春のフィギュア像が立っており、これもまた名古屋らしいのかもしれませんね［写3-1］。

　ちなみにこのポスト設置に尽力したのが、栄地区（錦三丁目）に事務局を置くNPO法人「宗春ロマン隊」です。宗春の業績を顕彰することを通して今の名古屋を元気にすることを目的として「徳川宗春公を愛し元気な名古屋を創る」を合言葉に結成された市民団体です（代表は、東海学園大学特任教授の安田文吉）。現在は定期的なフォーラムなどの研究会や、NHK大河ドラマで宗春が主人公になることをめざして署名活動を展開することなどに尽力しています。この署名活動には、愛知県知事や名古屋市長、名古屋商工会議所、尾張徳川家の現当主である徳川義崇、西川流家元の西川右近ら〝名古屋人〟を代表するような人物が多く発起人としてその名を連ねていることからも、熱さが伝わるようです。

少し脇にそれたので、有松についてさらにもう少し付記しておきます。このまちは、観光パンフレット風に一言でいうならば、「四〇〇年の歴史と絞りの里」（有松絞商工協同組合）ということになりますが、一六〇八（慶長一三）年に、現在の愛知県知多郡阿久比町に当たる阿久比庄からこの地に移住してきた竹田庄九郎ら八名の絞り職人によって開かれ、発展してきたまちです。旧東海道の宿場町としても栄え、今もなまこ壁とうだつが残り、「鍾馗《しょうき》」さんもみかけることができる商家などが軒を連ねるその美しい町並みは、現存する旧東海道宿場町のなかでも有数のものではないでしょうか。祭の日には今も山車が走り、名古屋市指定の文化財である「からくり人形」がその上で踊ります。歴史が好きな方には、あの桶狭間が隣接した場所にあるということも付記しておきたいと思います[15]。

こうした町並みをその矜持とともに今も守り、そして後世に伝えようと尽力する人たちがこのまちに多く住まい、「有松まちづくりの会」は彼らが集う組織のひとつなのです。定期的に勉強会を行い、その思いを伝えながら、まちづくりの会の会報は一九八三（昭和五八）年三月創刊以降年に二回のペースで、二〇一四（平成二六）年三月で第七〇号（一二頁に及ぶ）を迎えました。そこで、会報に記された〈有松まちづくり憲章〉を転載しておきたいと思います（第七〇号、二〇一四年三月三一日発行、一二頁）。

〈有松まちづくり憲章〉

私達は、先人から受け継いだ有松のたからものを守り、次世代に届けるために、この憲章を定めます。

一、有松の町並み・絞り・山車を守り誇ります。

一、人と人がつながり、ぬくもりのある有松を創ります。

一、有松の歴史や物語を学び、遊び、伝えます。

「持続可能な……」とは、ひと頃よく使用された言辞ですが、言うはた易く行うは難しいものです。外部資本の大型ショッピングセンターを背後に、今も矜持をもって尾張徳川の歴史と遊びの精神を町並みとともに守り伝えようとする人たちの、まさに柳田的常民の、日々の努力の一端を垣間見ることも、大切な旅の教訓ではないでしょうか。

【井口貢】

註

（1）この曲が最初に世に出たのは、一九六二（昭和三七）年五月のことでした。一九六〇年代にＮＨＫのテレビ番組としてバラエティ部門で人気を博した『夢であいましょう』のなかの「今月の歌」コーナーで（このコーナーが生みだした楽曲としてあまりに有名となったのが、坂本九が唄った「上を向いて歩こう」（一九六一年一〇・一一月）でした）、発表されたのです。その後『遠くへ行きたい』で採用され、当初はジェリー藤尾が唄いました。現在は一青《ひとと》窈《よう》が唄っていますが（二〇一四年五月現在、しかし一八日放映分ではなんと、「寅さん」こと渥美清の歌声が流れました）、その間も、さだまさしや石川さゆり、森山良子など歌唱力を誇る歌い手たちによって、それぞれの名曲をつくりだしました。

（2）「ディスカバー・ジャパンの研究」『宣伝会議』、本文前掲、一三頁。

（3）「DISCOVER・JAPANキャンペーン　うらおもて孝」上掲書、一五頁。藤岡和賀夫は後にその著書のなかで、このキャンペーン提案の際のプレゼンテーション企画書を再現しながら、この趣旨を「列車（旅）が競合するのは他の乗り物というより家庭のテレビ」と捉え、生活を充足する価値観の巻き返し、それが「失われた旅の回復」と指摘しています。そして「旅は見る旅ではなく、自分を創る旅」といい、「名もない田舎の埃にまみれた一本の道、そこにも長い歴史の道があったかも知れない。或いは幾多のドラマやロマンがその道を往来したかも知れません。汗の臭いや、収穫の歌が聞こえたかも知れません。そういうところに自分自身の足で立って見る、それが旅であり、DISCOVER JAPANなのです」と語っています。藤岡和賀夫『藤岡和賀夫全仕事〈一〉ディスカバー・ジャパン』PHP研究所、一九八七年、一二五～一二八頁。

（4）テレビ番組としての『遠くへ行きたい』との連動性については少し触れましたが、この番組のカメラアングルにも注目してみると興味深い部分があります。一般的に旅番組というのは、案内役として俳優やタレントが起用されることが多いと思います。その際、多くは正面から彼らの顔を捉えつつアングルをつくります。すなわち、タレントを第三者的視点で、演じ扮するように撮影するのです。それに対して、『遠くへ行きたい』が当初斬新に思えたのは、タレントの視線をカメラに仮託し、文字どおり彼らの目線を通してまちを捉えようとしていた点にあったのではないでしょうか（もちろん、三〇分間の番組ですべて終始一貫してそうであったとはいいませんし、最近ではむしろタレントを正面から捉えるアングルが多用されているように思われます）。当時はこうした手法をとることによって、受動的ではない、旅人の能動性を表現しようとしたのではないでしょうか。これもまた、旅のスタイルの変容を表現した時代の文脈であったと思います。

（5）「ディスカバー」の時代に藤岡が求めた「ディスカバー・マイセルフ」と「自分探しの旅」では、どこが違うのか、ということです。これもあくまでも私見にすぎませんが、前者は日本というマクロな空間のなかで、高度経済成長を追い求めた結果、文明的に疎外の奈落に陥らんとする〝one of them〟を、古き良き風景の日本に身を置くことによって、文化的に救済することを求めようとしたのではないかと思います。それに対して「自分探しの旅」とは、もっとミクロな世界（例えば、家庭や学校、職場といった自分自身を取り巻く直接的な環境）と対峙する自己のアイデンティティの存在理由を希求するものだったのではないでしょうか。

（6）井口貢『くらしのなかの文化・芸術・観光―カフェでくつろぎ、まちつむぎ』法律文化社、二〇一四年、八八頁。

（7）これについては、村上春樹がその短編作品のなかで関西弁を話す登場人物の言葉として、適確なことを記しています。「文化ゆうのは等価なもんやないか。東京弁の方が関西弁より偉いなんてことがあるかい」（村上「イエスタデイ」『女のいない男たち』文藝春秋、二〇一四年、八六頁）。

（8）森まゆみ『反骨の公務員、町をみがく―内子町・岡田文淑の町並み、村並み保存』亜紀書房、二〇一四年、一二七頁。

（9）宮本常一『私の日本地図一四　京都』同友館、一九七五年、一四四頁。なおこの著作は、現在は、未來社によって再刊されています（二〇一〇年）。

（10）森まゆみ、前掲書、二五頁。

（11）森田敏隆『日本の原風景　町並』光村推古書院、二〇一四年、二九八頁。

（12）http://machi-nami.org/aboutus（二〇一三年二月更新）。

（13）井口貢『まちづくり・観光と地域文化の創造』学文社、二〇〇五年。中馬のおひなさん研究会『地域イベントが小さなまちの商店街活性化に及ぼす効果の影響―文化経済学的視点からの考察』（財）サントリー文化財団二〇〇二年度人文科学、社会科学に関する研究助成事業報告書、二〇〇四年二月（研究代表者：井口貢、共同研究者：佐久間章郎（Asuke Tourism 二一世紀倶楽部代表、両口屋店主）、柄沢照文（画家）、鱸雅守（三州足助屋敷館長）、鈴木良秋（足助町観光協会事務局長）、押谷茂敏（押谷地域設計代表）、役職は当時のもの）。なお側面から足助の生活誌を考えるためには、宮本常一の『塩の道』は重要です（『宮本常一著作集四九　塩の民俗と生活』所収、未來社、二〇〇七年）。

（14）重要伝統的建造物群保存地区認定という観点だけでいえば、足助は豊田市との合併後の二〇一一（平成二三）年六月のことです。また有松については、「有松まちづくりの会」をはじめ住民が中心となって、官学も含めた連携のなかで認定に向けた取り組みが鋭意なされているところです。そして、二〇一四（平成二六）年三月に名古屋市により具体的な条件の提示がなされました。なおその現状でいうと、愛知県内で認定されているところは、足助地区のみということになります。

（15）この町並みは、名古屋鉄道名古屋本線の有松駅から南へ徒歩数分のところにあり、現代の視点からみてもアクセスは良好です。名古屋駅からは約二〇分の距離であるため、一段と「名古屋にこのような町並みが？」と訪ねた人に感動を与えるのかもしれませんね。さらに現代的なことでいえば、街並みへの期待を込めて初めて有松駅に降り立った人にとっては、ホームや改札口からまず目に入って来るのがイオンのショッピングセンターであることの驚きにあるかもしれませんね。

第Ⅱ部

観光と地域文化の創造

第4講　消費型観光の限界と地域社会のディレンマ

1　日本社会の潮流と観光の展開

(1)　観光業がリードした日本の観光

この講では、これまでの日本が辿ってきた観光の歴史をみながら、地域と旅行者の関係がどのように変化してきたか、そして今日ではどのような観光が生まれつつあるかについて考えていきたいと思います。

これまでの観光を振り返るには、まず観光を構成するアクターをはっきりさせておく必要があります。社会学者の遠藤英樹は、観光をめぐっては「ツーリスト」「地域住民」「プロデューサー」の三つの立場があるとしています[1]。このうち「プロデューサー」とは、旅行会社や観光協会のような立場と考えてもらえば良いでしょう。観光の本質的な構造は「ツーリスト」が「地域」や「地域住民」を訪ねるという行為であると考えられますから、本来は「プロデューサー」という立場が無くても観光は成立するといえるかもしれませんね。しかし日本の観光の展開においては、「プロデューサー」が大きな役割を果たしました。本講でもこの三つの立場から観光の構図をみていくことにします。

その時代における観光の構図は、その時代の社会の世情と潮流に大きな影響を受けます。本書の第1講[2]にも述べられていたように、日本社会が戦後復興のあと高度成長に進むにつれて、観光においても大量生産・大量消費のいわゆるマスツーリズムが進行していきました。それではこの時代の観光は、どのアクターが主導権をとっていたのでしょうか。結論からいうと、この時代は「プロデューサー」の立場である観光業（輸送業を含む）が観光をリードした時代であったということができます。それは、交通インフラの整備と観光商品の規格化（パッケージツアーの登場）という二点によって規定されたものでした。

日本社会の高度成長の潮流に伴って、交通インフラは一九六四（昭和三九）年の新幹線の敷設、一九六五（昭和四〇）年の名神高速道路の開通、一九七〇（昭和四五）年のジャンボジェット機の就航など目覚ましい進展をみせました。それによって大量の観光客を輸送することが可能になったのです。そして一九七〇（昭和四五）年ＪＲの前身である国鉄がディスカバー・ジャパン・キャンペーンを行います。このキャンペーンは、それまでの団体旅行中心であった観光形態が個人旅行にも広がっていくきっかけとなったという意味で画期的なものでした。この潮流を受け、一九七一（昭和四六）年に日本交通公社が「エース」、一九七二（昭和四七）年には近畿日本ツーリストが「メイト」、日本旅行が「赤い風船」という国内パッケージツアーのブランドを立ち上げます。観光旅行は個人が手軽に楽しめるレジャーとして定着し、いわゆる「旅行ブーム」が興ることになりました。日本の高度成長時代の観光は、このように交通インフラの整備を基にした観光業の主導によって発展し、マスツーリズム化していったのです。

その後一九八〇年代半ばから、日本はいわゆるバブル景気に突入しました。バブル景気とは、時価資産の価格が過剰な投機によって実体経済の成長以上に高騰する現象ですが、この時期の日本のバブル景気が与えた影響は経済面だけにはとどまりませんでした。社会面や生活面、そして文化面に至るまで、商業主義的な考え方が世の中を席巻するようになったのです。

観光においても、ホテルや旅館の客室・施設はしだいに豪華になり、高級感を売り物にした旅行商品が人気を集めました。観光政策における特徴的なものとしては、ふるさと創生事業[3]に代表されるような観光振興事業や、地方博覧会を中心とした「博覧会ブーム」、また一九八七（昭和六二）年に制定されたリゾート法[4]を活用した新しい観光施設の開発などが挙げられます。これらはいずれも地域に観光資源を新設し、地域の商品価値を高めることを目標にしていましたが、その結果地域の文脈とは無関係な観光施設が新設されるなどの現象も起きました。またこれらの事業の運営体制としては、地域の自治体が地域外部の開発会社の協力を得て推進するという構図になっていました。すなわちこの時代は、「地域」の立場である地方行政が、「プロデューサー」の立場である開発業者と協力して観光をリードした時代であったということができるでしょう。

(2) 地域が抱えたディレンマ

前項にみたように、日本の観光は社会の高度成長に伴ってマスツーリズムとして発展してきました。そしてバブル経済の進展とともに、商業主義的な傾向が強くなり、地域の文脈とは乖離した観光もみられるようになっていったのです。

観光のアクターとしては、高度成長期には観光業が、バブル期には地方自治体と開発業者が主導権を持つことになりました。すなわち地域の文脈に最も密接に関わる地域住民が、観光の構図において疎外されていたのです。

このような状況は、地域に対して大きな苦悩（ディレンマ）を生むことになりました。全国の多くの観光地では、マスツーリズムが求める商業施設の乱立によってまちの景観が変わり、また地域の文化資源・伝統資源がキッチュな土産物になり替わってしまう現象が散見されました。地域の伝統行事はパッケージツアーに組み込まれ、行事のクライマックスだけが切り取られて商品化されました。このようにマスツーリズムからバブルの時代へと観光が進展するなかで、地域は文化と経済の間で大きなディレンマを抱えることになったのです。

しかしこのような状況の下でも、地域住民による主体的な運動がみられた地域もありました。観光学者の尾家建生の研究によると、一九七〇年代までに地域住民が主体となって設立された町並み保存団体は、主なもので一五団体存在しています[5]。そのうち、長野県南木曽町妻籠の「妻籠を愛する会」は「妻籠を守る住民憲章」を、奈良県奈良市の「奈良まちづくりセンター」は「奈良町博物館都市構想」を発表しており、大分県湯布院町も一連の自然保護運動によってゴルフ場建設やサファリパーク建設を阻止してきました。

さらにこれらの住民運動が行政を動かし、官民一体となった運動に発展していった事例もみることができます。奈良市では、先に挙げた住民主体で発案された構想が行政によって「ならまち賑わい構想」として発表されました。その他にも、湯布院町の「潤いのある町づくり条例」、岡山県倉敷市の通称「背景条例[6]」、石川県金沢市の通称「金沢市景観条例[7]」などが官民一体となって制定されています。このように、商業主義的な価値観の時代にあっても、地域の課題を直視し主体的に運動を起こした地域住民が存在したことを、私たちは忘れてはならないでしょう。

2 ニューツーリズムへの期待と限界

(1) ニューツーリズムへの期待

一九八〇年代後半から続いたバブル景気は、株価が一九八九（平成元）年の大納会終値で三万八九一五円を記録しピークを迎えます。しかし一九九〇（平成二）年に入ると、湾岸戦争の始まりなどの要因により株価は下落し始め、一九九〇（平成二）年の大納会終値では二万三八四八円、一九九二（平成四）年には一万六九二四円を記録しました。バブル景気は終焉を迎えたのです。

バブル崩壊後の日本には、不良債権という負の遺産が残されることになりました。一九九七年には名目GDP成長率が戦後最悪のマイナス一・五％を記録するなど、日本経済は低成長を余儀なくされることになりました。

低成長下の社会では、何事においてもできるだけ投資を減らして現有資源の利用効率を高めていくのが基本的な考え方になりますが、まさにこの点において観光は大きな影響を受けることになりました。すなわち地域につくった新しいモノによって価値創出するのではなく、常在の地域資源を見直し、再発見し、最大限にそれを活かすという資源活用の方向性、そして観光の「地域」のアクターとして、行政だけでなく地域住民、ならびに地域に興味のあるワカモノやヨソモノを交えての「協働」をめざす人的活用の方向性という二つの方向性が明確になってきたのです。

さらにこの時代の他の分野におけるいくつかの潮流もこの方向性に拍車をかけました。一九九二（平成四）年のリオ宣言から高まった世界的な環境保護運動やスローライフ思想は、地域の資源活用に理論的根拠や先進事例をもたらしました。また阪神・淡路大震災（一九九五（平成七）年）後のボランティア活動の高まりなどによって成立した特定非営利活動促進法（通称NPO法）は、地域住民が自ら組織化し、観光振興に取り組むことを容易にしました。さらにはWindows95以降の一般家庭へのインターネットの普及も、情報の流通や商品販売に革命的な変化をもたらしました。

このような状況の下、しだいに地域の住民やNPO、行政が協働して、地域資源を自ら商品化し販売する「着地型観光」という観光形態が行われるようになってきました。着地型観光は、これまでのマスツーリズムにおける旅行者の出発地域の観光業者が主導した「発地型」と呼ばれる観光形態とは異なり、訪問地の住民やNPO、行政が自ら観光を主導する点に大きな特徴がありました。

また着地型観光のもうひとつの大きな特徴は、その商品の中心的価値が地域資源や地域の文脈を反映したものであるという点です。したがって着地型観光では、マスツーリズムに多くみられた物見遊山的な観光要素は少なくなり、地域の特色を生かした体験型・交流型の観光が主流を占めるようになりました。

このような地域の特色を生かした体験型・交流型の観光形態は、二〇〇〇年代に入るとそれぞれの観光の特徴を示した名称で呼ばれるようになりました。例えば、エコツーリズムやグリーンツーリズム、産業観光や文化観光といったものがそれに当たります。そしてそれらの観光形態を総称するものとして、「ニューツーリズム」という言葉が使用されるようになりました。観光庁によると、[8] ニューツーリズムとは「従来の物見遊山的な観光旅行に対して、これまで観光資源としては気付かれていなかったような地域固有の資源を新たに活用し、体験型・交流型の要素を取り入れた旅行の形態」であるとしており、着地型観光の特徴を踏まえた定義を付しています。また着地型観光のもうひとつの特徴である、地域が観光の主導権を持つという点についても、「旅行商品化の際に地域の特性を活かしやすいことから、地域活性化につながるものと期待されている」として、地域によるニューツーリズムの商品化が地域活性化につながる効果を指摘しています。今日多くの地域において、ニューツーリズムは観光の中心的施策に位置づけられており、それによる地域活性化が期待されている状況です。このように今日の観光は、ニューツーリズムの進展とともに、「地域」が主導権を持つ構図になったと理解することができるでしょう。

(2) ディレンマは解決されたのか?

ニューツーリズムを展開するためには、まず地域の特色は何か、地域の宝は何なのかということに気付く必要があります。しかしそれを、例えば外部のコンサルタント会社に依頼してみつけてもらうのでは、まったく意味がありません。地域住民自らが地域の宝さがしをしていくところにニューツーリズムの真髄があります。そして、このような宝さがしから商品造成、販売に至る過程を地域の住民やＮＰＯ、行政が共有することによって、地域内アクター間の相互理解や相互協力が深まるということが、近年の多くのニューツーリズムの研究からわかってきました。これもニューツーリズムの生みだす大きな効果のひとつであるということができるでしょう。つまりニューツーリズムは、地域にとっては観光による経済効果だけではなく、コミュニティの形成や深化をも生みだすものであるということがいえるようなのです。

しかし、です。それほどに、ニューツーリズムは万能なものなのでしょうか?

本講ではあえてここで二つの問題提起を行いたいと思います。

まずひとつは、ニューツーリズムによって地域のディレンマは本当に解決されるのか、という問いです。

確かにニューツーリズムは、マスツーリズムの時代に比べ、地域の文脈に合致した方向性を持つ観光であり、またその体験・交流的な手法は地域を理解する入口として効果があるといえるでしょう。しかしニューツーリズムによって商品化される地域文化（ここでは有形・無形の地域資源や地域の文脈を総称する意味で地域文化という文言を使うことにします）は、地域文化のうちのごく一部分にすぎません。売れそうな、そして売りやすそうな文化を選別し、商品化することになります。したがって商品化は、結果的に地域文化を都合良く切り売りすることにつながります。ここに、地域のディレンマが本当には解決されないのではないかという問いの立脚点があります。地域の文化に注目してもらうのは嬉しいけれど、その一部だけが商業的な考え方によって切り取られ、商品化されることで、何か誤解され、軽んじられているように感じる。そんな気持ちをぬぐい切れないのではないでしょうか。

地域文化の商品化は、適切なマーケティングと広報を介すれば、「知らないところ。だから行ってみよう」という気持ちを誘発することはできるでしょう。しかし、「知っている。だからまた行こう」という気持ちのフォローまでは射程に入っていません。商品のファンづくりが主目的であって、地域のファンづくりを目的にはしていないのです。ところが地域住民にとって地域文化は、まさしく後者の文脈で理解してほしいことなのです。このような解決されないディレンマが、これまでの観光ならびにニューツーリズムへのシフトのなかで、地域の人々の心の底に折り重なっていったのではないでしょうか。

次に、旅行者の側からみた問題提起を行いたいと思います。それは、ニューツーリズムの展開（すなわち「発地型観光」から「着地型観光」への移行）のなかで、旅行者の立場はどのように変化したのか、という問いです。言い換えれば、ニューツーリズムにおける旅行者の立場が、今日の情報社会を生きる旅行者の実情に合致したものになっているのか、という点の検証です。

この点について文化資源学者の山村高淑は、次のように指摘します。それは、「発地型観光」から「着地型観光」への移行の構図は、「「消費者」と「生産者」の二項対立による観光資源の生産・流通・消費構造という点においては、内外の主導権が逆転しただけ」であり、「従来の産業主義的思想の枠を一歩も出ていない」という指摘です（この場合の〝内外〟とは、ニューツーリズムを展開する地元組織を地域内、かつての生産者であった大都市圏の旅行会社などのプロデューサーを地域外とする意味です）。すなわちニューツーリズムの展開においても、旅行者の立場は依然「消費者」に固定されたままであり、「消費者」と「生産者」の二項対立が前提になっているというのです。そして「「地域資源の商品化を通して消費行動としての観光を振興する」という意味においては、「発地型観光」も「着地型観光」も根本的には同様の発想なのだ」と、その構造を看破しています。[9] このように第一義的に消費活動を志向する観光のことを「消費型観光」と言い換えるならば、ニューツーリズムもまた、これまでの観光と同様に「消費型観光」であるということができるでしょう。

このようなニューツーリズムの構造的な立脚点に対する指摘については、観光の主導権が「地域外」から「地域内」にシフトしたことが重要なのであり、構造的な検証を行う意義はない（産業主義的思想の枠を出る必要が無い）、という意見も存在するでしょう。実際に現在の観光研究には、管見の限りではニューツーリズムの存在や枠組みを再検討する論調の研究は少なく、事例報告的な研究がその多くを占めています。現在の観光研究は、この指摘に対して保守的であるといわざるをえないでしょう。

しかしながら、今日の旅行者は情報社会のなかでその行動と性質を変化させています。そしてその行動と性質に伴って、**第8講**で述べるアニメ聖地巡礼などの新しい観光現象が発生しています。これらの現象は、「消費型観光」の前提からは説明することができません。彼らは誰に働きかけられたわけでも、どの旅行商品を購入したわけでもないのです。したがってこれらの現象を説明するには、現実をニューツーリズムの枠に無理にはめ込むのではなく、観光がニューツーリズムから新しい観光の構造へと変化していると考える方が自然な考え方ということになるでしょう。本講ではこのような立場から、今日起こりつつある新しい観光をみていくことにします。

3　創造型観光のはじまり

(1)　旅行者がまちを応援してくれる!

長野県大町市木崎湖は、アニメ「おねがい＊ティーチャー」の舞台の町です。同作品は二〇〇二（平成一四）年の一月～三月に放映され、一部のファンに高い人気を博しました。同年一〇月には「おねてぃ Fanclub」が発足し、前後してファンが木崎湖を訪れる聖地巡礼現象も起こりました。木崎湖付近に位置するアルペンハイム山正旅館の女将によると「今まで木崎湖に来たことがないような方が訪れたので不思議に思った」とのことであり、また木崎湖畔のボート貸出や飲食を提供する星湖亭の店主も、同様の発言をしています。[10] また巡礼現象が始まってからも、アルペンハイム山正旅館の女将は、最初は巡礼現象は色々問題があると聞いていて不安だったが、

「実際はファンの皆さんが節度ある行動をとってくださったおかげで地元の方々も少しずつ受け入れるようになった」と述べています（同）。

その後、引き続きファンが木崎湖を訪れていましたが、しだいにファン有志と地元関係者が連携して様々な活動を行うようになりました。作品の時代設定である二〇一七年まで木崎湖の自然を美しく保とうという環境美化活動「みずほプロジェクト」（二〇〇七（平成一九）年八月）、および「みずほプロジェクト」第二弾の実施（二〇〇八（平成二〇）年九月）、木崎湖周辺の街路灯維持のための「おねがい！」募金（二〇〇八（平成二〇）年一〇月）、アニメに関連する新メニューの開発（二〇〇八（平成二〇）年九月）などの活動です。さらにアニメファン有志は、「おねてぃFanclub」で聖地巡礼時の訪問ルールや写真撮影の際のマナーの徹底を呼びかけたり、あいさつ運動を推奨するキャンペーンポスターを作成するなどの公共的な活動も自発的に行うようになりました。

それ以外にも、木崎湖では、ファンと地域住民との双方の誠意を知ることのできるいくつものエピソードが確認されています。

① 聖地巡礼スポットであるJR海ノ口駅横に植えられていた桜が枯れ始めた際、巡礼によるものかもしれないと考えたファンが「海ノ口駅桜委員会」を設立し、寄付金と署名を募り、新しい桜に植え替えた［写4-1］。（二〇〇六（平成一八）年）

② 木崎湖で毎年八月一五日に行われる花火大会に、ファンが協賛。二〇一〇（平成二二）年は一か月の間に、四五〇名分約七七万円を集めた。

③ 聖地巡礼スポットであるJR海ノ口駅内の通称「小石ベンチ」が老朽化したためとり替えられたが、地元の人とJR関係者が「ベンチが無くなればファンの人が悲しむかもしれない」とファンの気持ちを汲んで、

写4－1　海ノ口駅横の桜

出所：筆者撮影。

写4－2　海ノ口駅の「小石ベンチ」

出所：筆者撮影。

再度もとに戻した［写4－2］。

④　作品の舞台として登場する木崎湖公園が地域整備事業により工事されることになったが、地元住民がファンのためにそのまま残してもらうよう陳情した。最終的に工事は行われたが、観光協会の協力や署名運動の効果もあり、アニメに登場した樹木、ベンチ、ブランコ、すべり台はそのまま残してもらえるようになった。（二〇〇六（平成一八）年）

これらのエピソードにみえるように、木崎湖では旅行者と地域住民がお互いを尊重する関係を構築しているということができるでしょう。この関係があればこそ、旅行者がまちを応援するという現象が起きていると考えられます。木崎湖には、この旅行者との得難い関係の存在を確認することができるのです。

(2) 創造型観光のはじまり

前項では、長野県大町市木崎湖のアニメツーリズムの事例を紹介しました。アニメツーリズムは一九九〇年代前半に始まり、二〇〇〇年代半ばから急速に増加してきた観光といわれています[11]。この観光には、今日の情報社会にくらす私たちが特徴的に持つ性質や環境が強く反映していると考えられています。前出の山村高淑は、このような今日の情報社会における新しい観光を「創造型観光」と呼び、その特徴を説明しています[12]。

まず山村は、今日の情報社会の特徴として以下の二点を挙げています。一点目は、旅行者間で情報のやりとりが増加したことです。情報インフラの整備が進むにつれて、旅行者はホームページやブログで目的地に関する情報を不特定多数に向けて発信し、相互参照するようになりました。山村は、その結果「旅行者の側から、活発に観光の目的が発掘・創出されるようになった」ことを重視します。そして「自らが観光の情報発信者としてガイドブックを作成したり、現地でボランティアとしてイベントの運営や商品開発に企画段階から携わったりする者が現れるようになってきた」ことを挙げ、この存在を「プロシューマー（生産消費者）の登場」であると指摘しています（同）。いうまでもなく、プロシューマー（生産消費者）は生産者の性格を持つ限りにおいて「消費者」の位置に固定されるものではありません。すなわち山村はこの時点において、「消費者」と「生産者」の二項対立という産業社会の構図が終焉しつつあることを主張するのです。この論に沿うならば、前項でとりあげたニューツーリズムにおけるアクターの構図は、一九九〇年代には有効性を持っていたものの、二〇〇〇年代に入り情報社会が進行するにつれてその有効性を失いつつあるということができるでしょう。

それでは、この時代ではどのような観光のアクターの構図が描けるかということですが、「旅行者の側から、活発に観光の目的が発掘・創出されるようになった」ことは、観光の動機の主導権を旅行者が持つようになったということでもあります。すなわちそれは観光業者主導でも地域主導でもない、旅行者主導の観光であり、自らが創出した目的に動機づけられているという点において、「発地型観光」でも「着地型観光」でもない、「創造型観光」と呼ぶべき観光の構図であるということになるでしょう。

ではこの「創造型観光」においては、先に挙げた「地域のディレンマ」という問題提起はどのように進展するのでしょうか。先の木崎湖のアニメツーリズムを事例に考えてみましょう。

一般的にいって、作品のファンがその舞台であるまちを大切に思うのは、自然な感情です。しかし木崎湖の場合は、その感情が高い利他性を持った行動につながっています。これはどういう理由によるものなのでしょうか。

ここで木崎湖におけるファンと地域住民、そして作品（コンテンツ）の関係について整理してみましょう。まずファンは、自分の愛するコンテンツの舞台である場所の文化活動や環境保護には高い関心を持っています。したがってそれらの活動の呼びかけに賛同し、活動に加わります。しかしここでこれらの活動にコンテンツの要素が織り込まれるかどうかによって、大きな違いが生まれます。もちろん、ファンは第一義的に自分の好むコンテンツのファンなので、そのコンテンツに触れる機会が多いほどモチベーションが上がります。しかしそれ以上に重要なのは、共有の喜びです。すなわち、ファンは自分の愛するコンテンツの価値を、他者にも共有してほしいという気持ちを持っています。したがって、他者との間でこの共有感が感じられたとき、両者の間に「感情的なつながり」が生まれ、他者に対する大きな信頼が生まれます。例えば、前項でみたエピソードの③と④をそのような視点から再度みてみると、「小石ベンチ」や公園のブランコに対するファンの思いが、地域住民と共有できていることがわかります。すなわち、木崎湖ではまさにこの「感情的なつながり」が生まれており、それが利他的な行動につながったと考えることができるのです。

ここにみられるものは旅行者の地域に対する敬愛であり、また地域住民の旅行者の価値観に対する敬意です。それらがあるからこそ、地域住民は「軽んじられた」とは思わないのであり、また旅行者は「商業的で、あざとい」と思わないのです。

地域のディレンマの根底にあった思い。それは、旅行者に地域の文化を愛し、尊重してほしいという思いでした。「創造型観光」における敬意と敬愛の交換には、これからの地域が観光とともに発展してゆける可能性をみつけることができると考えられるでしょう。

【片山明久】

註

（1）遠藤秀樹・須藤廣『観光社会学─ツーリズム研究の冒険的試み』明石書店、二〇〇五年、一六頁。
（2）本書の第1講2参照。
（3）正式には「自ら考え自ら行う地域づくり事業」という事業で、地方交付税の交付団体市町村に対して地域振興に使う資金として一律に一億円を交付しました。使い道についての制約が無かったため様々な用途に使用されましたが、地域の活性化を目的に観光整備（温泉削掘調査なども ありました）に使用した都道府県も多くありました。
（4）正式には「総合保養地域整備法」といい、都道府県が策定し国が承認した計画に基づくリゾート施設整備に対して、開発許可や税法において弾力的な措置を行うことができる法律です。地域振興策として期待されましたが、環境面への影響や画一的であるなどの批判も多く、二〇〇四年に基本方針の変更がなされています。
（5）尾家建生「町並み保全型まちづくりから見たツーリズム発展論」『政策科学』一五-三、二〇〇八年、二七〜三七頁。
（6）正式名称は「倉敷市倉敷川重要伝統的建造物保護地区背景保全条例」といい、一九九一年に制定されました。景観への配慮を建築主に求めるとともに、市が物件の買い取りや損失補填などにも踏み込んだ条例として画期的なものでした。
（7）正式名称は「金沢市における伝統環境の保存及び美しい景観の形成に関する条例」といい、一九八九年に制定されました。歴史区域を「伝統環境保存区域」と「近代的都市景観創出区域」に分けて指定し、両者の共存を計画した斬新な条例でした。
（8）観光庁ホームページ、http://www.mlit.go.jp/kankocho/page05_000044.html。
（9）山村高淑「観光革命と二一世紀─アニメ聖地巡礼型まちづくりに見るツーリズムの現代的意義と可能性」『CATS叢書』第一号、二〇〇九年、三〜二八頁。
（10）サンエイムック『萌えコレ！日本縦断！萌えキャラ&萌えおこし総合ガイド』三栄書房、二〇一一年、二二一〜三五頁。
（11）岡本健「アニメ聖地巡礼の誕生と展開」『CATS叢書』第一号、二〇〇九年、二九〜六二頁。
（12）山村高淑『アニメ・マンガで地域振興』東京法令出版、二〇一一年。

第5講　地域文化の光と影

「歴史」や「伝統文化」は、観光の大きな要素です。観光地として知られる史跡名勝の多くが、歴史的な背景（＝地域文化）によって成立しているといってもよいでしょう。とはいえ、その実態は、歴史的事実そのものより、歴史的な「イメージ」や「記憶」が、観光資源化している場合も少なくありません。[1] 本講では、とりわけ近世（藩政期）の「記憶」が、明治以降、近代社会における「観光文化」の形成過程でどのような役割を果たしたのか、城下町金沢を中心とする石川県（旧・加賀藩域）を事例に、地域社会の歴史的背景（＝地域文化）や実情にそくした検証を試みてみましょう。

1　「百万石」のイメージ戦略

(1)「加賀百万石」と「城下町」金沢

金沢は、しばしば「加賀百万石の城下町」と形容されるように、藩政期の遺産を誇り、今なお「歴史的文化都市」のイメージを保つ地方都市です。近年、こうした要素を前提に「世界遺産」への登録をめざした官民の運動も喧しく展開され、伝統的な都市景観の保存など、行政的な施策もそれなりに機能しています。一方、加賀友禅・加賀蒔絵・九谷焼・金箔などの美術工芸が盛んな土地柄でもあり、これら金沢の伝統工芸が、「大名文化」

としての「百万石文化」「百万石イメージ」を構成する要素ともなってきました[2]。

しかし、明治以降、近代金沢の歴史をひも解いてみると、「加賀百万石」のイメージは、必ずしも江戸時代と現代を単純に結ぶものではなく、また、その間、平板的に受け継がれてきたものでもないことが窺えます。むしろ、「百万石」の実態が加賀藩政の終焉とともに崩壊したのちに、様々な戦略によって「再生産」されてきたものといえましょう。かつて城下町金沢研究の第一人者田中喜男は、「いわゆる「百万石文化」と称される武家文化（略）は、良きにつけ悪しきにつけ、今日の金沢文化＝思想、美術工芸、能文化、茶文化、食文化に少なからぬ影響を与えていた」（傍点、引用者）と評されました[3]。この言に倣い、「加賀百万石」文化のいわば「光と影」を、これを代表する観光資源のいくつかにそくして検証してみることにしましょう。

(2)「加賀百万石」という呼称

ところで、「加賀百万石」という呼称も、それ自体「近代の表現」であることをまず確認しておかなくてはなりません。ちなみに、「加賀百万石という表現は古文書にない。近代になってから作られたと考えていい[4]」とする近世史研究者も少なくありません。では「百万石」の呼称が明治以降の表現だとすると、この言葉はいつごろから定着したのでしょうか。この点、明治後期には「加越能三州百万提封」、大正期には「前田家百万提封」などの表現が一般的だったようです。これが、少なくとも昭和戦前期には「加賀百万石」の呼称で人口に膾炙していたと思われ[5]、戦後に至るとこの呼称をタイトルとした展覧会や書籍もたびたび企画・刊行されるようになります[6]。ただ、「加賀友禅」「加賀蒔絵」等の呼称も、三越ほかの百貨店による商業戦略（ブランディング）や戦後の観光ブーム期につくられた、いわば「商標」にすぎないと指摘する研究者もいます。いずれにせよ、「加賀百万石」は、まぎれもなく近代のイメージであるといえましょう。

写5－1　「産業と観光の大博覧会パンフレット」表紙

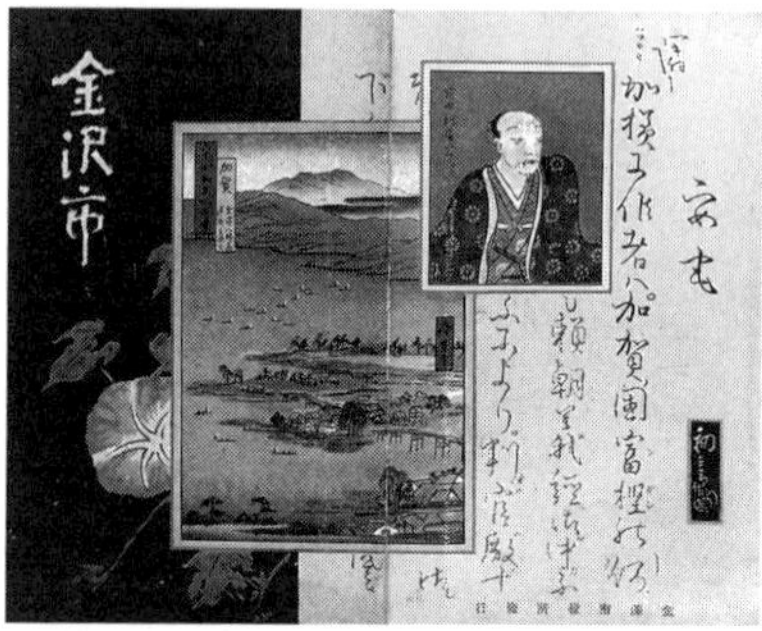

出所：筆者所蔵，撮影。

（3）観光博覧会と「百万石」

明治後半から大正期、金沢では少し遅れて大正末期から昭和初期にかけて、全国的に「観光地」としての市場性をアピールする動きがみられるようになります。その際、金沢の観光政策の画期と目されたのが、一九三二（昭和七）年の「産業と観光の大博覧会」でした。同博覧会は、五五日の会期中、二府三三県一七市、約三〇万点の出品物が展示・公開された大イベントで、会場には「構成派のモダン建築」パビリオンが建造され、様々なイベントが繰り広げられました[7]。この博覧会を契機として、金沢観光協会も発足。機関誌『観光の金沢』の発刊はじめ、観光推進を目的に、北陸金沢でも本格的な「官民一体」の取り組みが始まっていきます。

ところで、博覧会の「人気の焦点」は、実は、演芸館における金沢四廓（東・西・主計町・北）の「芸妓連の踊り」でした（『産業と観光の大博覧会協賛会誌』）。モダンな博覧会の盛況に一役買ったのが伝統的な芸妓の踊りであったのは、やはり、金沢の「商品価値」が、何といっても「加賀百万石」＝加賀藩前田家の遺産とそのイメージだったからでしょう。博覧会という新たな観光の手段と茶屋町／芸妓が、効果的な結びつきをみせた戦前期の事例として、特に紹介しておきたいと思います。

さらに、注目したいのは、同博覧会の公式パンフレットです。かの吉田初三郎の鳥瞰図を掲載したパンフレットの表紙は、まさに「前田利家公の肖像の陰に謡曲「安宅」をあしらい」、一方、「広重の筆による「金沢八勝」を配した」ものでした。昭和初期に至っても、というべきか、だからこそ加賀前田家の藩祖と藩政期の景勝が、モダンな博覧会の「金沢の顔」とされたのでした［写5－1］。

2 「百万石まつり」にみる「藩祖の記憶」

（1）尾山神社の創建

今日の金沢で「百万石イメージ」を強調し、補強するイベントが、いうまでもなく毎年六月、市内中心部で開催される「金沢百万石まつり」（以下、「百万石まつり」）です。いわゆる「総社の祭礼」を持たない金沢にとって、「百万石まつり」は、いわば金沢市民の「町をあげての」一大イベントといえましょう。近年では、呼び物の「百万石行列」の演出を強化。利家とまつにタレントを起用する企画などがそれなりの効果をあげて、観覧客の誘員も数十万人を数えています。いわば「百万石まつり」は、金沢の「百万石イメージ」の核をなすものと位置づけられましょう。

ところで、このイベントは、戦後、一九五二（昭和二七）年に第一回を開催。当初は、金沢の発展・地域振興を企図した「商工まつり」としてスタートしました。これがしだいに、「藩祖」前田利家の金沢入城をなぞった「百万石行列」をメインイベントとする、大規模な観光行事として定着していくのです。その際、前田利家を祀る「尾山神社」が、そのシンボルとして大きな役割を果たしたことはいうまでもありません。ちなみに、尾山神社が、金沢の町の中心に創建されたのは一八七三（明治六）年のことでした。

もともと同社は、士族階級の精神的支柱として維新後創設されたもので、「藩祖」利家を象徴とする「加賀百万石」の時代を顕彰し、地域振興を目的としたものでした。特に参拝客の増加を期した神門は、いわば、明治の「金沢スカイツリー」とでもいえましょう。とはいうものの当初は、神門の奇抜な建築デザインに反発も多く、何度も建て替え論議が起こりました。しかし、残念ながら資金不足で果たせず、のちにそれが幸いして、和洋折衷・擬洋風建築の代表として戦前の「国宝」に指定され、現在も金沢を代表する観光スポットとして親しまれています（戦後いち早く、県下の「重文」指定第一号に）。

いうまでもなく、今に続く「藩祖の記憶」を鮮明にした大きな契機といえましょう［写5－2］。

写5－2　金沢名所・尾山神社神門

出所：石川県立歴史博物館所蔵，筆者撮影。

(2)「紀念祭」の時代

維新以降衰退が激しかった金沢の市勢は、ようやく上昇に向かいます。人口も一八九七（明治三〇）年の八万人台から、一九〇七年には一〇万人台に回復、以後も順調に増加していきます。こうして、新世紀をむかえ発展の途上についた金沢でしたが、この時期、前田家・加賀藩に関連した出来事も目立ってきます。例えば、一八九一（明治二四）年一〇月には、「金沢開始三百年祭」（利家入城記念イベント）が、さらに、一八九九年四月には「藩祖三百年祭」が利家の命日にあわせて開催されています。後者は、旧加賀藩八家（藩老）の発起により企画されたもので、五月三日までの七日間、尾山神社を中心に空前の規模で挙行されます。メインイベントの神輿の渡御行列は五月一日から行われ、余興として能楽・弓術・相撲・競馬・煙火などが連日催されました。各町内から剣舞・祇園囃・作り物の屋台・獅子舞など工夫を凝らした出し物が催され、市内は多くの人出で賑わったといいます。この祭りが、現在の「百万石まつり」のルーツといえましょう。すなわち、劇的な衰退を潜り抜け、ようやく二〇世紀をむかえた金沢の人々にとって、「加賀百万石」は極めて重要なアイデンティティだったのです。

(3)「商工まつり」から「百万石祭り」へ

一方、例年催されてきた尾山神社の「封国祭」は、一九二三(大正一二)年からは、金沢市が「都市計画法」の指定を受けたことを契機に「金沢市祭」として奉祝されることになり、太平洋戦争末期の一九四五(昭和二〇)年に至るまで続けられました。終戦後は、(「政教分離」を掲げた)進駐軍(石川軍政政隊)の指導により、一九五一年まで「尾山まつり」として神社奉賛会によって開催され、これが「商工まつり」に発展します。このように「百万石まつり」は、産業や地域の振興をベースとして、まさに都市近代化の方向が確定した段階で、旧藩時代のアイデンティティやイメージを取り戻すという重層的なイベントとして今日に継承されているわけです(8)。

ところで、金沢の観光といえば、まずは「天下の名勝」兼六園でしょう。しかし、今日「名園」として名高いこの大名庭園も、実は以上のような藩政期のイメージ=「景観」を周到に創造した典型的な事例でした。以下、こうした文脈から兼六園の景観再生をめぐる事情を詳しくみてみましょう。

3 「大名庭園」の創設——兼六公園から兼六園へ

(1)「兼六公園」の時代

兼六園は、金沢城に附属する前田家の旧「大名庭園」です。とはいえ、維新から文明開化期には、旧城下町の大名庭園の多くが市民公園・都市公園に変容していきます。兼六園も例にもれず、園内には、ドイツ人鉱山学教師のための異人館(デッケン館)や理化学校が建てられ、初めて電信を紹介した博覧会や博物館、洋食を始めたレストラン、公立では全国初の中等工業学校の創設などが相次ぎます。兼六園はいわば「文明開化の舞台」だったのです。ちなみに、同庭園は、太政官の布達に基づく指定都市公園として一八七四(明治七)年五月に開放され、正式名称も「兼六公園（金沢公園）」になります。以後、「庭園」としての旧名に復すのは、まさに半世紀を経た昭和も間近の一九二四（大正一三）年三月のことだったのです［写5－3］。

写5－3　兼六園の風景

出所：筆者撮影。

(2)「日本三名園」の謎

ところで、兼六園といえば、水戸の偕楽園、岡山の後楽園とともに「日本三名園」のひとつとして名高いことは、いうまでもありません。しかし、その始まりは実は「日本三公園」を印象づけたキャンペーンによるものでした。すなわち、一八八五（明治一八）年、岡山後楽園に明治天皇の行幸があり、各新聞が競って天皇の称賛ぶりをとりあげ、これを契機に「後楽公園」の名が知れわたって、その後、金沢と水戸を加えた「三公園」が喧伝されたというのです。なぜ、この三か所が選ばれたのかなど、詳細は省きますが、地方の大名庭園が、維新以降自由な見物の対象として開放されたことを前提として、他と比較しうる「日本三公園」の冠称が誕生し（契機となったのは、明治天皇の地方巡幸）、のちに国定教科書に掲載されたことで全国的に定着、しだいに「三名園」として人々に受け入れられるようになるのです（ちなみに、高松の「栗林公園」はしばしば別格的に加えられていましたが）。いわば、「公園」になったがゆえの名誉ともいえましょう。こうしてみると、兼六園もまた、近代金沢の新たなシンボルとして、その空間機能を変容させてきたことが窺えるのです。

(3)「大名庭園」の創設

ところが、明治後半になるとしだいに江戸時代の姿が「理想」とされ、公園から庭園への回帰が始まります。この動きの背景には、日清・日露戦争後の風潮、すなわち不景気などによる園地の荒廃があるものの、一方で「藩政期の景観」の「再生」が、意図的に強調されることにも注目しなくてはなりません。例えば、一八九四(明治二七)年四月の「公園保存の議」は、早い段階での提言のひとつとして地元新聞に掲載されますが、ここでは、「雑草蔓生して(略)廃地かを疑わしむる」と景観の荒廃をなげき、警鐘を鳴らしています。ついで、一八九九(明治三二)年四月の山田敬中「公園保勝意見」では、「旧藩の遺老(旧重臣)につき、同園の沿革を聞糺して」修景し、「旧藩民をして末代まで君徳(旧藩主の威光)を記せしめん」と力説するのです。

大正期に入ると、こうした「保勝」の動きは県政の問題としてもとりあげられるようになります。大正元年の石川県会では、「園内改良の件」が議論になり(『石川県会議事録』)、某県議が、知事による「風致を害した政策」を批判したのに対し、県内務部長は、「壊されていた公園を出来うるならば昔の風致に返して行きたい、すなわちこの名園の景勝を将来保持して行きたい、公園を改良するに非ずして出来得るならば修繕して昔に返して行きたい」と明言しています。こうした議論を経て、大正一一年三月兼六園は「名勝」に指定され、この流れに沿って、同一三年三月には、名称も「兼六園」の旧に改める旨告示されたのです[9]。

(4) 消される「金沢城」域の歴史

同様の「百万石」ベクトルは、「金沢城」の再建にも向けられています。近年、金沢城址では、石川県による復元工事が着々と進み、兼六園とならぶ「百万石」観光の目玉となりつつあります。当然のことながら、その「復元の方針」は、加賀藩前田家の居城としての「近世後期」の姿です。しかし、歴史を重層的にみれば、この

写5－4　金沢城の復元

出所：筆者撮影。

エリアは、「一向一揆・本願寺」時代、「陸軍第九師団」時代、「連合軍占領」時代、「金沢大学」時代など、様々な歴史を刻んできました。にもかかわらず、今日、江戸後期の金沢城のイメージが唯一強調され、それ以外の「記憶」は、周到に消されつつあるのです。もちろん、藩政期に端を発する、数々の「百万石の文化遺産」を守り、育てることに異論はありません。とはいえ、そうした「観光資源」が、明治以降、百数十年間を通じて、いかに「近代の遺産」として形づくられてきたのか、こうした視点も、「加賀百万石」を語る際に忘れてはならないものと思う次第です［写5－4］。

4　遊廓から茶屋街へ

（1）観光資源としての「遊廓」

遊廓は、都市文化の華やかさを伝える役割を果たしてきた反面、都市の「負の歴史」でもあります。城下町金沢には、藩政期以降いくつかの「遊廓」が存在し、西廓（西新地）と東廓（東新地）がその代表格でした。両新地は明治以降、浅野川河畔の主計町などを加え、昭和三〇年代前半までは公認の遊興空間、それ以降は歓楽地・観光地となり、〝伝統的都市〟金沢を代表する街区として現在に至っています。とりわけ「非戦災都市」金沢では、いち早く歴史的遺構として古い町並みが注目され、一九六八（昭和四三）年には全国に先駆けて「金沢市伝統環境保存条例」が制定されます。この条例により、茶屋町を擁する犀川、浅野川、卯辰山の各風致地区をはじめとして、長町武家屋敷群・寺町台寺院群・卯辰山麓寺院群などの八地区が、伝統環境保存区域に指定されました。こうしたなか、茶屋町は、戦後の混乱、昭和三〇年代の公娼制度廃止を経て、全国的に伝統的な町並みや街区そのものが消滅するなか、一般の観覧に供する都市型観光の資源として存在することになったのです。金沢においても、東・西・主計町の各茶屋町は、芸妓による伝統芸能・習俗を伝えた「花街」としての機能を残しつつ、基本的には「遊ぶ場所」から「見る場所」へと変遷を遂げたものといえましょう(10)［写5-5］。

(2) 街並み保存と住民生活

その一方で、住民の生活の視点、住環境の問題として茶屋町を捉える見方もあります。すなわち、古い町並みなどの歴史的環境と、地区住民が求める健康で文化的な生活環境とをいかに調和、調整していくかが課題となったのです。金沢では、一九七五（昭和五〇）年、「重要伝統的建造物群保存地区」の指定対象に「旧東のくるわ」が挙がった際、住民の強い反対運動によって阻止された経緯があります。その時点での保存対象地区は一三六軒、南北約一七〇メートル、東西約一二〇メートルの広範な区域でしたが、反対理由は（多岐に及んだものの）、つまるところ保存地区指定が、住民の生活向上に何ら役立つところがないという認識でした。要するにこの段階では、むしろ「遊廓」イメージの払拭こそが求められていたのです。歴史的環境が「武家屋敷」のように地区住民の精神的連帯のシンボルとなっていた場合はともかく、そうでない場合は、この「旧東のくるわ」の例のように行政保存も容易ではないことが

写5-5　ひがし茶屋町

出所：筆者撮影。

わかります。こうした保全事業はあくまでも地区住民の合意・協力が前提であり、重要なのはその歴史的環境に対する認識の問題であることが痛感された事例といえましょう。

とはいえ、金沢のように、「非戦災都市」にして高度成長の影響を比較的受けなかった地方都市にあっては、「戦災に焼け残った日本情緒豊かな町並み」のイメージが、貴重な「観光資源」であることも事実でしょう。その結果、こうした町並み・景観を意識的に活用しようとする行政や地域経済の要求も高まり、観光や商業空間としての要請が深まってきたのです。近年では、建造物前景の改修に関する補助制度の整備や町並みにマッチした改築規制を背景に、いくつかの茶屋建築（例えば旧志摩や旧越濱＝懐華楼など）が国の重要文化財や市の指定保存建造物に選定され、さらに二〇〇一（平成一三）年一一月には「重要伝統的建造物群保存地区」に追加指定されるに至ります。「旧遊廓」が「重要伝建」に指定されるという事例は、実は全国的にもまれなケースといわれます。このような「お墨付き」に加え、近年、空き家化した旧茶屋を土産物店や飲食喫茶店、遊廓記念館など、商業スペースとして活用するケースが目立ち、金沢の代表的な観光スポット、とりわけ北陸新幹線開通後の重要な観光資源としてその盛況が大いに期待されているわけです。

5　まとめにかえて

金沢をめぐる「加賀百万石」のイメージは、近代における「記憶と表象」の多重性という問題を抜きに語ることはできません。とりわけ、観光需要を含む、各時代の要請（行政政策、営業、消費、あるいは、期待や思い込み）により、様々に「創出」されてきました。こうした「加賀百万石」文化をめぐる記憶の再生・創出という契機は、実は、今日の金沢や石川県の観光文化にも通底しているものといえましょう。

例えば、石川県の北陸新幹線開業PRキャッチコピーは、やはり「いしかわ百万石物語」と名付けられました。また、その観光キャラクターとして注目される「ひゃくまんさん」も、九谷焼や加賀友禅など「豪華絢爛」な「百万石」イメージを強調したものです（観光戦略推進部首都圏戦略課ホームページ）。ちなみに、モチーフとされる金沢の郷土玩具「加賀八幡起上り」（はちまんさん）は、一二代藩主斉広の時代に正月の景物として使われたことが文献の初見とされ、以来子どもの「育成と多幸とを祈る」贈答・土産品として用いられてきたとされます（郷土玩具「中島めん屋」ホームページ）。しかし、このキャラクターが、近代（とりわけ戦時下）において「日本神話」や軍神たる「八幡信仰」に深く結びついていたことは、ほとんど顧みられていません[11]。まさに「百万石」の光と影を象徴する今日的な事例といえないでしょうか。いずれにせよ、藩政期の事象は、必ずしも今日の「江戸」イメージに直接つながるものではなく、むしろ、多くは近代における「加賀百万石」文化の多重的な「記憶」を通して成り立っていたわけです。こうした背景を改めて認識し、今日的な「観光資源」へとその内実を高める方法や努力がまさに求められているといえましょう［写5-6］。

写5-6　ひゃくまんさん

出所：広報グッズより。

【本康宏史】

註

（1）高木博志編『近代日本の歴史都市―古都と城下町』思文閣出版、二〇一三年など参照。
（2）山出保『金沢を歩く』岩波書店（岩波新書）、二〇一四年。
（3）田中喜男『加賀百万石』教育社、一九八〇年。
（4）「「百万石」の名／登場は近代」『北陸中日新聞』二〇〇五年六月一一日。
（5）本康宏史「「加賀百万石」の記憶―前田家の表象と地域の近代」『日本史研究』五二五号、二〇〇六年。

（6）『加賀百万石国宝展』図録、毎日新聞社、一九五七年、『加賀百万石大名展』図録、前田育徳会、一九六六年、蔵並省自『加賀百万石』八千代出版、一九七四年、田中前掲『加賀百万石』教育社、一九八〇年など。

（7）本康宏史「産業・観光・博覧会―昭和七年金沢博覧会をめぐって」水谷内徹也編『パースペクティブ・金沢』前田印刷出版部、一九九三年。

（8）「百万石まつり」の政治性に関しては、本康前掲「「加賀百万石」の記憶」に加え、山本吉次「「大金沢論」と「市民」意識の涵養―第一次金沢市祭の政治的背景」地方史研究協議会編『〝伝統〟の礎―加賀・能登・金沢の地域史』雄山閣、二〇一四年ほか参照。

（9）本康宏史「「城下町金沢」の記憶―創出された「藩政期の景観」をめぐって」高木博志編『近代日本の歴史都市―古都と城下町』思文閣出版、二〇一三年。なお、「三名園」に加え、「三名山」のひとつ「白山」も、石川県の重要な観光資源です。ちなみに、「日本三霊山」と目されていた富士山・立山・白山が「日本三名山」と称されるようになるのは、さらに一九七〇年代のことでした。

（10）本康宏史「茶屋町と観光文化―イメージでたどる金沢の『遊郭』」井口貢編『観光文化の振興と地域社会』ミネルヴァ書房、二〇〇二年、本康「「軍都」金沢と遊廓社会」佐賀朝・吉田伸之編『シリーズ遊廓社会二　近世から近代へ』吉川弘文館、二〇一四年。

（11）村尾泰『金沢の玩具』によれば、日本神話に登場する応神天皇（八幡社の祭神）は「母、神功皇后の三韓遠征中にご誕生、陣中のことで侍臣武内宿禰が真っ赤な布でお包して産着とした。その産着姿になぞらえたものに、めでたい松竹模様を描き、皇子誕生にあやかって、幼子のお守りとしたもの」とされます（村尾泰『金沢の玩具』北国新聞社、一九七一年）。すなわち、日本帝国主義のメタファーとして、広く認識されていたわけです。前田晴人『神功皇后伝説の誕生』大和書房、一九九八年、塚口義信『神功皇后伝説の研究』創元社、一九八〇年、原武史『皇后考』講談社、二〇一五年ほか参照。

第6講　地域文化の差異と類似性

1　職人技が共有される井波

（1）富山県にある加賀藩

そこは、江戸時代には加賀藩でした。加賀百万石として武家文化の花開いた加賀藩は、金沢城を居城とする前田家が治めており、人々は忠誠を誓っていました。加賀藩は、加賀国をはじめ、能登国・越中国の大半と近江国の飛び領を含むエリアを包括していました。

さて、冒頭の〝そこ〟とは、現在の富山県西部に位置する高岡市、井波（南砺市）で、今日でも、加賀藩の文化が染みついていると思われます。私自身、高岡に四年間くらしていましたが、今日でも富山県の西部地域は金沢との関係が強く意識されているように感じます。

その金沢は、いうまでもなく加賀藩の中心であり、今では北陸を代表する観光地になっています。前近代の遺構を先行形態とした町並みのなかには、随所に時代を遡る手がかりがあります。さらには、絢爛豪華な加賀藩の美術工芸品や豊かな食材に支えられた食文化など、武家文化・消費文化の宝庫でもあります。そのため認知度も高く、毎年、多くの人が訪れる(1)加賀藩の「主役」です。

その意味では、ここで紹介する井波や高岡は、周縁部に位置する脇役でしょう。でも、脇役は主役を引き立たせることだけが役割ではありません。名脇役自体が、主役にも引けをとらない「輝き」を放つことはいうまでもありません。逆にいえば、名脇役と呼ばれるためには、独自の輝きが必要になりますが、本講では、それが何かを考えてみたいと思います。

(2) 南砺市と金沢市

南砺市は金沢市と県境を挟んだ隣町です。二〇一五年三月の北陸新幹線の金沢開業に伴い、金沢まで直結する実証実験バスが運行していますが、仮に、本格運用されれば、金沢駅西口と南砺市（福光駅前）は五〇分ほどで結ばれ、〝金沢の郊外〟としての位置づけがさらに強まることになるでしょう。

ただ、二〇〇四年の一一月に合併して誕生した南砺市といってもピンとこない人も多いかもしれません。むしろ、合併前の町村のなかには、文化や観光、まちづくりを考える人にとって、馴染のある名前が並んでいます。そこで、その旧町村の例を文化資源とともに挙げてみましょう。

① 世界遺産に登録されている合掌集落[2]のある平村・上平村
② 劇団SCOT[3]の拠点として名高い利賀村
③ 異国の音楽文化が融合する「スキヤキ・ミーツ・ザ・ワールド[4]」と伝統的な「夜高祭り[5]」が共存する福野町
④ 越中の小京都——そして、アニメファンの聖地でもある城端町[6]
⑤ 木彫の里井波町

これらを含む個性豊かな四町四村が広域的に合併したのが南砺市です。そこは、人口規模こそ約五万五〇〇〇人[7]の小さな自治体ですが、豊富な文化資源を有することや、多彩な芸術創造活動などが評価され、平成二二年度には「文化庁長官表彰（文化芸術創造都市部門）」を受けています。

このように豊富な文化資源を有する南砺市ですが、ここでは、厚い信仰に支えられた「木彫の里井波」における観光の在り方に注目して、観光とコミュニティの関係性を明らかにしてみたいと思います。

(3) 木彫の里井波

井波は、杉谷山瑞泉寺の門前町として発展してきました。そこでまず、瑞泉寺と井波の関係を説明しておきましょう。最初に、その情景が浮かぶ件を引用しておきます。

> 午前五時、朝もやをついて鐘が鳴り響く。井波の一日は瑞泉寺の鐘の音とともに始まる。町の中、高くそびえるのが、井波彫刻の粋を集めた瑞泉寺である。重層伽藍入母屋造りの山門、荘厳な本堂、そして優美な姿がひときわ目をひく太子堂。幾世期をも生き抜いた風格を見せる瑞泉寺は、一三九〇年、北陸の地に浄土真宗を広めるため、本願寺五代綽如（しゃくにょ）によって建立された一向宗の拠点である。この瑞泉寺の門前町として栄えた井波町は、人々の信心厚い信仰の町である。（『富山県井波町勢要覧』）

おおよそイメージは浮かんできましたか。瑞泉寺の門前町である井波には、社寺建築に欠かせない彫刻や漆塗などの職人が住み着くようになり、町のあちらこちらから槌音が聞こえてくるようになったのです。

さて、多くのみなさんは、京都や奈良、鎌倉などを訪れる際に、寺社を訪れるでしょう。その際、ぜひ、建築

（そのディテール）にも注目してみてください。それはまさに高度な芸術ですが、もちろんつくり上げるには優れた名工の技が必要です。井波彫刻の祖、前川三四郎も瑞泉寺を創建するために招かれた京都本願寺の御用彫刻師です。その後、井波の大工たちも高度な技術を習得するようになり、木彫の里として発展してきました[8]。

今日、ここには全国各地から弟子が集まってきます。私が知っているなかにも、全国各地から弟子入りしている若者がいます。徒弟制度のなかで寝食を共にすることで、技を学ぶとともに、井波の原点となっている信仰も自然と身についていくのです。その結果、今日に至るまで、信仰と木彫の里がこの地に息づいていくようになりました。

ところで、聖徳太子は仏教を厚く敬い保護したとされることから、日本仏教興隆の祖として、宗派を超えて崇敬されてきました[9]。瑞泉寺には、太子二歳の像を御安置した仏堂（太子堂）があり、七月には、太子のご絵伝の絵解き（太子伝会）が行われています。太子と職人との関係ですが、「室町時代末期には、太子の忌日とされる二月二二日に、大工や木工などの職人の間で「太子講」が営まれ、江戸時代になるとますます信仰が広まっていった」といわれています[10]。

今日、太子講は、聖徳太子を職能神として信仰する大工や桶屋、畳屋などの同業の職人たちが集まって太子像を祀り、飲食や会合などが行われています[11]。また、太子像が鎮座している太子堂（瑞泉寺内）は、井波彫刻の彫師や塗師が総力を挙げたもので、その真髄をみることができます。

これらのことから、信仰心の厚い井波の人々にとって、職人が特別な存在であることが、理解できると思います。すなわち、木彫の里は、こうした厚い信仰心の上に成り立っているのです。そして、このような文化が共有されている場において、観光客との間にも同様の共有関係を築き上げることが井波の観光スタイルです。

こうした信仰や職人技などを窺い知る手がかりは、瑞泉寺や門前町界隈にありますが、それは目にみえるものだけではなく、人々の考え方や価値観など目にみえないものを含めた総体として理解する必要があります。そのため、訪れる人にも「主体的な学習」が要求され、一方的に楽しませてくれる消費型の観光地ではありません。今日でも、井波には多くの職人さんが仕事をしています。[12] 技の粋を極めた瑞泉寺の界隈に、技を競う職人と、職人を敬う人々が共有する空間が広がっているのです。また、ここでつくられる主な作品は、その発祥の経緯からもわかるとおり、欄間や仏像、獅子頭、天神様、寺社彫刻、置物などが代表的なもので、一般的な観光土産物という感じではありません。

では、職人さんたちは、井波にどのような観光の姿を求めているのでしょうか。井波を代表する職人の一人、南部白雲[13]にインタビューした記録を紹介しますが、やはり従来のような「観光地」というものには違和感があるようです。

筆者「井波は、どのような観光地なのでしょうか？」

南部「いわゆる観光地というものをめざしているわけではありません」

筆者「なるほど。ただ人が訪れて、買い物をして帰るという観光地とは異なるわけですね」

南部「井波の職人は、瑞泉寺や太子講を心の拠り所としてものづくりをしており、その門前町である井波という場所を共有しています。そのような場所に共感してくれる人たちが来ておられます」

筆者「精神的なつながりや結びつきによって成り立っているものづくりの里に、何かを感じた人たちがわざわざ訪ねてくる感じですね」

南部「そんな感じかもしれません」

こうした違和感のもとになっている観光地の空間的な特性を次に考えてみたいと思います。一般的に空間特性とは、歩きやすい道幅であるとか、石畳が整備されているとか、歴史的な町並みであるなど、空間を構成する目にみえる要素を評価してその特徴が語られます。

しかしここでは、人々はくらしの場（物理的な空間）をどのように共同で管理しているのか、それは、その管理の仕方のもとになっている考え方や価値観に大きく左右されるに違いないと考え、目にはみえない価値の共有や管理方法（自治の様式）の違いなどに着目して考察してみます[14]。同時に、観光も、こうした空間を規定する価値観などを地域外の人々とも共感する形で成り立つことを前提に議論してみたいと思います。

（4）異なるコモンズ――黒壁スクエアとの相違[15]

先に述べたように目にみえない空間の特性を把握することは、公共空間をどのように「共有し管理するか」という問いかけです。すなわち人々は、共有する場から有形・無形の恩恵を受け、それを地域固有の方法で大切に活用していると考えます。時にそれは、くらしのなかの必需品になることもあれば、創造の基盤となる文化的なものかもしれません。ここでは共有財産ともいえるこうした共通の基盤を、人々が、自然・文化的資源を共有していると考えてみましょう。

最初に、自然資源を例に考えてみます。今日では、里山から得られる用益は少なくなりましたが、幼少の頃（一九六〇年代）私の家では、山から薪などを集めてこないとお風呂を沸かすこともできませんでした。同時に、季節になると筍、山菜などを収穫することができる恵みの山でもありました。こうした貴重な自然資源を集落が共同で所有・管理することもあります。それは〝コモンズ〟と呼ばれ、地域固有の管理方法によって持続的に継承されてきたのです。

このように、自然資源の共同所有や管理はわかりやすいのですが、有形・無形の総体ともいえる文化資源の共有関係はなかなか考えにくいものです。同時に今日では、伝統的な集落のような共同性の強いコミュニティよりも匿名性の高い都市生活者が増加しているため、都市空間における資源の共有関係を考えていくことも必要となります。

したがって、自然資源の共同所有としてのコモンズ（論）は、二つの方向で広がりを持っているといえるでしょう。ひとつが文化資源を含めた対象の広がりであり、もうひとつは都市を含めた空間への広がりです。これらの広がりを前提に瑞泉寺門前町（井波）における文化コモンズの様相を、観光地として再生した滋賀県長浜市の黒壁スクエアと比較しながら考えてみたいと思います。

井波には多くの職人が仕事をしていますが、その工房は、商店街やコミュニティのなかに溶け込んでいます。そこには、ものづくりの確かな日常があり、観光用の演出はありません。その一方で、大型バスの駐車場に車を止めて瑞泉寺に訪れる人も多く、駐車場から瑞泉寺に至るまでの商店街は、石畳になっています。その商店街には、木彫の工房兼店舗や飲食店などのお店が並んでおり、表面的には木彫をテーマとした観光空間にみえますが、日用品を扱う店なども混在しているため、くらしの場が少しずつ観光的な色合いを帯びてきたといえましょう。その意味では、ガラスの工房や店舗が立ち並び徹底的に日常性を排してつくりあげた観光空間[16]として有名な黒壁スクエアとは、その性格がまったく異なります。面白いので、比較してみましょう。

黒壁スクエアが観光地として再生した話は有名ですが、かつてそこはすっかり寂れ果てた、主に日用品を扱う商店街でした。しかし、幸い文化資源として黒壁[17]など歴史的な建造物がありました。それらをガラス工芸品の展示館にすることで、観光資源に変えていったのです。その手法は、株式会社黒壁が信託方式によって地元の商店街の一角を「黒壁スクエア」として管理し、ガラスやオルゴールなどテーマに見合ったお店の出店や誘致を行うものです[18]。

こうした手法で、商店街空間をガラス工芸にそくした形で純化していくのですが、それは下村智典[19]も指摘しているとおり、「「ガラスのまち長浜」の過度の前景化は、歴史的な建造物や町並みを、ガラスを入れる単なる容器へと後景化させる」ことになります。それでも、工芸品の珍しい展示館としての鮮度が高いときは、その目新しさによって観光客が訪れます。事実、黒壁スクエアにも大勢の観光客が訪れていましたが、二〇〇三年頃をピークに減少しています[20]。

絶頂期の黒壁は、観光まちづくりの成功物語として頻繁に語られることがありました。衰退していた商店街が、一時期にせよ「観光地化」したのですから、成功モデルといえますね。その手法は、文化資源が残る空間を、経済的な利益を求める人たちが「共有」する場へと転換し、コミュニティの記憶との連続性を断ち切る形で新たな意味づけ（ガラスを中心とした工芸をテーマとする観光空間化）をしていくものです。

ところで観光というのは、観光客の方々と地域の方々が同じ空間を共有するものであり、そこで何を「共有」するかが大切です。黒壁スクエアは、株式会社が信託方式で管理する空間ですから、来訪者とはお洒落で楽しい消費文化を共有しつつ、最終的には「利益」をあげなければなりません。また、そこにお店を構える人のなかには、テナントとして地域の外から「仕事のために通ってくる」こともあるので、歴史に裏打ちされたコミュニティの仲間として何かを共有するというよりも、利益を得る空間を共有しているといえます。そのなかで消費に値する様々な「記号」（お洒落な空間を演出する商品や展示など）を提供し続けていくことで観光客との間の共有関係が保たれるのです。

一方、黒壁スクエア界隈は「大通寺[21]」の門前町でもあり、長い歴史とともに信仰心の厚いコミュニティが基盤となっています。大通寺と隣接する黒壁スクエアは、このような文化の創造基盤となりうるコミュニティの一部を切り離して、異なる意味を持つ空間（観光地）を設えたと考えるべきでしょう。コミュニティと対比される組織をアソシエーションと呼ぶことがありますが[22]、まさに、黒壁スクエアは、大通寺などが象徴的に示すとおり信仰心の厚いコミュニティのなかに、ガラス工芸をテーマとするアソシエーションの管理空間をつくりあげたといえるでしょう。

(5) 文化コモンズと観光

コミュニティという意味では、井波は長浜に似ている面があります。大通寺も瑞泉寺もともに浄土真宗の別院であり、両地域とも大変信仰心の厚い街です。そして長浜はガラス、井波は木彫と、ともに「工芸」をテーマとした「観光地」でもあります。

では、何が異なるのでしょうか。それは、井波の木彫は、瑞泉寺の創建に尽力した木彫職人の里として、信仰とともにコミュニティのなかに深く根ざしているのに対して、長浜のガラスは、ブームに乗って選択した消費文化としての工芸でした。

先に、コミュニティとアソシエーションの違いを述べました。井波の観光は、コミュニティに深く根ざしていますから、利益のみを求める観光に対して、地元の職人さんが違和感を抱いたのは当然でしょう。経済的な利益を目的として強調することだけが観光ではありません。「井波は観光地？」という疑問を裏返せば、瑞泉寺の門前町で共有されているのは、「私的な利益」よりも、長くこの地で共有されてきた「公的な文化」だと考えられます。信仰心というのは、地域固有の文化であり、観光にはこうした深い文化に根ざした姿もあるのです。

井波と比べてみると、黒壁スクエアは、観光地として洗練されている感じがします。では、黒壁スクエアはなぜ、観光空間として洗練されていくのでしょうか。経済合理性からみれば、観光空間は、J・アーリが述べているように「観光のまなざし」に応えられるような消費の場であることが求められます。[23] しかしそれは、食べ物と同じような消費財の一種であり、賞味期限は限られています。そのため空間は、常に観光客のまなざし（＝消費すべき記号）で溢れていることが必要であり、テーマに見合うように洗練されていくのです。

仮に井波に対して、木彫のテーマパークのような〝まなざし〟を向けても、その期待には副えないと思います。土産物ひとつとっても、観光客が喜びそうなものを追求する意識はあまり窺えません。仮に、大勢の人が消費可能な記号の集合体（＝消費型の観光地）をめざしていくのであれば、こうした観光のまなざしに応えていく必要が出てきます。例えば、工房で技を見せる際にも、さらにショーアップしていくことも求められるかもしれません。しかし、そうした「観光地化」を志向しないのは、ここがまさに信仰を基礎とした神聖な職人集団が、コミュニティのなかに埋め込まれている理念を共有している場であり、その価値がわかる人々との交流を大切にしたい気持ちが強いからだと思われます。

同時にこうした観光の在り方は、訪れる側にも「関心」に伴う「学習」を要求します。来訪する地域への文化に対する理解がなければ、その文化性を読み取ることが難しいからです。とにかく楽しませてほしいという受動的・享楽的な観光とは異なり、学習して学びとる観光は、観光客が消費するための多様な「記号」による非日常的な演出は必要ありません。むしろ、過剰な演出によって、本質的な部分を覆い隠してしまう危険性が出てくるのです。

これまでみてきたように、井波の人々は、職人であるか否かを問わず、信仰心と技などの文化によってつながっていると考えられます。井波というまちは、こうした文化性を共有している人々が、くらしや生業を通じて醸成した雰囲気を持っています。それらが無形の力として場に作用し、ものづくりの創造性にも影響を与えているといえます。言い換えれば、このように地域において公共財的に共有される無形の力はものづくりの創造的な基盤となりうるのです。そして、そのような共有関係を、観光客との間でも生成できる場を「観光地」というならば、そうした共有・共感型の観光スタイルは井波独自のものなのです。

それは、安易な消費文化型のものとは明らかに異なる、「脱観光的」観光を志向するものであり、このような公共財的な文化空間の共有や管理の在り方を「文化コモンズと観光」というならば、井波はまさに生きたテキストになるのではないでしょうか。

もちろん、自然資源と違い物理的な範囲が曖昧な無形の文化資源について、安易にコモンズ論を広げて解釈することは危険ですが、文化の強い共有関係が認められる際に、コモンズ論を手がかりとして考え、地域内外の共有関係を論じることができるのではないかと考えています。

さらにいえば、文化資源を誰が、どのように所有し管理していくのかを考えていくことは、今後、ますます重要な論点になっていくと思われます。文化資源が、公的なものでもなく、また、もっぱら私的な利益でもなく、共的に所有・管理していくことは大切な視点です。その際、地域外の人（＝観光客）との共有関係も欠かせなくなるのです。

では、次に、鋳物産業発祥の地である金屋町（富山県高岡市）を例に、この点を掘り下げてみましょう。

2　鋳物のまち高岡[24]

(1) 金屋町

高岡市は人口約一七万六〇〇〇人[25]で、富山県西部地域の中核都市です。古くから商工業が盛んな町ですが、なかでも鋳物生産の歴史は古く[26]、一六〇九（慶長一四）年、加賀藩二代目藩主前田利長公が高岡開町して間もなく、砺波郡西部金屋（現・高岡市戸出西部金屋）の鋳物師七人を諸役免除の拝領地（現・金屋町）に移住させたのが始まりです。

その後は、職人技を基礎としながらも、近代化に伴って量産体制へとシフトしていくことになります[27]。量産体制については第7講でもとりあげますが、ここでは「ものづくりとまちづくりの関係」に着目してみておきましょう。

例えば問屋制を持たない井波木彫は、大量生産とは対極的な位置にあります。そして、街の中心部にものづくりが息づいています。こうした町とは対照的に、多くの地場産業都市では、生産拠点の集約化、郊外化などが進められました。その理由は様々ですが、例えば、中心市街地では住宅地と工場の共存が難しくなり、効率的な生産の場と快適な住宅地を分離したのです。

高岡においても、一九七四年に「高岡銅器団地」の造成が始まり、多くの工場が移転しました。そのため、町の中心部から「ものづくりの匂い」が少しずつ消えていきました。生産拠点が移転したので、当然、そうなります。その一方で、歴史の古いものづくりの現場には、伝統的な建造物群はそのまま残っていることがあります。金屋町においても「さまのこ（千本格子）」と呼ばれる建築様式の伝統的で美しい家並みは残されています。

(2) 伝建空間と観光

金屋町に残る伝統的な建造物群は、その価値が評価され、二〇一二年一二月二八日に、鋳物師町としては全国で初めてとなる「重要伝統的建造物群保存地区」（以下、重伝建）に選定されています[28]。歴史のある町には、このように重伝建に選定された地区を多く抱えています。例えば、金沢市では、「東山ひがし地区」（二〇〇一年一一月一四日選定）をはじめ、四地区が選定されています。

こうした重伝建地区が消費の場として活気を帯びることは、各地の事例にもよくみられます。とりわけ京都や金沢、高山のような消費文化に厚みのある町の重伝建地区は、伝統工芸品など土産物を買い求める場として有益であるとともに、文化的価値も共有化されているといえます。

もちろん、そこには地域側の主体的な関わりが必要となりますが、町衆などの伝統があるコミュニティでは、こうした空間の管理は、十分に機能していると考えられます。しかし、必ずしもすべての重伝建地区がそうではありません。この制度については、井口貢も本書の**第3講**で述べていますが、それを受けて少し考察してみましょう。

重伝建に選定されると、国の「文化財」として空間の質を保全・活用していく法的な裏付けを得ることになります。その意味では、その空間の建造物群としての価値は、公的に管理されているといってもいいでしょう。そのため、必要に応じて公金が投入されることになります。しかし、その制度は、伝統的な空間の保全が目的であり、コミュニティの文化の創造性まで保証するものではありません。もちろんそれは、公的に管理すべきものではなく、内的かつ自発的に生成していくべきものですが。

立地に関してみれば、重伝建地区の多くは、中心市街地にあります。地区によっては人口減少、空洞化しているかもしれませんが、時代を遡れば、活気あふれるくらしがあったことでしょう。そのような時代に蓄積された地域空間の管理の仕方や自治の様式は、地域固有のものとして根づいていたと思われます。しかし、今日、中心市街地の空洞化は、地方都市を中心に深刻化しており、根付いていると信じていた固有の自治の仕組みが「実はすっかりやせ細ってしまっていた」ということもありえます。

すなわち重伝建に選定されても、国の法的な管理下で保持されていく伝統的な建造物群の外観とは対照的に、コミュニティが主体となる内実（文化の共有に基づく自治）が枯れていく危険性を孕むのです。それは決して制度が悪いのではありません。地域における無形文化の生成力が落ちているのです。

重伝建の選定自体が目的化すると、どうしても公的管理に依存してしまいがちですが、仮に、コミュニティが主体となる文化創造が十分に機能していないとすれば、他者である観光客と共有すべき価値は建築的外観のみの空疎なものになってしまいます。

(3)「脱観光的」観光に向けて

では、金屋町や高岡市では、どのような観光の姿をめざしていけばいいのでしょうか。最後に考察してみましょう。

高岡市は、銅器を中心とした工芸都市ですが、同じく工芸都市といっても、金沢のように観光客を惹きつける「派手さ」はありません。この点は、大熊敏之も述べていますが、高岡は、「金沢のような成熟、洗練された武家文化の中で紡ぎ出された、よく言えば雅で豪華、悪くいえば、派手でこれ見よがしな美とは異種の美意識を醸成してきた」[29]のであり、芸術性を重視する金沢とは差別化していくことが必要なのです。

すなわち、同じく工芸都市であっても、高岡では、実用的な生活工芸を生みだしてきた町としての特徴を発揮していくべきなのです。そのためそれと関係する場所を回遊することで来訪者に理解してもらうことが必要です。その意味では、郊外化により生産の場が減少したとはいえ、鋳物発祥の地としての歴史がある金屋町は、重要な回遊拠点となります。それは、伝統的な街並みが残っているだけが理由ではありません。そこには、現在でも生産機能が残っていることに加えて、新たな創作活動を行う若い職人たちもコミュニティのなかに入ってきたからです。したがってそこには、新たな文化生成の可能性があります。少し時間はかかると思いますが、新たなコミュニティのメンバーともしっかりと議論を重ねることで、そこで共有すべき今日的な価値や、空間管理(自治)

の様式を生みだせると思います(30)。

ただそれは、安易に消費空間化した観光地づくりではなく、残された歴史的な文化資源を手がかりとして、地味で堅実なものづくりのコミュニティを再構築していくことにより、外部からも持続的に共感者が増えていくような、息の長い交流の場を生成していくことが必要です。言い換えれば、文化空間の理解者、共感者が、たまま外部にいて、彼／彼女らが時々訪れることをもって「観光（客）」と呼ぶならば、それもまた「脱観光的」観光のひとつの形態を表しているといえるでしょう。

このように、文化空間としての重伝建地区を、どのように地域が主体的に所有・管理していくのか――すなわち文化資源とコモンズを巡る問題――、は大変興味深いものです。同時にそれは、脱観光的な観光地づくりに向けての思考にとって極めて重要な視点となることでしょう。

【古池嘉和】

註

（1）「統計から見た石川県の観光」（石川県観光戦略推進部、平成二四年版）によれば、金沢地区（金沢市、かほく市、白山市、野々市市、津幡町、内灘町）の二〇一二年の入込客数は、七九四万二〇〇〇人となっています。また、同データでは、兼六園に限ってみれば、一七〇万五〇〇〇人の来訪者を記録しています。

（2）一九九五年一二月、ユネスコの第一九回世界遺産委員会において、白川郷（岐阜県白川村）の荻町、五箇山（富山県南砺市）の相倉、菅沼の各合掌造り集落が「世界遺産」として登録されました。

（3）SCOT（Suzuki Company of Toga）は、一九七六年に東京から富山県利賀村に拠点を移し、合掌造りの民家を改造した劇場を利賀山房と名付けて活動を始めました。劇団SCOTホームページ（http://www.scot-suzukicompany.com/）。

（4）スキヤキ・ミーツ・ザ・ワールドとは、坂本九の世界的ヒットソング「上を向いて歩こう：別名スキヤキソング」にあやかって世界に文化・情報を発信しようと、一九九一年散居村で有名な富山県西部の小さな町、福野町（現・南砺市）でワールドミュージック・フェスティバルとしてスタートしました。「スキヤキ・ミーツ・ザ・ワールド実行委員会資料」参照。

（5）「約三五〇年前、伊勢神宮の分霊を〝あんどん〟で出迎えたのが始まり。日没とともに二〇数基の〝あんどん〟が、ヨイヤサの威勢のいい掛け声とともに町内に繰り出します」。「南砺市勢要覧」参照。

（6）城端は、城端曳山祭（重要無形民俗文化財）や坂道や小路などの町並みが有名ですが、城端をモデルとしたご当地アニメ（true tears）が人気を博しています。本書の第8講3を参照ください。

（7）南砺市の二〇一四年一月末の住民基本台帳人口は、五万四三四一人となっています。南砺市ホームページ（https://www.city.nanto.toyama.jp）。

（8）井波彫刻協同組合ホームページ（http://inamichoukoku.com/）によれば、「明徳元年（一三九〇年）本願寺五代綽如上人（しゃくにょしょうにん）は、後小松天皇の勅許（ちょっきょ：天皇より命令が下ること）により井波別院を創設したが、いく度か焼失しそのつど再建された。特に江戸時代中期、瑞泉寺本堂再建のおり、本堂彫刻のため、京都本願寺より、御用彫刻師・前川三四郎が派遣（命じて出向かせること）され、このとき地元大工・番匠屋九代七左衛門ら四人がこれに参加し、前川三四郎について彫刻の技法を本格的に習ったのが井波彫刻の始まりである」とされています。

（9）宗祖親鸞聖人は、聖徳太子を「和国の教主」と呼び、大切にされておりました。瑞泉寺ホームページ（http://www.geocities.jp/inamibetuinzuisenji/gyouji/taisiden/taisiden.html）。

（10）同上、瑞泉寺ホームページ。

（11）「全国的には下駄屋、指物師、曲物師、木型屋、鳶、左官、瓦屋、屋根葺き、建具屋、井戸屋、杣、樵、鍛冶屋、石工などの職人が太子講を行いました（中略）この日に行われる講は飲食をしたりするほか、賃金の協定をしたり、様々な申し合わせをしたり、職人仲間の運営にとっても大切な日でした」。千葉の県立博物館ホームページ（http://www.chiba-muse.or.jp/MURA/kikaku/nencyugyozi/kaisetu/taishiko.htm）参照。

（12）井波彫刻協同組合ホームページ（http://inamichoukoku.com/）によれば、二〇一四年一一月一五日現在における「井波彫刻協同組合」への加入組合員数は一一九名となっています。

（13）「南部白雲の木彫刻は、井波彫刻の歴史とともにあります。その井波彫刻の成り立ちは、北陸一の大伽藍を誇る瑞泉寺をぬきにして語ることはできません。（中略）井波は、その瑞泉寺の門前町として発展し、井波彫刻はもちろんのこと、人々の暮らしのすべては、瑞泉寺に関連していたと言っても過言ではありません。（中略）初代南部白雲は番匠屋直系の技を持つ、初代、大島五雲に師事し、大正七年に完成した瑞泉寺太子堂再建に大きく貢献し二代目、三代目へと匠の技が受け継がれ、現在にいたっています」。南部白雲木彫刻工房ホームページ（http://www.nanbuhakuun.com）参照。

(14) ローレンス・レッシグはネット空間を物理層、コード層、コンテンツ層に分けてその特徴を分析しています。ローレンス・レッシグ（山形浩生訳）『コモンズ』翔泳社、二〇〇二年。

(15) 黒壁スクエアや長浜についての詳細は、古池嘉和『観光地の賞味期限―「暮らしと観光」の文化論』春風社、二〇〇七年、同『地域の産業・文化と観光まちづくり』学芸出版社、二〇一一年を参照ください。

(16) 筆者が二〇一四年の八月に訪れた際には、日常性を排してきた黒壁スクエアにも大きな変化を読み取ることができました。それは、ガラス工芸への純化路線ではなく、再び、日常的な要素（生鮮品など）を織り交ぜた交流の場へとシフトしているようにみえました。空間を純化するモデルとしては限界があり、試行錯誤の結果、再びコミュニティと融合する流れになってきたように思えます。

(17) 黒壁とは、明治時代に第百三十銀行長浜支店として建築され、その外壁が黒漆喰の様相から「黒壁銀行」の愛称で親しまれていた建物であり、その保存と中心市街地の活性化の拠点としての活用を目的に、民間企業より八名の有志が集い、長浜市の支援を受け出資総額一億三〇〇〇万円で、昭和六三年四月、第三セクターの株式会社を設立しました。黒壁ホームページ（http://www.kurokabe.co.jp/about/index.html）を参考に記述。

(18) 黒壁グループに入ると「黒壁〇〇号館」として認定されることになります。

(19) 下村智典「コモンズが開く都市の持続可能性―都市資源の再生と活用」間宮陽介・廣川祐司編『コモンズと公共空間』昭和堂、二〇一三年、一二九頁。

(20) ピークとなる二〇〇三年には、二一七万七〇〇〇人となっている。なお、その後は、減少傾向となるものの「北近江一豊・千代博覧会」が開催された二〇〇六年はイベント効果があり二三三万九〇〇〇人に、同じく、二〇一一年には、大河ドラマ「江　姫たちの戦国」の放送効果により二四四万人と回復しています（黒壁ホームページ参照）。

(21) 真宗大谷派（東本願寺）の別院で、正式には「無礙智山（むげちざん）大通寺」といいますが、地元では「ごぼうさん」の名で親しまれています。

(22) R・M・マッキーヴァー（中久郎・松本通晴監訳）『コミュニティ』ミネルヴァ書房、一九七五年、四五頁以下を参照ください。

(23) 詳しくは、ジョン・アーリ（加太宏邦訳）『観光のまなざし』法政大学出版局、一九九五年を参照ください。

(24) 高岡について知りたい方は、富山大学芸術文化学部編『高岡芸術文化都市構想　都萬麻01〜04』（富山大学出版会）を参照ください。

(25) 平成二六年三月末日現在の高岡市住民基本台帳データでは一七万六二五九人となっています。高岡市公式ホームページ(http://www.city.takaoka.toyama.jp/) 参照。

(26) 当初は、鉄鋳物が中心でしたが、江戸時代中頃から銅合金鋳物も盛んになりました。明治期には、万国博覧会を通して世界にも紹介され、高岡の美術銅器は一大輸出産業としての地位を築きました。昭和五〇年には国の伝統的工芸品の産地指定を受けており、発祥以来四〇〇年近く経った現在も日本唯一の銅合金鋳物の産地としてインテリア小物から屋外のブロンズ像までの幅広い製品を手がけています。「たかおか素材・技術百科」高岡市デザイン・工芸センターホームページ (http://www.suncenter.co.jp/takaoka/ex/tmte/info/sangyou.html) 参照。

(27) 「今日、鋳物の生産は、大量生産に併せて郊外の大規模工場で一括して行われることが多くなったが、戦後しばらくは問屋が個々の職人に注文して商品を製造させる問屋制手工業体制が採られていた。この流れを受け、現在でも金屋町では、昔ながらの職人が民家裏の作業場などで鋳造や着色などの作業を行っている」(「高岡市歴史まちづくり計画」二〇一一年三月(二〇一四年三月変更)、五六頁)。

(28) 「昭和五〇年の文化財保護法の改正によって伝統的建造物群保存地区の制度が発足し、城下町、宿場町、門前町など全国各地に残る歴史的な集落・町並みの保存が図られるようになりました。市町村は、伝統的建造物群保存地区を決定し、地区内の保存事業を計画的に進めるため、保存条例に基づき保存計画を定めます。国は市町村からの申出を受けて、我が国にとって価値が高いと判断したものを重要伝統的建造物群保存地区に選定します」。文化庁ホームページ (http://www.bunka.go.jp/seisaku/bunkazai/shokai/hozonchiku.html) 参照。

(29) 大熊敏之「高岡の工芸—その過去、現在、そして未来」富山大学芸術文化学部編『高岡芸術文化都市構想　都萬麻01』富山大学出版会、二〇一二年、四一頁。

(30) 菅豊は、「現代的コモンズに内在する排除性の問題」(『大原社会問題研究所雑誌』第六五五号、二〇一三年)において、「現代的コモンズ論は、人間関係の希薄化した都市社会においてコモンズを構築することにより、健全――これを決めることはかなり困難ではあるが――なコミュニティを構築するという実践的課題を目指している」と述べていますが、まさに、金屋町においても、新たなものづくりのメンバーを含めた独自の所有・管理の在り方を模索していくことで、現代における地域文化コモンズが生成できるといえるでしょう。

第Ⅲ部

観光と地域文化への矜持

第7講　産業観光

1　ステレオタイプな志向からの脱却――産業観光って何？

愛知・名古屋であれば、「ものづくりと産業」というステレオタイプのイメージに呪縛され、観光という発想が見出しにくくなっているのですね。すでに記した「観光の本義」について確認しながら、ステレオタイプのイメージから抜け出して、「ものづくりと産業」から観光を抽出することもまた、観光のためのオールタナティブな思考なのです。

どこかで読んだフレーズでしょう。これは、**第3講**で、本書の編者である井口貢が述べているものです（四〇頁）。ここで語られていることは、産業観光を考えるうえで重要な示唆を含んでいます。それは、常日頃から生産現場を歩いている私が経験的に感じていることでもありますが、生産体制や様式は時代とともに変化していきます。観光との接点もそれに伴って変わってきます。このような動向を捉えないと、ステレオタイプなイメージに縛られます。そこで本講では、生産体制や様式の変化を注視しながら、観光との接点を模索してみたいと思います。

さて、愛知・名古屋に目を向けてみましょう。愛知県では、一九七七（昭和五二）年から連続して製造品出荷額等が全国一位を誇っています[1]。まさに、ものづくり王国です。そのため近年では、その特性を活かした観光の姿が模索されるようになりました。代表的な例としては、須田寛が提唱している産業観光があります[2]。そこでは、中京圏に広がる産業文化財や現在操業中の工場見学、企業メセナの一環として行われている企業ミュージアムなどを組み合わせた回遊型観光が想定されています。このように既存施設をつなげて回遊する観光スタイルは産業観光のひとつの在り方として理解できると思います。

少し掘り下げてみましょう。産業観光は、対象となる産業がすでにその役割を終えているのか、あるいは現在も操業しているのかで大きく分かれます。それが過去のものであれば、その歴史的・文化的価値を評価した産業文化財となります。他方、現在操業中のものは、工場見学のように生の現場を知るものもあれば、「工場萌え」のように観光客側が夜の工場などに独自の意味づけを行い、熱いまなざしを向けることもあります。

次に、産業と文化の関係をみておきましょう。生産が終わっている場合には、その文化的側面を評価して保存・活用するということは先に述べたとおりです。この場合すでに市場から撤退しているため、残された産業建造物や機械などの遺産価値を評価し、保存・活用することになります。ここに観光との接点が出てきます。

一方、現状操業中の産業は、企業としての存続が重要です。したがって、業種にもよりますが、製造現場から文化や観光との接点が要請されることは少ないでしょう。特に、多くの製造業は、戦後、大量生産様式を志向するようになり、効率的な生産や規模拡大をめざし、郊外に生産拠点を移す企業もありました。それらはあえて消費者やコミュニティと距離を置くものであり、生産（産業）に専念する志向が強いといえましょう。

しかし今日では、産業か文化かという二者択一ではなく、むしろ産業と文化との接点が重要性を帯びてきていると思われます。それをつなぐのが、まさに観光の役割です。その理由は、後に詳述しますが、社会が知識や創造性を軸として動くようになり、生産様式においてもその影響を強く受けるからです。

つまり、時代によって産業と文化、さらには観光との関係も変化していくこととなり、時間軸によって起きる変化を考慮していくことが必要になります。他方、文化は特定の土地で培われることが多く、地域に根ざした地場産業は、それらの接点を探るうえで適しています。

そこで本講では、地場産業――なかでも、愛知や岐阜で盛んな陶磁器産業を例として、時代の流れとともに産業と文化の関係がどのように変化してきたのか、また、観光客（消費者）との距離感の変化や、今日、求められている創造的産業への転換の必要性と可能性などについて考えてみることとしましょう。

2 創造的産業への道――地場産業を例に

(1) 地場産業の特徴

地場産業については様々な定義がありますが、[3] ここでは少し視点を変えてその特徴を考えてみたいと思います。まず、地場産業は特定の地域に長くとどまる傾向にあります。そのため、その土地との関係が深まっていきます。そのことは、文化的色彩を帯びることと言い換えてもいいでしょう。一方で、それが〝産業〟である限り、経済的な側面も忘れることはできません。このように地場産業とは、文化性・土着性と経済性・合理性が絶妙のバランスの上に成り立っているといえます。

少し掘り下げて、その特徴を考えてみましょう。まず、何故に特定の土地との関係が深いのでしょうか。それはいうまでもなくその土地に豊富で良質な原材料があることによります。やきものでいえば、「日本六古窯[4]」と呼ばれる瀬戸、信楽、常滑、丹波、備前、越前は、いずれも良質な陶土を有する産地です。[5] 一方で、大きな消費地にある清水（京都）などの例もありますが、地場産業の立地の要因を遡ると原材料に行き着くことも多いと思います。

そして、特定の土地に同じ分野の職人が住み着くようになると、生産集落が形成されます。同じような職人がひとつの集落でくらすようになるため、〝秘伝の技〟のようなものが蓄積されていきます。秘伝とは、言葉ではなかなか説明できるものではありません。したがって、マニュアルやデータで示しても真似することが難しいものです。それらはくらしと生業が一体的な生産集落のなかで徐々に蓄積されていくものであり、これが他では生みだせないものをつくりだす源泉となるのです。これが地場産業の大きな特徴です。

(2) 産地(6)に眠る暗黙知——身体化された文化資本

技を伝えていくことは、地場産業にとってとても大切なことです。産地では、常に、先人たちの技をどのように乗り越えていくのかを問い続けてきました。私たちはともすると、科学は直線的に進歩すると考えがちですが、そうであれば、現代は、茶陶の花開いた桃山時代(7)と比べてはるかに進歩しているはずです。したがって、現代の科学技術をもって解明すれば復元できないものなどないはずですが、不思議なことに、どうにもこうにも再現しにくい陶器(破片)も出土してきます。原材料の調合や火加減などは、人間の直観で行われていたのでしょうから、まさに職人に染みついた経験知の世界です。

後ほど述べますが、熟練の技は、身体化された文化資本といえるでしょう。私の知るなかにも、伝説のろくろ師、齢九〇を超える原型師(8)、絵付師など、やきものの世界には、一芸に秀でた「師」がいます。彼/彼女らは、ひとつのことを長年続けてきた結果として自然と技が身についてきたのです。師と呼ぶにふさわしい職人がごく普通にくらす生産集落は、まさに「技のデパート」の様相です。逆にいえば、「簡単には伝達できない知の凝縮したコミュニティ」が生産集落といえますが、そのような創造性の坩堝から生まれた発想が、高い技術によって製品化されて世に出てくるのです。

このような言葉では説明しにくい世界こそが、強い競争力を持った産地の本質的な特性です。科学哲学者であるマイケル・ポラニーはそれを次のように説明しています。曰く、「我々は語ることができるより多くのことを知ることができる」[9]と。すなわち、知の世界には二つの種類があり、データなど分析的な知（形式知）と言葉では言い表せない包括的な知（暗黙知）があるというのです。

物事を細分化していく分析的な知は一直線に進歩するのかもしれませんが、ものをつくりあげる統合的で包括的な知は必ずしもそうではなく、むしろ、退化しているのかもしれません。なぜなら、包括的な知は、限りなく試行錯誤することで得られる体験的な知であるからです。

生産集落では、日々繰り返し生産活動が行われており、こうした場には自ずと暗黙知が根を張っていきますから、独特な雰囲気を持つ場が生まれるのです。経済学者アルフレッド・マーシャルは、それを「特殊な産業上の雰囲気（special industrial atmosphere）」[10]と呼んでいます。自律的な職人が互いに切磋琢磨する姿は、あたかも若い木々の成長に見立てられますが、やがてそれが知恵に溢れた森のようになると、独自の雰囲気が形成されてくると考えられます。そして、「知恵の森」ともいえる生産集落で生まれた子どもたちにとっては、遊び場がイコール創造的な場になります。そこで職人さんたちが働く姿をみながら育っていくのですから、自然とやきものの世界に引き込まれていっても不思議ではありません。

先に述べましたが、こうして代々自然と文化が伝承していく仕組みを、ピエール・ブルデューは、「文化資本の蓄積」として理解する枠組みを示しました。例えば、音楽家の家に生まれ、日々、音楽に触れる環境でくらしていると、その子どもが音楽家になることも多いと。曰く、文化資本が身体化[11]するというわけですが、それを家庭から（生産）集落にまで拡大して考えることも可能でしょう。

こうして何年も、何十年も、そして気がつけば瀬戸などでは、一三〇〇年をも超える日々をやきものづくりで過ごしてきたわけですから、暗黙的な知恵の森が形成されていても何ら不思議ではありません。右をみても左をみても、こうした職人が活動している場から生まれる雰囲気は、クリエイティブな活動を支える礎となっていたことでしょう。しかし、機械化による量産の時代を迎え、創造性を支える文化としての側面と、産業としての効率性を求めるバランスが、大きく崩れていくこととなるのです。

(3) 近代化と大量生産システム

生産集落では、長い歴史のなかで、数多くの優れた名品が焼かれています。私たちは、これらの作品を通じて、名もなき陶工たちの類まれなる創造性を窺い知ることができるのです。日用品のなかに人間の創造的な手わざが生きているとは、何とも贅沢な時代であったといえましょう。しかし今日では、手仕事で一品物をつくるのは、芸術家（陶芸家）の世界です。それは観賞用の美術工芸品として、日々のくらしのなかにある「用の美」ではありません。

他方、日用品は、機械の導入によって画一的なものを大量に生産することが可能になりました。そうなると、つくったものを大量に市場に出してくれる人が必要となります。こうして、生産者と消費者の間に、産地の問屋、消費地の問屋、小売店などが入り、効率的な大量流通の仕組みができあがるのです。

こうなると品物は、生産者から消費者へと効率よく流れますが、逆に、くらしのなかで使い手が求めている潜在的な欲求（＝情報）は、小売店などが汲み取り問屋に伝わるため、生産者に直接届きにくくなります。そして、とりわけ経済の高揚期には情報をもとに問屋が商品を企画し、その指示にしたがってものづくりをしていれば、それで売れるようになりました。そのため「指示されたものをいかに効率的につくりだすか」という志向が強まり、生産者が主体的な創意工夫をして、「消費者に対してくらしの文化を提案しよう」とする志向は弱まります。機械的に規格品を量産さえすれば、利益があがるのですから無理もありません。

このように、大量生産の仕組みは、大量に生産したものを一括して流通し、大量に消費・廃棄することです。しかし、同じものを大量につくるわけですから、どこかで循環が滞ると仕組みはうまく動きません。例えば、市場への供給先（競争相手）が増えるとか、消費量が低下するなどの要因で、その仕組みは行き詰まります。そして、「バブル経済」崩壊後、それが現実のものとなります。安価な日用品は、一方では外国製品による供給過剰、他方では国内需要の落ち込みなどが影響し、過剰な在庫を抱えることになりました。そして、大量消費・破棄社会への批判の高まりや、生活の質へのこだわりなど、人々の価値観が大きく転換するなかで、ものづくりの在り方も変わっていくこととなります。

（4）脱量産体制――デザインを重視する社会へ

現在は、知識社会ともいわれます。社会の質的な変化は、ものづくりにも大きな影響を与えます。単なる使用価値にとどまらず、色、柄、形、風合いなどが工夫され、くらしを彩るような付加価値によって文化的な豊かさをもたらしてくれるものが求められます。それは、つくり手が考えるコトを、商品というモノを媒介として消費者に伝えていくプロセスでもあります。その際、決定的に重要なことは「何を伝えたいのか」というつくり手の思想ですが、それは美術工芸品をつくる陶芸家に限った話ではありません。むしろ、民藝運動の創始者である柳宗悦は、作家の個人名が前面に出すぎる美術工芸品は、必ずしも工芸の美を保証しないとさえいっています[12]。そして、名も無き職人の手仕事によってつくりだされる生活の道具のなかに用の美を見出した柳の思想は、消費社会が成熟した現代日本社会において再び評価されるべき視点であるといえるのです。

こうした思想に共鳴するかのように、今日ではデザインが重視され付加価値の高いものづくりが志向されるようになってきました。同時に生産様式も画一的な大量生産ではなく、消費者ニーズに柔軟に対応したきめ細やかな製品づくりが求められるようになってきました[13]。そこでは、人間の創造性を基礎としながら、機械を道具として使いこなしていくことが必要となります[14]。例えば今日、使いこなすべき最大のツールである情報通信機器を駆使する際にも、やはり鍵になるのは人間の創造性です。そこには、デジタルな情報としての形式知と、体験的な暗黙知を融合するような現代の職人の姿が浮かび上がるのです。

(5) 創造性と観光——現代の職人に求められるもの

では、創造性を発揮するために必要なことは何でしょうか。それは、くらしの文化を高めることを志向する質の高い消費者と、そうした欲求に応えていく生産者がせめぎあうことです。それにより、つくり手の創造性を刺激するきっかけになるからです。もちろん、つくり手側にもそうした意識がなければなりません。かつて、ものが不足していた時代には専らつくることに専念できましたが、今日のようにものが余っている時代には、消費者との対話によって創造し、ものを生みだす志向性を取り戻さなければなりません。

私は一〇年ほど前に岐阜県の小さな生産集落で工場を訪ね歩き調査を行いました。当時は五〇件ほどの窯元がありましたが、平均すると従業員数は三名程度でした。イメージとしてはご夫婦にパートさんが加わるような感じです。このように人手が足らないなかでは、直接窯元を訪ねられても対応することが難しいでしょう。そして、与えられた仕事を効率よくこなしていくことで精一杯な状況では、〝産業観光〟という言葉にも抵抗があるかもしれません。

しかし、創意工夫をもとに新たな価値をつくりだそうとすれば、対話の必要性は理解されると思います。ここでいえることは、価値をつくりだすパートナーとしての観光（客）の姿です。産業と観光が、このような形で融合することで、互いに有益となる「産業観光」の形が生まれてくるといえるでしょう。

一方、窯元を訪問した際、よく耳にするのが「こんな場所に来てもらっても……」という言葉です。私の妻の実家も小さな窯元でしたが、そこは決して快適なものではありません。窯を焚くので室内は高温になり、埃っぽい作業場で汗をかきながら作業を行うのが日常的な窯場の光景です。ちなみに北川民治画伯は、こうしたリアリティのある窯場を好んで描きました。おそらくそこにある力強さに価値を見出したのでしょう。同様に、ありのままの窯元の姿に共感する人たちと交流する産業観光の姿が浮かびますが、それは明らかに大衆的な大量観光とは異なります。そしてそのような来訪者は、やきものの目利きであることも稀ではありません。こうして、厳しいまなざしを向ける消費者を頷かせるような製品づくりへの意欲が生まれるのです。

(6) 互恵と共感——産地を舞台とする交流の姿

消費型の観光では、サービスを提供する観光地側と受ける観光客側に分かれます。お金を払って遊びに行くのですから、観光客側は、一方的に上質のサービスを求めるでしょう。経済行為としての観光は、サービスの質と量によって価格が決まるともいえます。しかし、観光地側の人と観光客が相互に互恵的な関係を築いて成り立つ観光もあります。「それも観光?」と思うのは、私たちがあまりにも貨幣を媒介としたコミュニケーションの形に慣れすぎている弊害かもしれません。

ボランティア活動でもよくいわれるのは、支援する側の方が「心が癒され成長する」という実感を抱くことです。そこでは、支援する側とされる側の間に互恵的な関係が成り立っており、お互いの気持ちを通いあわせることが可能になります。観光にも、本来、そうした面があります。例えば、信仰のために訪れる巡礼には、訪れる側の方が、訪れる場に対して畏敬の念を抱くことは少なくないでしょう。現代的なアニメの聖地巡礼においても、その場所が神聖なものとして、ファンの間で共有化されていると思われます。また、聖地とも呼ばれるディズニーランドにも同様の関係が成り立っているようです。確かに、最高のホスピタリティを実現しているサービスに対して入場料を支払っているのですが、リピート率の高い来園者は、その場に対する特別な想いを抱いているのではないでしょうか。

産地における産業観光にも、実は、こうした面があるのです。産地とは、特別な場所です。例えば、瀬戸や美濃は、猿投山麓でやきものを焼き始めてから今日に至るまで、営々とやきものづくりを行ってきた、まさに聖地ともいえる場です。

そこでの交流は〝共感〟に基づくものです。やきものづくりの里は、量産体制のなかで創造的な精神風土が薄れてきましたが、それは、このような互恵的な観光を通して取り戻すことが可能です。そのためには、迎え入れる側の生産者も量産時代の経営者・労働者ではなく、デザインが重視される知識社会における「現代の職人」として登場し、目利きの消費者との質の高い交流を図ることで、新たな文化を創造することが必要です。こうした「産業観光」の萌芽となる動きが各地でみられます。いくつかの産地を訪れてみましょう。

3　産地の創造性と産業観光

(1) 瀬戸（愛知県瀬戸市）

一口に「瀬戸」と総称しても、実際には、小集落ごとに生産拠点が分かれています。赤津焼で有名な赤津をはじめ、品野、水野などの生産共同体は、集落ごとに特色ある製品を産出してきました。こうした生産集落は、戦災にあうわけでもなく、また、大きな開発に晒されることもなく、町の形態も長くそのままで残されてきました。そのため集落内の道幅は狭く、また、坂道も多いため、住宅開発も進まなかったと思います。現在でも生産集落のなかに入れば、比較的自然豊かな環境といえます。ただ、瀬戸市から名古屋市の繁華街までは、私鉄でわずか三〇分の距離にあり、市全体でみれば大規模な住宅地や企業団地の整備なども進んでいます。したがって、やきものに従事する人や、関係する人の数が相対的に少なくなり、やきものの町としての一体感は薄くなっていきました。

同時に、生産者（窯元）の数も減少しています。陶磁器産業は輸出に依存してきた面が強く、一九八五年の「プラザ合意」後の円高局面で、大きな打撃を受けました。そのため国内需要に依存する割合が高まりますが、「バブル経済」崩壊後は、頼みの内需も振るわず苦境に立たされました。とりわけ機械化によって生産規模を拡大してきた企業のダメージが大きく、中高層住宅へと姿を変えた工場もあります。

一方、零細な窯元では、後継者不足により廃業を選択する例もみられます。個人的な話ですが、家内の実家も代々続いてきた窯元でしたが、後継者がいないため廃業しました。職業の多様な選択肢がある大都市圏においては、窯元を世襲で受け継いでいくことはなかなか難しい面があります。

このように瀬戸を取り巻く状況は大変厳しいですが、まだまだ見捨てたものではありません。なぜなら、長い歴史のなかで蓄積してきた文化資源が数多く存在しているからです。特に、人的な資源は豊富です。多くの窯元も健在で、今日では、こうした窯元のある生産集落を巡る散策ルートも各所に整備されてきました[15]。それは、文化資源の編集過程であるといえます。ルート化は、文化資源をつないで、来訪者が産地を理解する手がかりとなるものです。そして、来訪者との交流が徐々に増えていくなかで、再び創造的な環境が生成されていくでしょう。それが、すでに、生まれているのが次に紹介する常滑です。

（2）常滑（愛知県常滑市）

常滑は、産業観光を進めるうえで、恵まれた立地にあります。拠点となるのは、名古屋鉄道の常滑駅ですが、そこから目と鼻の先に、最も栄えた昭和初期には工場が犇めいていた小高い丘があります。往時は「煙突からの煙のため、白い鳥も真っ黒になった」といわれるほど活発だった生産拠点も、時代の波とともに郊外への移転を余儀なくされ、駅前の一等地は空洞化することとなりました。同時にそこが小高い丘という地形上の条件のため開発がなかなか進まなかったことも、生産に伴う諸資源が残された要因でした。例えば、空き工場なども残されており、窯場としての雰囲気も残されています。また、耐震性の問題などから取り壊される運命にあった多くの煙突も、景観を守る活動が起きるなかで、保存されました。そして、小高い丘は、やきもの散歩道としてルート化され、空き工場がギャラリーとして生まれ変わるなど、かつての生産拠点は、交流拠点として蘇りました。

しかし、そこはただ単に過去の遊休資源を生かした消費空間となっているのではありません。特筆すべきは、空き工場のひとつが、「名古屋芸術大学常滑工房」として活用されていることです。創造的な主体が新たにコミュニティのメンバーに加わり、彼/彼女たちのアート活動が、地域の人々の感性を刺激し、創造活動を促進することもあるようです。

単純に図式化すれば、かつての生産拠点が一旦は観光的消費の場となり、そして今では、新たな創造の場になって、生産（創造）と消費が循環しているといえるでしょう。常滑の知人の話では、「高齢の職人さんが、常滑にやってくる若い女性の評価にヒントを得てつくったものが人気を博している」とのことですが、このような循環をしている限り、持続的に観光が続くこととなるのです。そして同時に、創造的なものづくりも持続していくでしょう。そこに、産業観光の理想的な姿をみることができるのではないかと思います。

(3) 美濃 (岐阜県多治見市・土岐市・瑞浪市・可児市)

美濃焼という括りもまた大きなものです。現在の行政区域でいえば、岐阜県の多治見市、土岐市、瑞浪市、可児市に跨がるエリアのなかに、大小一三もの生産集落が点在しています[16]。今でこそ交通の便はよくなりましたが、かつては厳しい地形的な条件にある生産集落間を行き交うのは困難であり、個々の生産集落の独自性は高いものでした。

例えば、瀬戸に隣接している市之倉という生産集落は、商業・流通の中心である多治見市の中心市街地から距離があるため、小さくて運びやすい「盃」が主力製品として生産されています[17]。この市之倉の産業観光をリードする幸兵衛窯は、生産集落内の窯元をネットワークして、集落を回遊することをめざしました。生産集落内の窯元が相互に協力し、共存していくことが必要だからです。

一方、多治見市の北部に位置する生産集落、高田・小名田は、炻器と呼ばれる独特の土を生かした民芸的な製品(徳利、湯たんぽ、汽車土瓶など)を得意としています。素朴な味わいのやきものの里に広がる豊富な資源に価値を見出した人たちが様々な文化創造活動を始めています。

これらの活動を支える政策理念が「オリベストリート構想」です。それは、戦国武将で茶人の古田織部が、好んで使った織部茶碗の独創性に由来するものです。それまでの左右対称性を否定し、自由な造形美を表現した織部の独創性を現代の職人が受け継いでいくことをめざすものですが、そこでも消費者との質の高い交流が求められています。

オリベストリートは、市之倉や高田・小名田など生産集落における固有の資源を活かし、窯元を歩いて回るイメージですが、かつて物資の集散地としてにぎわった本町(中心市街地)は、製造と販売が一体化した「たじみ創造館」などの施設整備が進み、新たなにぎわいが創出されています。

4　ヒトをつなぐ挑戦――なごや凸盛隊

最後に、私が現在、名古屋で取り組んでいる事例を紹介してみたいと思います。名古屋と陶磁器の関係は、深いものがあります。特に瀬戸や美濃に近い東区界隈には、陶磁器の上絵付け工場が集積していました。周辺の産地でつくられた半製品に上絵付けを施し、検品、梱包して名古屋港などから海外へ輸出していました。

したがって、輸出陶磁器に関する資源は、現在でも残されています。例えば、その拠点となった「名古屋陶磁器会館」自体も登録有形文化財として、現在では、陶磁器文化の振興拠点となっています。一方、一八九六（明治二九）年には森村組（株式会社ノリタケカンパニーリミテッドの前身）の絵付工場も東区につくられましたが、近代的な工場の建設とともに、現在では移転しています。そして残念ながら、東区では、生産に関しては、すでに役割が縮小しています。

このように東区界隈は様々な絵付け技法を生みだした地区ですが、こうした技も伝承の可能性がなく消滅の危機にあります。そのひとつが「デコ（凸）盛り」という加飾技法です。ただ職人さんはすでに高齢で、そのような技を伝承する場と機会がありません。そこで、現在、私も加わって「なごや凸盛隊」[18]を結成し、技の伝承のための「技の伝承塾」「技の創造塾」を開催するなど、現代の職人の育成を支援しています[19]。こうした伝統的な技を、人から人へと創造的につながないと文化を発展的に継承することはできません。その活動はまだ緒についたばかりですが、今後はそこで生まれた新たな創造の成果を、来訪者に評価してもらうような仕組みづくりを行っていきたいと思っています。

ここまで、産業観光をめざすいくつかの産地を紹介してきました。そのなかで、産業観光と文化創造の関係を述べてきました。現代は、便利な時代になった反面、くらしの文化の衰退が懸念されます。本講で述べた「脱観光的な」産業観光が様々な場所で実践され、文化的に豊かな社会が実現することを願っています。

【古池嘉和】

註

(1) 経済産業省「平成25年工業統計調査(確報)」によれば、一九七七(昭和五二)年から三七年連続で全国一位となっています。ちなみに、愛知県の製造品出荷額等四二兆一八億円(従業者四人以上の事業所)は、全国の約一四・四%を占めており、第二位の神奈川県(一七兆二二六一億円)を大きく引き離すなど、日本一のものづくり県になっています。
(2) 須田寛『産業観光』交通新聞社、一九九九年。
(3) 定義には、山崎充『日本の地場産業』ダイヤモンド社、一九七七年などがあります。
(4) 六古窯とは、「日本の中世期、平安時代末期から室町時代に陶器生産を開始し、現代まで継続している陶器産地という基準で選ばれた六ヶ所の窯業地。六古窯の命名は、古陶磁研究家の小山冨士夫氏によって昭和二三年ごろ行われた」とされています(「用語解説」信楽陶芸作家協会、http://sacca.arrow.jp/modules/xwords/entry.php?entryID=81)。
(5) 例えば、瀬戸では木節粘土・蛙目粘土と呼ばれる粘土に恵まれ、里山にはこれまた良質な薪(赤松)がありました。
(6) 本講ではコミュニティ単位の生産集落がいくつか集まって、それらを包括して総称されるものを「産地」として使い分けています。
(7) 織部、瀬戸黒などは、桃山時代に美濃で焼かれた茶陶の制作技法です。
(8) 原型師とは、ノベルティ(陶磁器製置物)などを製造する際、作品をイメージしたデザイナーが描いた原画や動物などの写真をもとに、粘土で完成品のモデル(原型)を制作する職人のこと。
(9) マイケル・ポランニー(佐藤敬三訳)『暗黙知の次元』紀伊國屋書店、一九八〇年、一五頁。
(10) アルフレッド・マーシャル(永沢越郎訳)『産業と商業』(第一分冊)岩波ブックセンター信山社、一九八六年。
(11) ピエール・ブルデュー(石井洋二郎訳)『ディスタンクシオンⅠ・Ⅱ』藤原書店、一九九〇年。
(12) 柳宗悦『柳宗悦選集第一巻』日本民藝協会、一九五五年。
(13) こうした変化を捉えたものとして、マイケル・J・ピオリ/チャールズ・F・セーブル(山之内靖・永易浩一・石田あつみ訳）『第二の産業分水嶺』筑摩書房、一九九三年があります。

(14) 柳は機械について、「機械の助けなくしては手工芸はその働きを全きすることが出来ないとも云えよう」（『柳宗悦選集第一巻』日本民藝協会、一九五五年、一四〇頁）と述べています。

(15) 「小挟間坂《こばさまざか》」「暮《く》らしっくストリート」「炎護路《えんごろ》」など、ユニークな名前の散策路（陶の路）の整備が着実に進んでいます。

(16) ここでは、工業協同組合のある生産集落をカウントしています。

(17) 市之倉では、協同組合（陶の里いちのくら）が「さかづき美術館」を整備するなど、交流拠点の整備が行われています。

(18) 「なごや凸盛隊」は一級陶磁器上絵付技能士の方とともに、技術の保存・伝承を行う活動を展開しています。

(19) 現在、私が会長を務めている「名古屋文化遺産活用実行委員会」が事業の実施母体となり、文化庁からの補助金をもとに、名古屋陶磁器会館において平成二五年度は「技の伝承塾」、平成二六年度は「技の創造塾」を開催しました。全国各地から大勢の受講希望者の申し込みがあり、こうした技に対する関心の高さが窺えました。なごや凸盛隊は、これらの事業を支援しています。

第8講　地域の伝統的祭礼とアニメ聖地巡礼

1　今日における地域文化の状況

(1)　地域文化の諸問題

この講では、地域の伝統的なお祭りを事例に、今日における地域文化と旅行者の関係について考えていきたいと思います。その前提として、まず今日における地域文化の問題点を確認しておきましょう。

地域文化とは、**第4講**で述べたように[1]、有形・無形の地域資源や地域の文脈を総称する意味と理解できますが、特に「今日における地域文化」を考えるときには、今日の地域における社会的問題を併せて考えていく必要があります。そこでクローズアップされるのが、少子高齢化の問題です。

現在日本は国家全体として、少子高齢化という問題に直面しています。総務省の『高齢者の人口（二〇一三年）』をみると、二〇一〇年の日本の六五歳以上の老年人口の比率は二三・一%になっています。この数値は超高齢化社会といわれる二一%を超えており、日本はすでに超高齢化社会になっていることがわかります。その結果地域においては、地域文化の担い手が減少し不足するという状況が現れています。

特に過疎地域において、この問題はより深刻です。例えば、京都府福知山市川合地区は高齢化率が四〇%を超える極端な高齢化地区ですが、この地区に古くから建つ大原神社の大祭は、近年「少子、高齢化による人手不足で、一時は練りこみを中止しよう」という状況にありました。(2) しかし幸いにも活性化協議会の発足や近隣の大学の協力により、二〇〇八年から祭礼を復活することができたのでした。

このような、社会の高齢化による地域文化の担い手の不足という問題は、決して一部の地域における問題ではありません。農林水産省も二〇〇六年の「美の里づくりガイドライン」において、「全国の多くの農山漁村では、従来の伝統文化を継承する担い手（人々・組織）が減少するという課題を抱えて」おり、「新たな担い手や継承方法を、それぞれの地域が真剣に模索すべき時期に来ている」という認識を示しています。このように、今日の地域文化における問題として、少子高齢化による地域文化の担い手の不足という問題が広く存在しているということができます。

次に今日の地域文化の問題として挙げられるのが、地域文化の常在性が脅かされているという問題です。一般的に、地域文化はその地域の常在性に裏付けられており、それゆえに多様であるということができますが、今日では伝統芸能や伝統工芸、あるいは地域の伝統的祭礼といった常在性に裏付けられた地域文化が沈滞し、その継承が脅かされていると考えられます。

伝統芸能については、民俗学者の星野紘が以下のような報告をしています。星野は民族芸能伝承の実態を調査するために、長野県・岐阜県・静岡県・愛知県の民族芸能保護団体（国指定または国選定または県指定）八八団体にアンケートを実施しました。その報告によると、「現在の伝承の度合い」を問う質問では、（先輩世代の状態を「満月」とした場合）「満月」三四・〇九％、「七〇・八〇％」二六・一％、「半月」一七・〇四％、「三日月」二〇・四五％、「〇％」一・一％という結果が得られました。すなわち全体の六五・九一％の団体が、伝承についてはこれまでよりも劣っていると回答しています。

次に伝統的工芸品については、経済産業省が現状を把握するための調査を行っています。それによると、二〇〇九年の伝統的工芸品産業は全体としては、一九九八年比で生産額は四六・〇％（一二八一億円）、従業員数は六七・七％（七万九〇〇〇人）、という結果が得られています。すなわち伝統的工芸品は、この約一〇年間で生産額が半分以下に落ち込んだことを確認することができます。

また地域の祭礼等についても、前述した大原神社の例にあるような危機が全国で起きていると思われます。元来、地域の常在性を持った祭礼は、その継承が滞ったということで話題になることは少なく、注目されないままに静かに継承が絶たれていくのが実態ではないかと思われます。

以上にみたように、今日では地域文化の担い手不足という問題とともに、地域文化の多くの分野において、地域の常在性が脅かされている問題を確認することができるのです。

(2) これまでの文化政策の限界と「よそ者」論

ではこのような地域文化の状況に対して、今日地域ではどのような文化政策がめざされているのでしょうか。その在り方、方向性を確認してみましょう。

近年の文化政策において重要視されてきた考え方として、文化政策は「住民主体」で行われるべきであるという考え方があります。この考え方は文化経済学者の池上惇や後藤和子、また環境経済学者の宮本憲一などによって主張されてきたものですが[3]、今日では多くの地域で地域コーディネーターの設置・活用やＮＰＯ・市民団体との協働が進行しており、この考えが今日の在り方として共有されてきたと思われます。

しかし一方でこの考え方は、先に指摘した地域における文化の担い手不足という問題にぶつかってしまうものでもあります。すなわち、地域の文化政策を住民主体で行うための住民自体が減少しているという現実に直面せざるをえないのです。したがってこのような状況下で、文化政策の担い手を地域住民に求めるばかりでは、現実が打開できないことは明らかであるといえるでしょう。

そこで近年立ち上がってきたのが「よそ者、若者、ばか者」という言葉の再認識です。この言葉がこれまでまちづくりの現場で使用されてきた文脈は、ものごとを地域内だけで考えると、往々にして偏ったり、煮詰まってしまいがちになることを、他者の視点や若者の新鮮な視点、あるいはしがらみの無い純粋な視点を入れることによって打開したいというものであったと思われます。しかし今日ではそこから一歩踏み出した意図が生まれてきているようです。

地域環境学者の敷田麻美は広く地域づくりの視点からこのテーマを捉え、小田原足柄異業種勉強会や、登別市ネイチャーセンターふぉれすと鉱山など多くの事例研究を行っています。そして、「よそ者」が地域に与える効果を次の五点に整理します。(4) ①技術や知識の地域への移入、②地域の持つ創造性の惹起や励起、③地域の持つ知識の表出支援、④地域(や組織)の変容の促進、⑤しがらみの無い立場からの問題解決、の五点です。これらの指摘は、「よそ者」に対して視点の提供だけでは無く、彼らの具体的な支援が期待できるということを意味しています。そのうえで敷田は、地域にとって重要なことは、「これから地域がどのようによそ者を活用できるかという将来的、積極的な視点である」と述べます。しかしよそ者には限界と課題もあることを指摘し、結論として「地域側で適切なよそ者を見出さなければならない」「地域アクターたちが、よそ者を選んで進める地域づくりが本来のすがた」であると主張するのです。

以上にみたように、今日では地域文化の諸問題を解決するために、住民主体という原則を持ちつつも、住民以外の他者の力(そこには旅行者も大きな割合で含まれます)が検討の射程に入ってきています。

しかしここでひとつの疑問が生じます。それは例えば**第4講**でみた長野県大町市木崎湖の事例では、旅行者(よそ者)が地域や地域文化に対しての様々な支援活動を行っていましたが、これらは地域側がよそ者を活用するという構図にはまったく当てはまらないということです。先に確認したように、木崎湖での旅行者による支援活動は、地域住民と彼らとの感情的なつながりが彼らの自発的な行動を促したものと考えられます。「地域側がよそ者を活用する」という構図の下で導かれた結果ではありません。すなわち、今日の創造型観光では「旅行者主導」という基本的性格がその根底にある限り、地域が旅行者を「活用」するといった構図が成り立たないということなのです。したがって、敷田の「よそ者」論によって、今日の情報社会における旅行者と地域の関係を説明することはできないということになるでしょう。

それではどのような形で、他者の力は地域文化の諸問題に対して支援することができるのでしょうか。地域の伝統的なお祭りにおける旅行者と地域の関係を事例に、考えてゆきたいと思います。

2 文化の「担い手」としての巡礼者——埼玉県秩父市の事例から

(1) 秩父におけるアニメ聖地巡礼の展開

埼玉県秩父市は埼玉県西部に位置する人口約七万人のまちです。山々に囲まれた険しい自然条件から、古風で多様・多彩な秩父民俗文化圏が育まれてきました。とりわけ祭りについては盛んであり、一年を通じてどこかで何らかの祭りが行われているといわれています。

アニメ「あの日見た花の名前を僕達はまだ知らない」(以下、「あの花」)は、この秩父市を舞台に製作されたアニメ作品です。二〇一三年には映画化もされましたので、ご覧になった方も多いかもしれませんね。テレビでは二〇一一(平成二三)年四月から放映が始まりましたが、直後から聖地巡礼のため秩父市を来訪するファンの姿がみられるようになり、作品にも舞台として登場する定林寺や秩父神社には、アニメのイラストが描かれた「痛絵馬」もみられるようになりました。

秩父市では二〇一〇（平成二二）年より秩父アニメツーリズム実行委員会という組織がつくられていましたが、同組織を中心に、増加し始めたファンに対する様々な施策が展開されるようになりました。「あの花」のイラストが描かれた街灯フラッグの掲出、観光案内所での特設コーナーの設置、オフィシャルマップの製作などがそれであり、また「あの花」クイズラリーや「あの花スタンプラリー」などの催事、「ANOHANA FES.」や「あの花夏祭 in ちちぶ」などのイベントも数多く開かれるようになりました。

さらに秩父における地元ファンの活動も忘れることはできません。特に地元ファンによって再現された「秘密基地」（作品の重要な舞台のひとつ）は、ファンの口コミで大いに話題となり、多くのファンが詰めかけるようになりました。現在も「秘密基地」は地元ファンと他府県のファンとが交流する拠点となっており、ここに関わる地元ファンたちは他府県のファンに、巡礼スポットだけでなく秩父の観光名所や見どころ、さらに秩父の文化を案内して回ることも行っています[5]。

このようにして、秩父にはますます多くのファン（旅行者）が訪れるようになったのですが、彼らは地域住民や地元ファンとの交流を重ねるうちに、しだいに秩父の地域文化を応援する活動を行うようになりました。次項ではその一例として、吉田地区の伝統行事である龍勢祭りへのファンの関わりをみていくことにします。

(2)「龍勢祭り」におけるファンの支援

龍勢祭りは吉田地区の椋神社の例大祭であり、毎年三〇本あまりの龍勢（龍に見立てたロケット式花火）が打ち上げられる壮大なお祭りです。「あの花」の物語には、甦った主人公めんまの望みを叶えるために友人グループの「超平和バスターズ」が龍勢を打ち上げるというくだりがあり、そのような理由からファンが吉田地区の龍勢会

写8－1　龍勢会館の「あの花コーナー」

出所：筆者撮影。

写8－2　2013年「龍勢祭り」会場風景

出所：筆者撮影。

館を訪れるようになりました。この会館の職員は「あの花」のファンでもあったため、「あの花」に関わるアイテムを収集し「あの花コーナー」を設けて展示していましたが、これがファンの間で評判となり、他府県からも多くのファンが訪れるようになりました［写8－1］。これらのファンのうちでも特に繰り返し熱心に会館を訪れていたファンたちはしだいにグループとなり、全員で「あの花」のキャラクターのコスプレをして楽しむ、初夏の蛍鑑賞など吉田地区の風物詩を楽しむ、吉田でのイベントの際には応援に駆けつけるなど、ますます頻繁に吉田地区を訪れるようになっていきました。

そんななか、二〇一一年一〇月に「超平和バスターズ」が奉納者として龍勢祭りに参加することになりました。そして、ファン約一一〇〇人の願いごとやメッセージを書き込んだ「あの花カード」を搭載した龍勢を打ち上げました。龍勢を紹介する口上は主人公の声優が務め、見物客は過去最高の一一万三〇〇〇人を記録したのです。その翌年からも、このような多くのファンの支持もあって、「超平和バスターズ」の龍勢祭りへの参加は毎年続いています［写8－2］。

この「超平和バスターズ」の参加にあたっては、吉田地区のファングループが「「あの花」ファン吉田龍勢保存会」を組織し、その中心的役割を担っています。具体的には、龍勢の製造、打ち上げの準備、告知、さらには龍勢打ち上げの資金確保のための「超平和バスターズの龍勢募金」の受付、また「超平和バスターズ」の龍勢を作成した流派のお守り札の販売などがこのグループを中心に行われています。「龍勢祭り」という吉田地区の最も伝統的な文化活動が、ファングループの主導で行われているのです。

前節でみたように、今日の地域文化の問題のひとつとして、地域文化の「担い手」の不足という問題がありました。秩父の事例が示すように、アニメ聖地巡礼などの創造型観光においては、旅行者（ファン）が地域文化の「担い手」として活躍することが可能であるということが確認できるでしょう。(6)

3 旅行者が関与する新しい地域文化の創造——富山県南砺市城端を事例に

（1）城端におけるアニメ聖地巡礼の展開

次に本節では、富山県南砺市城端の事例をとりあげ、地域の伝統文化が旅行者の関与によって新たな展開をみせている状況を考察してみたいと思います。

富山県南砺市城端は、富山県の南東、人口約九四〇〇人の小さな町です。「越中の小京都」と呼ばれ、古くから独自の文化を育んできました。特に五月の曳山祭は、絢爛豪華な曳山がまちを練り、優美な庵唄が響く華やかな祭りで、九月の勇壮なむぎや祭りとともに城端の文化を代表する祭りです。そんな伝統文化の豊かな町が、アニメの舞台になりました。アニメの題名は「true tears」といい、地元城端のアニメ製作会社ピーエーワークスが制作しました。

「true tears」は、二〇〇八年一月より全国に放映されましたが、直後からファンによる聖地巡礼現象が始まりました。これを受けて、城端商工会ならびに城端観光協会（当時）は、ファンを対象とした催事の計画やグッズの作成を始めました。放映終了直後の城端しだれ桜まつりにあわせて開催された「true tears」パネル展を皮切りに、作品のヒロイン三人を描いた特製ポスターやクリアフォルダー、城端商工会カード会加盟店のポイントカード「フラワーカード true tears バージョン」、また二〇〇九年七月にはファンへの「感謝の集い」が開催され、声優らに南砺市観光大使の委嘱状が交付されました。

城端駅に設置されている巡礼ノート「こちらチューリップ連絡帳」の二〇〇八年から二〇一〇年の三年間の書き込み数をみると、放映年である二〇〇八（平成二〇）年には年間で九三一件でしたが、二〇〇九（平成二一）年には一一四五件、二〇一〇（平成二二）年には一二七五件と、城端へのファンの巡礼が徐々に増えていった様子が窺えます。このように、城端はアニメ聖地として多くのファンを獲得していったのです。

二〇一〇（平成二二）年の冬、作品のBlu-ray化の記念イベントをきっかけに、地域内外のファン有志によって「真実の涙をもう一度有志会」（以下、「有志会」）というグループが組織されることになりました。記念イベントは成功裏に終了しましたが、「有志会」はその後も解散せず、翌二〇一一（平成二三）年の「曳山祭」において通常は地元住民が行う「庵唄所望」[7]を「有志会」として行うなど、ファンと城端をつなぐ活動を展開していくようになりました。

そして同年、「有志会」は南砺市から募集されていた「南砺市協働のまちづくりモデル事業（市民団体枠）」に申請を行い、採択されました。申請書では「南砺市を作品舞台ファンの「もう一つのふるさと」に 南砺市の文化・歴史・伝統を、映像作品を核に発信・発展」という内容がテーマとされており、城端の文化を守り発展させていこうというファンの思いが込められた内容になっていました。この採択は、アニメのファングループが、自らの意志で地域文化の「担い手」になりうることを示したものであり、地域がアニメのファンをまちの文化活動のパートナーとして認めた証でもありました。

その後も「有志会」は、「曳山祭」や「むぎや祭り」の際に、休憩スペースの提供や荷物の無料預かり、祭りの歴史の紹介展示や城端の見どころを集めた情報誌の発行、祭の見どころを無料で案内して回るツアーの実施など、ファンと城端をつなぐ活動を継続しています。

このように城端においては、「有志会」にみられるような地域内外のファンが、地域文化を極めて主体的に支援している姿を確認することができるのです。

(2) ファンの共感が生みだす文化の二次創作

さてこの項では、前項にみた「有志会」のようなファンの関与によって、地域の伝統文化が新たな展開をみせている状況をみていきたいと思います。

「true tears」は、物語の設定として、舞台の町に「麦端祭り（むぎはまつり）」という伝統的なお祭りがあり、主人公仲上眞一郎がその祭りで「花形」のひとりとして「麦端踊り（むぎはおどり）」を踊るということになっています。この「麦端祭り」は明らかに前述した城端の「むぎや祭」と「曳山祭」をもとにしたものであり、[8]「麦端踊り」は「むぎや踊り」をもとにその動きを創作したものでした。[9]

二〇一〇（平成二二）年には、この「麦端踊り」をめぐって新しい展開が生まれました。むぎや踊りの踊り手である西上町恵友会の有志がこの「麦端踊り」に興味を示し、忠実に再現を試みたのです。そして映像で描かれていない部分は工夫して創作し、約五分間の踊りに仕上げました。この踊りは同年二月の「つごもり大市」で初披露されることになりましたが、これをきっかけにファンの間でも「麦端踊り」に対する注目が集まり始め、ついに同年四月の城端しだれ桜まつりの際に、西上町恵友会の有志がファンのために「麦端踊り」の講習会を開き、続いてファンが「麦端踊り」の披露に参加する場面も用意されたのです。その後も同年九月のむぎや祭の際に

「麦端踊り」が披露され、さらに同年一二月のファンイベントにおいても同様に披露が行われました。

　この「麦端踊り」を巡る一連の展開は、地元住民である西上町恵友会の有志がこの踊りに興味を持ったことがことの発端でしたが、その後の彼らの活動をみると、つごもり大市における旅行者に対する披露、ファン（旅行者）への講習、ファンと共にしだれ桜祭りで一般客に披露、といったように、常にファンと共に「麦端踊り」を行っていったことがわかります。またこの間の彼らの発言にも、「（ファンにとっての）新たな名物になれば[10]」「主人公になった気分でアニメの世界に浸るなど、思い思いに楽しんでもらえたら嬉しい[11]」「アニメファンら多くの人と一緒に踊りの輪を広げたい[12]」などファンを強く意識した内容が確認できます。これは、地元住民である西上町恵友会の有志が、アニメ作品をきっかけにして、ファン（旅行者）と共に「麦端踊り」という文化の二次創作を楽しんでいったことの表れと理解することができるでしょう。

　前出の山村高淑は、地域の文化・文脈における「オリジナルの物語」と「二次創作」について、歌舞伎における「趣向[13]」や「ないまぜ[14]」を例に挙げ、「日本人は史実をベースに創作を加え、その時代時代のメディアを用いて、大衆の娯楽として提供してきた」のであり、「このように二次創作がどんどん展開してゆくことで、実は地域の持つコンテンツ（物語性）はどんどん厚みを増してくる」と指摘しています。[15]和歌の遊戯的な試みから連歌や俳句が生まれ、日本の短詩形文学の厚みが増していったように、その地域本来の文化・文脈に敬意を持ちながら二次創作が行われることによって、その地域の持つ文化・文脈は厚みを増してきます。

　「麦端踊り」を巡る一連の展開は、旅行者の注目と共感によって地域住民が地域文化を遊ぶきっかけが生まれ、それが地域文化の二次創作につながり、その結果地域文化が豊潤になっていった事例として結論づけることができるでしょう。

4　まとめにかえて

本講では秩父と城端における聖地巡礼を事例にとりあげ、今日の創造型観光においては、旅行者がアニメなどをきっかけとして地域を訪れるうちに、地域住民と感情的なつながりを獲得し、なかには地域文化の「担い手」になったり、地域の常在的な伝統文化を支援するといった現象が起きていることを確認しました。また同時に、その結果地域の伝統文化が二次創作などの新しい展開をもみせ始めていることも確認しました。

ここ数年、創造型観光が進展するに伴って、このようなコンテンツをきっかけとして地域を訪れた旅行者が、地域の歴史ある祭礼を支援するという動きが散見されるようになっています。

岐阜県高山市の飛騨一宮水無神社の伝統行事「飛騨生きびなまつり」には、高山を舞台にしたアニメ「氷菓」のファンたちを中心に、過去に例をみない多数の観客が集まるようになっています。広島県竹原市の江戸時代の町並みで開かれる「たけはら竹まつり」には、竹原を舞台にしたアニメ「たまゆら」のファンたちが沿道を取り囲むようになりました。

またこのような地域の伝統的祭礼への注目だけではなく、実際にその祭礼に参加することによって、祭礼自体を盛り上げようという動きも出ています。この類の現象の奔りとなった埼玉県久喜市鷲宮の「土師祭」における、アニメ「らき☆すた」のファンによる「らき☆すた神輿」での参加は、今日でも継続しています。長野県小諸市の小諸市民まつりでは、アニメ「あの夏で待ってる」のファンたちによる「なつまち連」としての参加がみられるようになりました。

さらに、城端の「麦端踊り」にみられたアニメ作品をきっかけにした伝統文化の二次創作も、他の地域において生まれてきています。石川県金沢市湯涌温泉では、アニメ「花咲くいろは」の物語に登場した「ぼんぼり祭り」を、「湯涌ぼんぼり祭り」として再現し、大きな注目を集めるようになりました。さらにこれを契機として、「花咲く湯涌・まちづくりネットワーク推進プロジェクト」というまちおこし組織がつくられ、地域住民による地域の文脈への気付きや、再発見の動きが始まったことも特筆すべきことでしょう。

これらの事例は、旅行者と地域住民が、アニメなどのコンテンツを共有したことから感情的なつながりを獲得し、それをお互いの敬意に発展させていった結果生まれている現象と総括することができるでしょう。

地域の伝統文化の継承と充実化には、何よりも地域に対する敬愛がその根底に必要になります。今日の情報社会において、このような地域への敬愛を生みだすために、観光や旅行者の持つ役割はますます重要になっているということができるでしょう。

【片山明久】

註

(1) 本書の第4講2参照。
(2) 『両丹日日新聞』二〇一三年四月三〇日「大原神社で五年に一度の練り込み」。
(3) 文化政策の主体に関しては異なる意見も存在しています。文化経済学者の根木昭は「「文化政策学」の論点」(『文化経済学』第三巻第二号、二〇〇二年、二九～二四頁)のなかで、文化活動自体は国民が主体として行うべきとしながらも、文化政策における主体は異なるといいます。その理由として、根木は、政策の形成過程における市民など私的・非営利部門の関わり方が主に政策の遂行に関する一部分にすぎないこと、また「文化の振興」は文化政策によって実現されるべき〝実体面〟であって政策そのものとはいえない、という点を挙げています。
(4) 敷田麻実「よそ者と地域づくりにおけるその役割にかんする研究」『国際広報メディア・観光学ジャーナル』第九号、二〇〇九年、七九～一〇〇頁。

（5）筆者の「秘密基地」に関わる地元ファンへの聞き取り調査によります。
（6）ここで「担い手」という表記について説明を加えると、本講では、役割としての担い手（複数存在する担い手のうちのひとり）という意味を表すために、「担い手」という表記を用いることにします。したがって、「担い手」は一人で地域文化を担うわけではありません。
（7）曳山祭の特徴として、曳山と共に巡行する庵屋台が披露する庵唄があります。「庵唄所望」とは、祝儀を出して庵屋台を自分の家に横付けし、庵唄を聞くことです（城端曳山祭保存会『城端の曳山』二〇一一年、六～一四頁）。
（8）作品内の「麦端祭」では、時期は冬であり、曳山がモデルと思われる山がまちを練り、「麦端踊り」が演舞される内容になっています。実際には曳山祭は五月、むぎや祭は九月であり、曳山とむぎや踊りは同時に存在しません。
（9）再現した西上町恵友会の有志によると、「麦端踊り」はむぎや踊りとは逆方向に笠を回転させたり、片方の手で笠を持ってポーズを決めるなどの振付があり、「むぎやが邦楽なら、麦端は洋楽のイメージ」とのことです（『北日本新聞』二〇一〇年二月一五日）。
（10）『北陸中日新聞』二〇一〇年三月一日（二〇面）「麦端踊り　城端で再現」。
（11）『北日本新聞』二〇一〇年四月七日（一九面）「麦端踊りでアニメ気分」。
（12）同上。
（13）歌舞伎で、構想上のくふうのこと（小学館『日本国語大辞典』一九七五年）。
（14）綯交（ないまぜ）。歌舞伎の脚本作法のひとつ。二つ以上の伝来の筋（世界）をまぜ合わせて一編の脚本に仕立てること。またはその脚本。たとえば「隅田川花御所染」は、「女清玄」と「加賀見山」から仕立てられたもの（小学館『日本国語大辞典』一九七五年）。
（15）山村高淑『アニメ・マンガで地域振興』東京法令出版、二〇一一年、一九二～一九四頁。

第9講　「負の遺産」の伝え方

1　観光資源としての「負の遺産」

(1) ダークツーリズム

「ダークツーリズム」（Dark tourism）とは、災害被災跡地や戦争跡地など人類の死や悲しみ、いわば「負の遺産」を対象とした観光のことです。「ブラックツーリズム」（Black tourism）、あるいは「悲しみのツーリズム」（Grief tourism）と呼ばれることもあります[1]。

「観光」は一般に娯楽性のあるレジャーのひとつですが、ダークツーリズムでは、むしろ悲しみを共有する学びの手段として、観光の概念が広く捉えられます。具体的には、ポーランドのアウシュビッツ・マイダネク［写9-1］、中国の南京大虐殺、ウクライナのチェルノブイリ、ニューヨークのグラウンドゼロ（九・一一）などが代表的な「負の遺産」とされます（ちなみに、ナチスの強制収容所は「世界遺産」に登録されています）。日本国内では、同じく「世界遺産」の原爆ドームをシンボルとする広島や長崎、熊本の水俣、沖縄の戦跡などへのツアーが定着しているほか、東日本大震災後の福島第一原発周辺や津波の被災地を対象とする動きもあります[2]。また、近年、ハンセン病の療養所をダークツーリズムの受け皿にしようという試みも始まっています。これらの意図は、主に「負の遺産」の意味を認識・継承することにありますが、水俣病やハンセン病の地元では、「観光地」化で好奇の

目にさらされることへの懸念も示されています。(3)

一方、のちに述べる「近代化遺産」のなかでも、閉鎖された工場・鉱山・軍事施設を「廃墟遺産」として一部愛好家が注目する段階から、近年、広範な認知を得つつあります。「負の遺産」をめぐるツーリズムという概念自体も幅広い内容を含みつつあるといえましょう。そこで本講では、これらダークツーリズムのうち、戦跡や植民地など軍事・戦争をめぐる「観光文化」の在り方を考えてみたいと思います。その際、「歴史都市」として、また、かつては「軍都」として知られた北陸の地方都市金沢を事例に、具体的な検証を試みてみましょう。

写9－1　マイダネク強制収容所

出所：筆者撮影。

(2) 「戦跡観光」の系譜

戦跡は、かねてより主要な観光地のひとつです。関ヶ原や川中島などの古戦場は、様々な文芸(美術)作品に登場することによって著名な観光地となり、ワーテルローやガリポリなど、近代戦争の激戦地も海外旅行の一部に組み込まれてきました。(4) 沖縄や広島・長崎も、いわば戦争遺産が「観光資源」となっている点は否めません。とはいえ、広島・長崎の被爆者の苦しみや悲しみは過去のものではありませんし、沖縄本島南部の山野にはいまだ遺骨や不発弾が多数放置されています。現地の人々にとって、これらは不安と負担を強いる「負の遺産」以外の何ものでもありません。

ところで、そもそもわが国で漢語としての「観光」が、一般用語として使用された初めてのケースは、一八九三(明治二六)年一〇月に、日本軍による海外軍事施設視察に使用された「駐馬観光」だとされます。その後、軍人以外の者の海外視察等へと拡大し、最終的には内外の民間視察にも使用されるようになっていきました。[5]こうした軍事・戦争と観光のつながりは、日露戦争の翌年（一九〇六年）に行われた「満洲修学旅行」が契機のひとつといわれています。とりわけ、一九三〇年代には日本本土から「満州」への修学旅行も盛んに行われました。[6]このように、戦前期には、日本の植民地だった、台湾、朝鮮、満州などに「観光」に行く日本人も多かったのです。[7]これら植民地は、日本人観光客にとって「遊興の地」となり、現地女性の「性」が「観光」の対象とされた場合も少なくありません。今日、台湾や韓国の植民地時代の街区や建造物が観光対象として人気が出つつあるのも、大きくいえば、こうした「戦跡めぐり」や「植民地観光」の系譜ともいえましょう。[8]いずれにせよ、この問題で注目しなくてはならないのは、これら戦跡や植民地が、当時の人々に必ずしも「負の遺産」として認識されてこなかったことでしょう。この点を踏まえながら、「戦争の記憶」と戦争遺産の関係を整理してみたいと思います。

2　「戦争の記憶」と戦争遺産

(1)「戦跡めぐり」からヘリテッジ・ツーリズムへ

近年、「戦跡考古学」という分野が注目されつつあります。主として戦跡や軍事遺構を調査研究の対象とする考古学で、「戦争遺産」（国防遺産）に関する保存、研究の取り組みのことをいいます。対象とする時代は近代以降が中心となっているものの、発掘調査は前近代の事例に比べ、もちろん多くはありません。調査研究対象としている戦争遺産＝戦争遺跡・遺構には、師団司令部・連隊本部などの地方官庁、要塞、練兵場、洞窟陣地、陸軍造兵廠、地下軍需工場、戦闘地、空襲被災地、防空壕、浮虜収容所、軍用墓地などがあります。とはいえ、日本では、こうした「文化遺産」についての認識と調査はまだ緒についたばかりで、蓄積の薄い分野のひとつといえましょう。そうした認識不足を背景に、消滅してしまった遺跡・遺構・建造物も少なくありません。戦後の「平和主義」的な社会風潮のなかで、軍事に言及することを避けてきた傾向に加え、軍事施設・軍隊関係文書の破壊や焼却・廃棄など、資料の絶対的な不足によるところもその要因とされます。

このうち、日本で唯一地上戦があった沖縄は、とりわけ戦争遺跡が多く、人々の関心も高いものがあります。例えば、陸軍沖縄守備隊三二軍司令部壕跡、ひめゆりの塔、沖縄陸軍病院南風原壕群などは、沖縄観光の「定番スポット」でもあります。一方で、身内が亡くなった地は、沖縄の人々にとっては「慰霊の場」であって、「文化財」とは捉えない人も多く、実は「戦争遺跡を文化財として残そうという意識は広がっていない」(池田栄史・琉球大教授)ともいわれます。戦後七〇年、開発を逃れて残された施設や壕の劣化をどのように保存するのかが大きな課題となっているのです。

(2) 近代化遺産と観光

一方、「観光」の概念と対象が広がるなかで、近代化遺産をめぐる「ヘリテッジ・ツーリズム」が注目されています。近代化遺産とは、工場、倉庫、鉄道など幕末維新以降、昭和戦前期にかけて建設された歴史的な建造物のことで(「戦争遺産」も一種の近代化遺産)、近年、これらの価値を認め保存し、地域振興や観光に活用する事例が増えています。歴史的建造物や景観に関しては、かねてより函館や小樽の煉瓦倉庫群や鹿児島の集成館などが観光地として知られていましたが、このところ臨海工業地帯の工場夜景をめぐるクルーズや鉄道遺産なども人気を集めているようです。とりわけ、二〇一四(平成二六)年に群馬県の富岡製糸場が世界遺産への登録を果たしたことを契機に、一気に関心が高まる機運にあるといえましょう(翌二〇一五年には、「明治日本の産業革命遺産」も選定されています)。

いずれにせよ、町並みや歴史的環境を重視する風潮のなかで、こうした近代化遺産を保存し、観光資源として「街づくり」に生かす試みも増えつつあります。その際、歴史や地域文化を物語る「近代化遺産」には、従来型の観光産業の延長で考えるのではなく、新しい観光理念やコンセプトが必要でしょう。そこで、「負の遺産」たる戦争遺産にも関心が寄せられているわけです。

(3) 金沢の近代化遺産

金沢は、一般の「加賀百万石」イメージに反して、実は煉瓦造や石造をはじめとする近代的な建造物が数多く建てられてきた都市でもありました。幸い空襲にあわなかったことと、高度成長期にも極端な破壊を免れたことから、比較的広範にこれら近代化遺産が点在しています。例えば、尾山神社神門、加能合同銀行、第四高等学校本館、第九師団兵器庫、専売局煙草工場、犀川大橋、浅野川大橋などなど。「学都」や「軍都」ならではの建造物がよく残されている点が特徴といえましょう。

ここで問題なのが、これら近代化遺産の保存と活用の在り方です。全国的には、残された建造物を文化・観光施設などに再生したケースも多いのですが、保存の声があがりながら破壊された建造物も少なくありません。金沢でも市街中心部(南町から香林坊)の目貫き通りに建ち並んでいた、銀行や保険会社の重厚な石造・煉瓦造ビル群が、みごとに失われてしまった苦い経験があります。こうした反省を踏まえて、高度経済成長後、「近代化遺産」の保存が徐々に認識されるに至りました。例えば、金沢でも、旧大和紡績の工場跡を美術や演劇の拠点「市民芸術村」として活用した例が高く評価されており、最近では、旧石川県庁舎の前景を残して文化・商業施設に再生した「石川県政記念しいのき迎賓館」が話題となっています。その際、地域のニーズを生かした活用方法を模索していくことが重要でしょう。こうしたなかで、近年注目を集めつつあるのが、「軍都」の戦争遺産とその活用をめぐる動きです。以下、金沢の軍事遺産の現状と活用に関してまとめておきましょう。

3 「軍都」金沢の戦争遺産

(1)「城下町」から「軍都」へ

江戸時代の金沢は、大名中最大の領地を持つ加賀藩主の前田氏の居城であった金沢城と、その城下町として繁栄した歴史を持ちます。しかし、日清戦後に陸軍第九師団が設置されたことを契機に、城下町時代の広大な城郭地や武士地が軍用地として変容を遂げ、こうした点に近代都市形成上の特徴があります。例えば、「加賀百万石」のシンボル金沢城跡が、師団司令部ならびに歩兵第七連隊の兵営となったことは、これをよく示しています。お城の周り、出羽町一帯の大身武家屋敷群は出羽町練兵場、第九師団兵器庫、師団長官舎に、藩老奥村宗家の上屋敷は陸軍衛戍《えいじゅ》病院、小立野台地の旧武家地は上野練兵場に転用されていきました。また、犀川を挟んで石川郡野村の原野は、野村練兵場ならびに、新設の歩兵第三五連隊と砲兵などの各特科隊、さらに藩主・藩士らの霊地であった野田山墓地の一角も陸軍墓地に取って代わられています。かくして金沢は、北陸最大の軍事的拠点の地位を確保したのです。[9]

さらに、「軍隊あるところ廓あり」という言葉があるように、軍隊の駐留地に遊廓が置かれることはよく知られます。「軍都」金沢でも、第九師団誘致の段階で、すでに六か所(東・愛宕・西・石坂・主計・北)の遊廓が存在しました。「将」「兵」ともども、「芸」「娼」を問わず、それぞれの需要を待合(料亭)や貸座席が満たしたのです。軍が遊廓繁栄の原動力の一端を担ったことは想像に難くありません。[10] 戦後、「遊廓」が「茶屋町」と名前とその役割を変えるなかで、「観光地」化した花街や旧遊廓建築群の景観が（本来の「負の遺産」イメージを払拭し）観光資源となっているケースも少なくありません（第5講参照）。この点も「軍都」の観光資源を考えるうえでひとつのポイントとなりましょう。

なお、「陸軍墓地」「海軍墓地」など各地の軍用墓地も、現段階では必ずしも「観光スポット」とはいえないものの、今後、有力な「観光資源」になる可能性は大いにありえましょう。もちろん、墓地や墓碑は、ある意味、歴史的な「負の遺産」ともいえますが、古来、著名人の墓地・墓碑が「墓参」を超えた「観光」の対象となることも少なくありません（文人の墓碑をめぐる文芸的習慣、新撰組志士の墓碑に集まるファンなど）。金沢では野田山墓地が近年整備を進め、江戸から明治期の文人・政治家など、著名人の墓碑を巡る「観光」も生まれています。もちろん、その中心は利家を筆頭とする藩主前田家の墓域ですが、一方で、日露戦争時におけるロシア人捕虜の墓への海外ツアー客の墓参、上海事件時に野田山に暗葬された、抗日独立運動家の朝鮮人尹奉吉《ユンボンギル》（天長節爆弾事件の実行犯）の墓や記念碑への韓国旅行者や在日韓国朝鮮人らの訪問も、ある意味ダークツーリズムの一種といえましょう[11]。

(2) 金沢の戦争遺産とツーリズム

「軍都」金沢の都市空間は、極めて明確なコンセプトのもとで戦後の変貌を遂げました。というのも、金沢は太平洋戦争末期の空襲を免れたため、金沢城を中心とする都市の空間構造が、ほぼ戦前期のままに残されたからです。戦後の都市再編に際して、陸軍関係の軍事施設の広大な敷地は、そのまま教育機関などの公共施設に転用されました。こうして、金沢では、城下町の空間構造が、その骨格を残したまま「軍都」を経由して、現代の都市空間にも引き継がれているのです。

これまで述べてきたように、旧金沢城周辺は、かつて出羽町練兵場を中心とする「軍事エリア」でした。このため、旧城内から兼六園の周辺には、旧陸軍の施設の遺構が比較的まとまって保存されています。今日では「文化ゾーン」として親しまれるこのエリアが、かつては「軍都」の中核であったことを確認するために、現在この周辺に存在する旧軍関係の建造物をヘリテッジ・ツアー風に紹介してみましょう。

まず、金沢城域には、かつて第九師団司令部が置かれ、あわせて、第六旅団・第七連隊それぞれの司令部と兵営が置かれていました。戦後は国立金沢大学のキャンパスに、金大移転後は、石川県が管理する「金沢城公園」(当初は、「金沢城址公園」)として観光整備が進んでいます。このため軍事的拠点であった往事の姿を想像するのは難しいのですが、それでもいくつかの戦争遺産がみられます。例えば、城内二ノ丸奥、甚右衛門坂を上ったところに、「歩兵第六旅団司令部庁舎」が現存します。金沢大学があった当時は、大学開放施設として利用されていましたが、現在は、倉庫として使用されています。このほか旧城内には、鶴ノ丸あたりに、旧城の石垣も利用した煉瓦造りの「弾薬庫通路」が残されており、弾薬の誤爆を想定した堅牢な「防護壁」も確認できます。鶴ノ丸には、通称「鶴丸倉庫」と呼ばれる建物が残されており、第九師団の被服庫としても使用されていたようです。近年、幕末期の建造による遺構と認定されて重要文化財に指定されました。

写9－2　明治紀念之標

出所：兼六園ホームページ。

一方、金沢城に付随した、特別名勝「兼六園」の敷地内にも、意外なことに戦争関係の遺産があります。園内の千歳台にひときわ異形を放つ「明治紀念之標」(日本武尊銅像)[写9－2]は、一八七七(明治一〇)年の西南戦争で戦死した将校兵士を慰霊するための記念碑です。かつてはこの銅像の前で招魂祭や戦勝祝賀会が開催され、今日も日本最古の銅像モニュメントとしてその勇姿を

写９－３　旧陸軍第九師団司令部庁舎

出所：筆者撮影。

写９－４　旧金沢陸軍偕行社

出所：筆者撮影。

誇っています。

兼六園に隣接する出羽町も戦前は軍の施設が建ち並んでいました。道路を挟んで成巽閣の向かいには、石川県立歴史博物館の分館が保存されています。向かって左が「旧陸軍第九師団司令部庁舎」［写９－３］で、向かって右が「旧金沢陸軍偕行社」［写９－４］です。ただし、両建築ともに移築されたものです。第九師団司令部の庁舎は、もともと一八九八（明治三一）年に、金沢城内二ノ丸跡に建築された木造総二階建で、創建当初は一階中央に玄関ホールを配し、両翼に廊下を付して軍医室や参謀室などの個室を並べていました。二階はホール上部に師団長室、他は一階と同様個室が並んでいたといわれます。一方、旧金沢陸軍偕行社は、当初は大手町に一八九八年の第九師団設置とともに建てられたものでした。一階に軍装品を売る販売所があり、遊戯室では将校たちが玉突きや囲碁、将棋などの娯楽に興じていたといいます。なお、「偕行社」とは、陸軍将校の親睦団体で、いわばエリート軍人の互助組織でした。

道路を挟んで、本多の森公園には、県立歴史博物館の赤煉瓦三棟が並んでいます。「旧陸軍第九師団の兵器庫」［写９－５］として建てられたものです。戦後、金沢美大（当初は、美術工芸専門学校）として使用されたのち、一九八七（昭和六二）年に改修し、県立歴史博物館として開館しました。隣の石川県立美術館も、かつては陸軍兵器庫（木造棟）の敷地で、さらに隣

写9－5　旧陸軍第九師団の兵器庫

出所：筆者撮影。

写9－6　第九師団長官舎

出所：筆者撮影。

接して「第九師団長官舎」［写9－6］が残されています。師団長官舎は、木造平屋建て。高官公邸は普通官舎に比べて規模が大きく、しかも西洋風に建てられるのが一般的でした。戦後は、米軍将校の官舎、家庭裁判所、児童会館、野鳥園事務所など様々な施設に使用され、現在は兼六園広坂休憩館（美術館分館）として活用されています。なお、出羽町近辺の旧軍施設としては、「石川護国神社」も実は陸海軍所管の旧軍史跡です。一九三五（昭和一〇）年四月、出羽町招魂社として社殿を竣工。同月一三日には遷座祭が執り行われました。このほか、現・金沢医療センターも、もとの「陸軍衛戍病院」の跡地に建てられたものです。このように大手町（金沢城公園）から出羽町（本多の森公園）周辺は、「軍事エリア」が「文化・観光エリア」に転化した、金沢の歴史のいわば「象徴空間」ともいえましょう。

4　まとめにかえて

石川県、とりわけ県都金沢は、第二次大戦の戦災をまぬがれ、長い伝統に培われた文化遺産が豊富に存在するといわれます。とはいえ、一方では開発の波が地方にまで及び、大型の都市再開発事業に伴って各種の貴重な建築文化財が失われ、それらの保存も強く求められてきました。このような状況のなかで、軍事・戦争に関する遺産も、近代化遺産の分野のひとつとして貴重であるとともに、「軍都」として発展した金沢の「伝統都市」や「文化都市」としてのイメージとはやや異なった側面を示すものでありましょう。しかも、「負の遺産」をめぐるツーリズムが関心を高めるなか、「戦争の記憶」を含む都市の重層的な理解と楽しみ方を与えてくれる可能性を示しているのではないでしょうか。その点、例えば、県立の歴史博物館が「兵器庫」という軍事＝歴史的建造物を「文化財」として保存し、「文化・教育施設」のみならず、「観光資源」としても活用するという手法は、極めて今日的な意義を有するものといえましょう。緑豊かな文化的景観のなかで、歴史性を強調した旧陸軍の兵器庫が、歴史の博物館として存在する都市空間の観光的なアピール力は決して小さくないものと思われます。

いずれにせよ、広い意味での「歴史観光」は、「負の遺産」の意味をも深く捉える作業を重ねながら創造されていく必要があります。「観光都市」の在り方のひとつのモデルとして、金沢の観光文化が「軍都」の要素を含め、一層ブラッシュアップされることを期待したいものです。

【本康宏史】

註

（1）「ダークツーリズム」の概念は、ジョン・レノンとマルコム・フォーリーによって提唱されたとされ、彼らは、死や災害に関連する観光地や展示を分析し、そのような「負の遺産」に訪れる観光客の動機を分析しています。井出明「日本におけるダークツーリズム研究の可能性」『進化経済学会論集』第一六号、二〇一三年など参照。

（2）東浩紀編『チェルノブイリ・ダークツーリズム・ガイド』ゲンロン、二〇一三年、東浩紀編『福島第一原発観光地化計画』ゲンロン、二〇一三年。

（3）一方で、岡山県瀬戸内市の長島愛生園が中心となり、「世界遺産」登録をめざす動きもあります（『朝日新聞』二〇一四年六月二二日）。

（4）高山陽子「戦跡観光と記念碑」『国際関係紀要』第二〇巻、二〇一〇年。

（5）実は、わが国初の「軍艦」の名も長崎操練所の「観光丸」でした。さらにいえば、総力戦下における「観光＝厚生」論のモデルを、ナチスのＫ・Ｄ・Ｆ（Kraft durch Freude：喜びを通して力へ）運動に求める見方もあります（豊川斎赫『群像としての丹下研究室—戦後日本建築・都市史のメインストリーム』オーム社、二〇一二年）。

（6）高媛「戦地から観光地へ—日露戦争前後の「満洲」旅行」『中国21』第二九号、二〇〇八年、高媛「戦勝が生み出した観光—日露戦争翌年における満洲修学旅行」『Journal of Global Media Studies』第七号、二〇一〇年。一連の論考を踏まえ、高は、総力戦下の国際観光が外貨獲得と植民地の統治戦略を兼ね、「観光楽土」として満州が位置づけられるとともに、「日満支観光ブロック」の名の下で、植民地支配正当化の道具に使われたと指摘しています（高媛「「二つの近代」の痕跡　一九三〇年代における「国際観光」の展開を中心に」吉見俊哉編『一九三〇年代のメディアと身体』青土社、二〇〇二年）。なお、「満洲」ツーリズムと教育との関係については、長志珠絵「「満洲」ツーリズムと学校・帝国空間—女子高等師範学校の「大陸旅行」記録を中心に」駒込武ほか編『帝国と学校』昭和堂、二〇〇七年、長志珠絵「「過去」を消費する—日中戦争下の「満支」学校ツーリズム」『思想』第一〇四二号、二〇一一年など参照。

（7）内藤恵「観光地としての日本植民地—日本らしさと現地らしさ」二〇〇七年二月（日本大学国際関係学部国際交流学科ゼミ論文要旨）。

（8）『朝日新聞』二〇一四年一月一七日付の記事「旧満州の戦跡　中国がツアー」では、中国政府が外国メディア向けに、日本の歴史認識をめぐる宣伝ツアーを催したと報じています。これなどは二重の意味で「負の遺産」の活用例といえましょう。

（9）本康宏史『軍都の慰霊空間—国民統合と戦死者たち』吉川弘文館、二〇〇二年。

（10）本康宏史「「軍都」金沢と遊廓社会」佐賀朝・吉田伸之編『シリーズ遊廓社会2　近世から近代へ』吉川弘文館、二〇一四年。

（11）一九三二年四月二九日、上海新公園（虹口公園）で行われた天長節（天皇誕生日）の祝賀式会場に、抗日独立運動家の韓国人尹奉吉が爆弾を投げ付け、白川義則軍司令官、重光葵公使らが負傷するという惨事。植田謙吉第九師団長も足に重傷を負いました。尹は軍法会議で死刑を宣告され、同年一二月、金沢郊外の三小牛山で銃殺、野田山に密葬され、歴史の闇に葬り去られてしまいます。

第Ⅳ部

観光が育む地域とひと

第10講　文化資源としてのひと

1　松江と小泉八雲

この講では、小泉八雲（ラフカディオ・ハーン／一八五〇～一九〇四）という、明治日本のフォークロアを文学として世界に発信した作家を、人的資源として観光や地域文化の創造に活かす松江市での取り組みを通して、観光を包含する広義の地域教育の意味を考えていきます。

松江市は、島根県の県庁所在地で県東部に位置します。もともと宍道湖・大橋川に臨む小漁村でしたが、一六〇七年に堀尾吉晴により松江城の築城が開始され、以後、城下町として発展します。松江にとって現代まで文化資源として活かされる歴史上の人物は、同地にお茶と和菓子の文化を根付かせた松江松平家七代藩主・松平不昧（一七五一～一八一八）[1]と明治期の小泉八雲が出色といえます。

『怪談』の著者として知られる小泉八雲は、ギリシャのレフカダに生まれ、アイルランド・フランス・イギリスで教育を受け、一九歳で単身渡米。赤貧の生活のなかから希望を見出し、ジャーナリストとしてシンシナティ・ニューオーリンズ・カリブ海のマルティニーク島でのべ二〇年を過ごします。ニューオーリンズ万博で垣間みた日本文化やチェンバレンによる英訳『古事記』に描かれた出雲神話の世界に魅了され[2]、特派記者として三九歳で来日。日本定住を決め込み、松江、熊本、神戸、東京と移り住み、教師や英字新聞の記者をしながら、精力的な執筆活動を通して日本の基層文化の魅力に迫りました。

一八九〇年八月、八雲は松江に赴任します。それは前任のカナダ人英語教師が退任して島根県尋常中学校に英語教師の空席ができたことによりますが、「民族揺籃の地」[3]としての出雲への憧れを抱いていた八雲にとって、この赴任はかけがえのない希望の実現となります。八雲は松江を「神々の国の首都」と呼び、しだいに魅了されていきます。[4]それは、夢のなかにさすような穏やかな光に彩られる宍道湖の風景、民俗学者としての関心事（民俗信仰、怪談など）が豊かなこと、毎朝牛乳が飲め、洋食を食べられる環境があり健康が維持できたこと、[5]とことん信頼できる人々に巡り会ったことなどがその理由です。

松江には一年三か月。五四年の人生で最短の途中下車でしたが、伴侶となる小泉セツとも出会い、八雲にとって特別な場所となります。そこで実践したフィールドワークの成果は、『知られぬ日本の面影（*Glimpses of Unfamiliar Japan*）』（一八九四年）として上梓され、初版が二六刷に達するベストセラーになりました。今も、とりわけ海外の旅行者にとってはガイドブックとしての役割を果たしています。一九三四年に小泉八雲の書誌を上梓したP・D・パーキンズは、「松江や出雲ほど、直接みたことのない人たちに熟知されている都市や地方は、ほかにちょっとあるまいと思う。（中略）これほど完全な旅行ガイドブックをもった地方は世界に稀であろう」[6]と同書を評価します。

八雲の没後、一九三三年には、八雲旧居の隣接地に教え子の街頭募金による浄財等で小泉八雲記念館が建設され、旧居も一九四〇年に史蹟名勝天然記念物保存法に基づき史跡指定を受け、一般公開されるようになります。両施設には、現在年間一五万人ほど（二〇一三年度は二〇万二〇〇〇人）の入館者があり、松江城、武家屋敷、八重垣神社などと並び同地を代表する文化資源・観光資源となっています。

2 聴覚で捉えた松江――小泉八雲と耳の文学

八雲は、物心ついた頃にはすでに父の実家があるアイルランドの首都ダブリンにいました。母は気候と異文化の壁に阻まれ、八雲が四歳のときにギリシャに帰国します。八雲は大叔母の庇護を受け、アイルランド語を母語とするキャサリンという乳母から妖精譚や怪談を聞き、そこに至福の時を見出していきます。晩年、アイルランドを代表する詩人、ウィリアム・バトラー・イェイツ（一八六五～一九三九）に「私はアイルランドの事物を愛すべきだし、また実際愛している[7]」と書き送り、その理由として、怪談や妖精譚を語る乳母がいたことを挙げています。八雲の耳はこのようにして語りの文化のなかで研ぎ澄まされていくのです。

その後一六歳の頃に左眼を失明し、右眼の視力も日本時代には〇・〇五ほどまで下がっていたことは、彼の近眼鏡の度数からわかります。その分、視覚以外の五感が開かれていったのです。人生で一番長く滞在したアメリカ・ルイジアナ州のニューオーリンズでは、巷で演奏されるジャズの胎動期のクレオール音楽を採集し、五線譜に書き取って友人のクレビールという音楽評論家に送っていました。時に黒人がバンジョーのようにピアノを弾く、ラグタイムと思われる音楽を聴いたことを報告したりしています。当時、ポピュラー音楽は、ミュージック（音楽）ではなくノイズ（雑音）だと認識された時代です。『古事記』を英訳し、『日本事物誌』という事典まで書いた日本学者チェンバレンでも、「もし、「音楽」というあの美しいことばをやむなく引きずり下ろして、東洋人が漫然と弦を爪弾いたり、声をキーキー張り上げて歌ったりするようなことまで、その意味内容に含めるとすれば、神話時代このかた、日本にも音楽が存在したと考えられる[8]」などと書いているのです。これに対し、八雲は以下のように反論します。

私が感銘と魅力を覚え続けてきましたのは、つねに原始的な音楽でした。アフリカの音楽とスペイン系アメリカの旋律に私はすっかり夢中になっております。そして、これらはいずれも高度な音楽的感覚とは無縁のものと見做されるでしょう。(9)

ジャズ評論家の油井正一は、八雲がニューオーリンズの滞在をもう五、六年延ばしていたら、ジャズ黎明期の音楽が蓄音機などより正確に書き残されたであろうと述べています。(10)そんな偏見のない耳を持って来日した八雲は、松江の町でさっそく音の採集を始めたのです。

松江の一日は、寝ている私の耳の下から、ゆっくりと大きく脈打つ脈拍のように、ズシンズシンと響いてくる大きな振動で始まる。柔らかく、鈍い、何かを打ちつけるような大きな響きだ。その間の規則正しさといい、包み込んだような音の深さといい、音が聞こえるというよりも、枕《まくら》を通して振動が感じられるといった方がふさわしい。その響きの伝わり方は、まるで心臓の鼓動を聴いているかのようである。それは米を搗《つ》く重い杵《きね》の音であった。（中略）

それから禅宗の洞光寺《とうこうじ》の大きな梵鐘《ぼんしょう》の音が、ゴーンと町中に響きわたる。すると今度はわが家に近い材木町にある地蔵堂から、朝の勤行を知らせるもの悲しい太鼓の響きが聞こえてくる。そしていちばん後に、朝早い物売りの掛け声が始まる。「大根《だいこ》やい、蕪《かぶ》や蕪」と。大根などのほかに見慣れない野菜を売り歩く声とか、炭に火をおこすための細い薪の束を売る「もやや、もや」という、女の哀調を帯びた声などが聞こえてくるのである。(11)

「米搗きの音」「洞光寺の鐘の音」「地蔵堂の勤行」「物売りの声」など、「サウンドスケープ」という概念が一九六〇年代にカナダの作曲家マリー・シェーファーによって提唱される七〇年以上前から、町の音を、文化の一翼を担う重要な要素として受け止め、観察していました。同時に地味で平凡な地域のくらしを積極的に観察する常在観光の態度を垣間みることができます。本書でも時々登場する民俗学者の柳田國男も優れた五感力を持つ人でした。『明治大正史世相編』(一九三一年)の「風光推移」の項では、明治期から大正期にかけて江戸の世相の変化を感じるのは、目より耳の方に起因することが大きいといっています。例えば、物売りの声が整理されて聞こえなくなったことに物足りなさを感じることから、町の音が都市のハーモニーの大切な一翼であることを説いています。このような先人の五感力、耳の力をまちづくりや地域文化の創造に活かすことはとても大切なことです。八雲の『知られぬ日本の面影』がロングセラーにもなった大きな理由のひとつに、単なる見聞した事実を過去形で綴った紀行文ではなく、五感、特に耳を研ぎ澄ませて、身体感覚で捉えた明治の松江を現在形の文体[12]で蘇らせていることによるものと思われます。

3　未来に活かす八雲の五感力──「子ども塾─スーパーヘルンさん講座」

そんな小泉八雲の五感力を活かす地域教育のプロジェクト「子ども塾」が始まったのは二〇〇四年、小泉八雲没後一〇〇年に当たる年のことでした。「小泉八雲一〇〇年祭実行委員会」のなかで、「学会招聘とパフォーマンスだけでなく、未来の松江を担う子どもたちに、現代社会のなかでも輝きを失わない小泉八雲の意味を継承する企画を!」という声があり、それを実践したのが「子ども塾─スーパーヘルンさん講座」[13]です。

ちょうどその頃、現代の小学生の自然体験の不足が社会問題として浮上していました。日の出や日没を肉眼でみたことがない子ども、魚捕りや虫捕りをしたことがない子どもの増加。またゲーム感覚で、人間は簡単に生まれ変わると誤解する、つまり死や命の意味について理解していない子どもの増加などが社会問題としてとりあげられました。バーチャル体験の急増と五感体験の不足は、感情のコントロールの不全という問題と深い関係にあるのではないかという指摘もありました。

五感力が欠如しているということは、「感覚を統合して現実をリアルなものとして感じ取る回路がうまく機能していないこと」[14]で、現実感がなく他者や自分の存在感も希薄になり、さらには生きることに自信が持てなくなってしまうのです。教育学者で身体論を研究している齋藤孝や、ノンフィクション作家の山下柚美は五感研究の先駆的存在で、五感力を育むことの大切さを種々の実践活動を通して説いています。また、環境省も『感覚環境のまちづくり事例集—こんな〝まち〟がいい感じ』(二〇〇九年)をつくり、熱・光・音といった感覚環境の新しい視点からまちづくりをしていくべきだと提言しています。さらに鎌倉の寺院や地域ボランティア、それに早稲田大学池田雅之ゼミや地元の大学生らで構成する、生きる力と心を育むプロジェクト「かまくら寺子屋」が『寺小屋教育が日本を変える』(成文堂、改訂普及版、二〇一三年)というタイトルで実践活動の成果を世に出すなど、学校教育を補完する地域教育の必要性にも注目が集まりつつあります。

以来、松江の「子ども塾」は、「町の音」「蝉の声」「海辺の生活」「民話」「怪談」「虫の音」「人力車」「怪談屋敷」「まち歩き」「生物多様性」など、毎年、少しずつテーマと活動場所を変えて、思春期を迎える小学校四年生から中学生を対象に、小泉八雲を通して五感を磨き地域を学ぶ教育実践として夏休みに開催してきました。小泉八雲を学ぶのではなく、八雲が明治の松江で五感を研ぎ澄ませて観察した行為を現代の松江で追体験することから、地域の自然や文化の魅力を発見していこうというものです。それが「スーパー」ヘルンさん講座と名付けたゆえんです。

表10－1　子ども塾―スーパーヘルンさん講座のあゆみ

年　度	活動場所	テーマ	成果発表方法	備　考
2004	松江城周辺	町の音	新聞づくり	
2005	松江市忌部高原	蝉の声	アートによる表現	特別講師：大西洋一（漫画家）
2006	松江市島根町	怪談を聴く	怪談の再話・創作	特別講師：佐野史郎（俳優）
2007	松江市美保関町	海辺の生活と民話	民話の再話・創作	特別講師：酒井董美（口承文芸学者）
2008	松江市八雲町	自然と民俗信仰・学校の怪談	自由表現	特別講師：常光徹（民俗学者）
2009	出雲市平田町	虫の音の聞き分け	自由表現	兵庫県立「人と自然の博物館」と連携
2010	松江市白潟・城西地区	明治の面影体験	絵手紙	
2011	松江市カラコロ工房	怪談屋敷	自由表現	特別講師：劇団幻影舞台
2012	小泉八雲記念館・松江城周辺	散歩と写真	フェイスブックに投稿・コラージュ	特別講師：高嶋敏展（写真家）・石川陽春（グラフィック・デザイナー）
2013	松江市かんべの里周辺	生物多様性	タヨウ星人づくり	特別講師：河南堂珍元斎・兵庫県立人と自然の博物館

出所：小泉凡「『地域と子ども』に関する実践的研究」『しまね地域共生センター紀要』創刊準備号（2014年３月）より転載。

ほぼ毎回テーマにふさわしい特別講師を迎え、様々な五感体験をしてきました。漫画『小泉八雲』の著者・作画者大西洋一、山陰の民話研究の第一人者である酒井董美、俳優の佐野史郎、「学校の怪談」の著者で民俗学者の常光徹、兵庫県立人と自然の博物館で動物・昆虫・植物を専門とする研究員の方々、講談師で画家の河南堂珍元斎ほか、多くの地域の専門家の方々にお世話になりました［表10－1］。

小泉八雲に関わる文化事業という位置づけから松江市観光文化課には事務局をお願いし、さらにこのプロジェクトに共感するメンバーで実行委員会をつくりました。そこには島根県内の小学校教員、保護者、環境問題の専門家、スポーツや身体のインストラクター、オルガニスト、島根県立大学短期大学部の学生など、多くの方が加わってくださいました。こういった地域の様々な方たちの協力を得て、地域ぐるみで子どもを育てることは、とても尊いことだと思っています。

4 「子ども塾」の意味

「子ども塾」の効果を数字で測ることは難しいです。しかし、松江城のなかでペアになってひとりが目を閉じて歩くブラインド・ウォークをした際、ある小学生が、「初めて森の匂いを感じた」「目を閉じただけで不安になった。ヘルンさんは目がほとんどみえなかったから、ずっと不安のなかで生きていたのではないか」と話しました。また、松江市八雲町の荒神の巨大な神木を観察した際、「この大きな椎の木には他の種類の植物がいっぱい棲んでいる」ことをみつけた小学生もいました。兵庫県立人と自然の博物館と連携し、虫の音の聞き分けを行ったときのことです。在来種の虫の音をすべて聞き分けられるという大谷剛先生からレクチャーと実践指導を受けました。「島根の子どもたちは神戸の子どもたちよりずっと耳がいい！」と褒められ、参加者は大変自信を持ったのです。これから塾通いなどが忙しくなっても、おそらく自転車をこぎながら虫の音を聞き分けてくれるのではないかと期待しています［写10－1］。

写10－1　第9回子ども塾（2012年）

出所：松江市／子ども塾「スーパーヘルンさん講座」実行委員会。

毎回、一度は小泉八雲記念館に出かけ、開催中の企画展示と連動したメ

ニューで「子ども塾」を行います。小泉八雲記念館に入ると、子どもたちのスケッチブックはすぐに文字とスケッチで埋まっていきます。ミュージアムは不思議がいっぱい、好奇心を刺激し満足を与える場でもあります。欧米に比べ、日本では子どものころからミュージアムに親しむ機会が少ないように思います。「わが町のミュージアム！」という矜持を持ち、興味と親しみを感じてもらうことが、将来的に地域文化の創造に貢献する担い手を育むことになると思うのです。

「子ども塾」では、相手の立場でものを考えたり、共生の意味を体感したり、外部の情報は目だけでなく耳や鼻からも伝わることを認識したりと、一定の成果があったのではないかと思っています。そして、参加者のほとんどが地域の身近な対象物に興味深いストーリーが隠されていたことを知って驚いていました。初回の「子ども塾」に参加した生徒で、すでに私の勤務先短大の総合文化学科で学び卒業した学生もいます。「子ども塾」の体験が地域への関心を開く一助になっているようです。地域に出て五感を開いて不思議を発見し、観察して感動する。その点では、「子ども塾」の実践は、広い意味の「地域教育」であり、教育を通じた「地域おこし」であると思っています。

かつて作家の五木寛之氏と松江城の内堀を巡る堀川遊覧船上で対談したことがありました。そのとき、「松江ほど都市の中に自然がある町を知らない。作家が自然を書かなくなって長いが、この町に住んだら書きたくなる。八雲の気持ちがわかる」といわれました。心に響く言葉でした。そして、こんな豊かな自然を活かした五感教育を継続するようにと激励してくださいました。

日本には地域の魅力としての「八景」を探し愛でる文化が古くからあります。近江八景や三浦半島の金沢八景が代表例です。この着想は、もとは中国から伝わったものですが、江戸時代には日本中に浸透しました。八景には、視覚的な風景ばかりでなく「晩鐘」、「落雁」、「晴嵐」などを詠みこみ、五感を使ってその地域の美を表現しているのです。豊かな感性、五感力による文化の創造は日本の伝統でもあるのです。

5　資源としての小泉八雲と怪談

松江では、他にも小泉八雲を人的資源（人財）として活かす種々の試みが実践されています。

(1)　松江ゴーストツアー

その代表的なものに松江ゴーストツアーがあります［写10－2］。これは、城下町松江に豊富に伝承される人柱伝説をはじめとする怪談を、着地型観光プランを創出してツーリズムに活かす実践です。怪談は地元の民話研究者や八雲がすでに採集・再話して文字化されているものの、資源的活用には至っていなかったからです。発想のきっかけは、二〇〇五年八月に体験したアイルランド・ダブリンのゴーストバス。それは「ダブリンの憑りつかれた聖堂の謎解き」をテーマに、お化けの絵でラッピングされた二階建てバス（市バス）で、プロの語り部の怪談を聞きながら、数か所の墓地や「ドラキュラ」の著者ブラム・ストーカーゆかりの地に立ち寄るもので、参加者の遊び心と恐怖心と知的好奇心をバランスよく刺激するツアーでした。そしてノーベル文学賞作家をここ一〇〇年以内に四人も輩出した文学の都、ダブリンの特長を現代的感覚で巧みに活かしているようにも感じました。

写10－2　松江ゴーストツアー

出所：NPO 法人松江ツーリズム研究会。

翻って、松江を眺め渡したとき、同じように豊富な怪談が伝承され、作家小泉八雲によって主な怪談は英語で世界に発信されている、つまりゴーストツアーの「ストーリー」がすでに存在していることを改めて感じました。帰国後ただちに、二〇〇六年から指定管理者制度により松江市内の四つの観光文化施設の管理運営を始めたNPO法人松江ツーリズム研究会と協議し、同年夏に試験的にゴーストツアーを実施しました。その後、恒常的な観光商品化を同NPO法人と検討し、国土交通省のニューツーリズム創出・流通促進事業の補助金を得て、ガイドの公募、研修を行い、四名のプロのガイドを育成しました。ガイドには、小泉八雲研究、地域文化研究、口承文芸研究、語りの技法、ホスピタリティ論という五つの観点から研修を受けることでモチベーションを高めてもらいました。

二〇〇八年八月、ついに「松江ゴーストツアー」がスタート。「カラコロコース」（ゴーストツアーのみ）と「へるんコース」（ゴーストツアー＋筆者の講演・宍道湖七珍の懐石料理）の二コースを設定しました。ツアーでは、日が暮れてから、ガイドの語りを耳で楽しみながら松江城内のギリギリ井戸、月照寺、清光院、大雄寺などの怪談スポットを二時間余りかけて徒歩で巡ります。

二〇一四年度末までの六年余りで土曜日を中心に二四三回実施し、四〇〇二名の参加者がゴーストツアーを楽しみました。特に二〇一三年度は出雲大社の大遷宮の影響もあり、参加者は前年度比一五二％で六四六名に上りました。開始当初は県内者が多くを占め、夜のまち歩きで地域の魅力を再発見できたと喜ばれましたが、ここ二年ほどは七〇％以上が県外からの観光客で、口コミによってわざわざこのツアーにあわせて山陰旅行を計画する方も増えています。

六年以上にわたって一度も赤字を出さずに松江ゴーストツアーが継続できたことは奇跡的といえるかもしれません。八雲はかつて帝国大学の授業で、怪談には真理（truth）があるので、この先お化けや幽霊が信じられない時代が来ても人々の真理に対する関心は不変だと予言しました[15]。その言葉の意味をあらためて噛みしめています。小泉八雲と城下町の怪談を絡み合わせた物語《ストーリー》を導き、自然にブランド化が推進できたことは幸運でした。またアイルランドの豊かな異界性と怪談を資源として捉える先見性に学べたことにも感謝しています。

「豊かな遊び心」「耳で楽しむ夜の松江」「闇への畏怖の念」「地域文化の魅力を楽しみつつ学ぶ」というこのツアーの四つのポリシーをこれからも継承していかなければなりません。

松江ゴーストツアーを核としながら、他にも作家・怪異蒐集家で『新耳袋』の著者、木原浩勝と筆者の対談「松江怪談談義」と声優集団「怪《あや》し会」による「松江怪喜宴」、松江出身の俳優佐野史郎とギタリスト山本恭司による「小泉八雲朗読の夕べ」を年一回の恒例イベントと位置づけ、さらに二〇一一年に開催された小泉八雲記念館企画展「小泉八雲の KWAIDAN 展—翻訳本と映画の世界」[16]の全国巡回などを通して、松江を怪談のふるさととする構想も進みつつあります。松江からみて東の境港が妖怪のふるさと、西の出雲市が神々のふるさと、南の雲南市が神話のふるさと、そして松江が怪談のふるさと。山陰の異界性と無形文化をツーリズムに活かす取り組みが山陰各地で進んでいます。高度成長期においては負の資源と認識された怪談や妖怪を、地域の宝のひとつと再評価しつつある現状には満足しています。しかし、「超自然の物語のなかの真理」を説いた八雲の精神を忘れないように、異界観光を提案していく必要があります。つまり地域の居住者にも、「怪談のまち」が矜持になるような、単なる肝試しやお化け屋敷ではない資源化が必要なのです。

(2) 現代アート展「オープン・マインド・オブ・ラフカディオ・ハーン」

これは、二〇〇九年にギリシャ人の八雲の愛読者タキス・エフスタシウによって提案された、現代アートを通して八雲の精神性を地域文化の創造に活かすプロジェクトです。

アート作品は、世界のアーティストへウェブ上で呼びかけ、共感するアーティストからハーンの精神性や生き方をテーマとした造形作品を寄せてもらいます。寄贈が原則なので、美術館が行う特別展の五分の一ほどの予算規模で実施することができるのです。二〇〇九年一〇月にギリシャ・アテネのアメリカン・カレッジで第一回目の造形美術展〝The Open Mind of Lafcadio Hearn〟が実現。世界の約一〇か国のアーティストから寄贈された作品四七点とともに、八雲のオープン・マインドを窺わせる文章を、「偏見のない美意識」「人間中心主義への警告」「偏見のない人種観」「開かれた耳と音楽観」などキーワードごとに選び、抜粋して壁面に紹介しました。オープニングの会場は予想外の来訪者でごった返し、大きな反響がありました。

第二回目は二〇一〇年一〇月に松江城天守閣と小泉八雲記念館で、第三回目は二〇一一年一〇月にニューヨークの日本クラブで、そして第四回目は、二〇一二年一〇月、ルイジアナ州ニューオーリンズのテュレーン大学で実施されました。開催のたびに実行委員会を組織し、展示品も開催地にふさわしい内容に調整します。松江開催時には、展示期間中の松江城の登閣者数が通常の一・五倍となり、自分のアート作品が「サムライ・キャッスル」に展示されるならと、ギリシャ・イギリス・アイルランド・オランダ・アメリカなどから出品したアーティストが自費で駆けつけ、関連国大使も来訪され、予期せぬ国際交流の場が展開しました。重要文化財の天守[17]で現代アート展を実施するには、当然批判もあったものの、結果的には松江城の底力が作品やパネル展示を輝かせてくれたのです。文化と観光、観光と国際交流の相関性を印象付けられました。

この事業は、単なる小泉八雲の顕彰事業ではなく、八雲を活用した文化創造をめざすプロジェクトだと認識しています。またこのプロジェクト自体を松江の文化資源と考え、松江市の魅力とともに八雲ゆかりの世界各地で今後も展開していくつもりです。文学と芸術という異分野のコラボにより多分野の人々の関心を喚起し、出会いの場を提供すること、さらに、八雲が足跡を残した世界各地で開催することにより、松江と開催地の人々が異文化理解と交流を深めること、そして何よりも八雲のオープン・マインドから現代社会に必要不可欠な「共生の思想」について、来場者それぞれに考えてもらうことを期待しています。

井口貢が『くらしのなかの文化・芸術・観光―カフェでくつろぎ、まちつむぎ』（法律文化社、二〇一四年）で説いたように、一部の気取った高級文化志向の人だけのアート展になっては、常民（〝the folk〟）を心から愛し、柳宗悦の民藝思想にも影響を与えた小泉八雲の精神も浮かばれません。[18] このアート展は、市井のなかに日本の美を見出した八雲の開かれた精神を伝えるものでなければなりません。

6　まとめにかえて

本講では、筆者自身が深く関わった、松江の人的資源としての小泉八雲を切り口にした地域活性化や文化創造の取り組みについて紹介してきました。観光の大切な目的でもある地域文化の継承は、人を育むことに大きな意味があると感じています。それについて、井口貢は、子どもたちは、日々繰り返される日常のなかで自らのまちを観光し、自らの心のなかにある心象風景として刻んでいくことが地域文化の継承につながる行為だと述べています。[19]

未来の松江を担う子どもたちが、地域の面白さにわくわくし、地域文化を継承することに誇りを持てるような地域教育を行うことが必要です。本講で紹介した子ども塾の取り組みも、まさにそのような意味で観光振興に寄与する営みだと認識しているのです。

【小泉凡】

註

（1）不昧は号で、本名は治郷。一六三八年に松平氏が松江藩主に封じられてから七代目に当たります。茶と菓子の文化を根付かせるとともに、藩内の美術工芸の振興（楽山窯・布志名窯・漆工・木工の育成など）にも大きな成果を残しました。松江では今日でも、日常的に抹茶と和菓子を楽しむ習慣が市民の間に浸透しています。

（2）八雲は来日前にニューヨークで、英訳『古事記』をハーパー社の編集者パットンから借りて読み、「チェンバレン氏自身の『古事記』の訳と、日本の神話と言語の形成に対するアイヌの影響の民族学的研究には特に興味を引かれました」（E・L・ティンカー（木村勝造訳）『ラフカディオ・ハーンのアメリカ時代』ミネルヴァ書房、二〇〇四年）と感想を送っています。横浜到着後に本を購入し、脚注に至るまで再度精読。大国主命・事代主命・天菩比《あめのほひ》神など出雲神話に登場する神々の記述には多く書き込みを残しています。

（3）『知られぬ日本の面影』の「杵築」の章には次のように記されています。「出雲はとりわけ神々の国であり、今もなお伊邪那岐命と伊邪那美命を祀る、民族の揺籃の地である」（池田雅之訳「杵築」『新編　日本の面影』角川ソフィア文庫、二〇〇〇年、一一五頁）。

（4）The Chief City of the Province of the Gods. 神々の国出雲の首都という意味で使った言葉。『知られぬ日本の面影』の一章に同じタイトルで二二節からなる松江の観察記を残しています。

（5）松江では当時すでに搾乳業者が二件あり牛乳配達が行われていました。また、松江大橋北詰にある山口薬局でビールを購入することができました。西洋料理をつくれる鎌田才次というコックもいて、八雲を喜ばせたそうです。

（6）P・D・パーキンズ「松江とハーン管見」『風土三』風土社、一九五一年。

（7）八雲が一九〇一年九月二四日付でイェイツに出した書簡。Murray, P., *A Fantastic Journey, The Life and Literature of Lafcadio Hearn*, Japan Library, 1993, p. 47 に引用されています。

（8）チェンバレン（高梨健吉訳）『日本事物誌二』平凡社、一九八七年、九九頁。

（9）一八九〇年一一月付、松江からのチェンバレン宛書簡。*The Life and Letters of Lafcadio Hearn, vol. 2*, Edited by Elizabeth Bisland, Houghton Mifflin Company, 1906, p. 15.

（10）『生きているジャズ史』シンコー・ミュージック、二〇〇二年、一一頁。

（11）池田雅之訳『新編　日本の面影』角川ソフィア文庫、二〇〇〇年、七二～七四頁。

（12）ジョージ・ヒューズは、当時のイギリス文学に比して、八雲の現在形で物語る技法は先駆的なもので、その旅を現在時点のなかに引き入れ、生き生きとしたものに変えてしまう効果を発したと指摘しています（ジョージ・ヒューズ（平石貴樹・玉井暲訳）『ハーンの轍の中で―ラフカディオ・ハーン／外国人教師／英文学教育』研究社、二〇〇二年）。

(13) 松江では、八雲のことを、親しみを込めて「ヘルンさん」と呼びます。八雲が島根県と結んだ条約書に「ラフカヂオ・ヘルン」と記載されたのがきっかけでした。

(14) 齋藤孝・山下柚実『「五感力」を育てる』中公新書、二〇〇二年、v頁。

(15) 「小説における超自然的なものの価値」『ラフカディオ・ハーン著作集七』恒文社、一九八五年、一〇三頁。

(16) 展示内容は、世界各地の言語に翻訳された『怪談』の本と小林正樹監督による映画『怪談』の日本・フランス・旧チェコスロバキア・ポーランド・メキシコでの上映時のポスター等。その後、焼津小泉八雲記念館（静岡県焼津市）、池田記念美術館（新潟県南魚沼市）、島根大学附属図書館（松江市）、伊豆高原アートフェスティバル（伊東市）へ巡回しました。

(17) 二〇一五年五月一五日、文化審議会は松江城天守を国宝に指定するよう文科相に答申しています。

(18) 井口は同書第四章「芸術（アーツ）とまちつむぎ再考」のなかで、芸術に関心や理解のない人は関わらなくて結構だと暗に示唆するようなハイカルチャー的まちづくりの風潮について、その危険性を指摘しています。また、柳は「恐らくいままでハーンほど日本を内面から味はい得た人は無いであろう。外国人の書いた日本に関する本は何百あるか知らないが、ハーンの著作ほどその美しさと鋭さと温かさとに充ちたものはないであろう。彼は或る日本人よりも日本を一層よく理解してゐた藝術家であった」（「朝鮮人を想ふ」）と記し、朝鮮における小泉八雲のような活動をめざしたといわれます。牧野陽子「柳宗悦―民芸への道」『季刊藝術』第四九号、一九七九年参照。

(19) 井口貢『くらしのなかの文化・芸術・観光―カフェでくつろぎ、まちつむぎ』法律文化社、二〇一四年、一六三頁。

第11講 地域をつむぐ高校生たち

1 「世間という書物」を読む

(1) 教育から地域の観光を見つめなおす

これほどの食事をとりながら、君はお大尽でいたまえ、僕はさよならだ。あり余るご馳走を一人で楽しむがいい。こんなに沢山のものがあるけど、危険がいっぱいだ。僕は貧しい土くれだってかまわない。その下の麦の屑を、怖いものなしで齧るのだ。[1]

これはご存じの『イソップ寓話集』からの一節で、「まちのネズミ」の生活を体験した「田舎のネズミ」のお話です。ふだん麦の屑を細々と食べている「田舎のネズミ」は、豊かなまちの食べ物に目を奪われるものの、次から次へとやってくる人間への警戒心から落ち着いて食事ができない「まちのネズミ」の現実を知ることになります。食べ物の豊かさは、実は生命の危険と背中合わせであることを知り田舎のネズミはまちを去っていきます。この寓話を現代に置き換えてみると、さしずめファーストフードとスローフードという対比で捉えることができるかもしれません。いま、私たちの生活には、あふれるほどの豊かな食べ物があります。私たちは田舎のネズミのようにこの豊かな生活から逃げ去ることはできません。それは、子どもたちにとっても同じことです。私自身も小さい頃、父親によく連れて行かれた江戸深川にある老舗うなぎ屋の骨ばった食感より、ファーストフード店のイミテーション付きのお子様セットの方がどれほど美味しかったことでしょう。

では、どちらのネズミの生活が幸福といえるのでしょうか？　それはある意味で愚かな問いかけなのかもしれません。しかし、地域のかけがえのない文化資源に立脚した観光学を語るとき、その問いかけに対する自分自身の答え（それはある意味で「哲学」なのかもしれませんが）を持たないままに、地域の何を語れるというのでしょうか。この本を手にされた方の多くはきっとそんなディレンマに対する正解を求めていらっしゃるのかもしれません。

私はふだん学校教育に携わっている立場から、学校の授業においてどのようにすれば子どもたちが、自分の生活している地域にかけがえのない文化資源をみつけ、人々の生活に息づく人生の知恵に触れることができるのか。子どもたちが地域に生活している人々と関わりあいながら、自らの地域哲学をつむいでいけるのか。新しい学びの方法として、人間関係づくりによる体験学習「ワークショップ」という試みからみなさんと考えてみたいと思います。

(2)　まちつむぎ教育としてのワークショップ

私たちが慣れた講義に終始する授業では、情報が教師から生徒へ言語的な手段のみで一方通行（one way）に伝達されます。そこでの生徒の学習活動の多くは「読む」「聞く」ことが中心で、文字によって提供された情報を生徒は知識とすることが求められます。しかし、講義で得られた知識は、頭のなかだけで理解されることで終わってしまい、現実の日常生活のレベルにおける判断力や行動力（生きる力）にまで結びつかないともいえます。こんな情報受信《インプット》型の授業に、一度は誰しもが「何のために勉強するのか」「将来こんなことが何の役に立つのか」

と思われたことがあるのではないでしょうか。

しからば、その対極として授業のなかで非言語的な手段による双方向（two way）の対話ができればこんな疑問が解消されるかもしれない。授業における生徒の学習活動をより多様なものとし、固定化された教師と生徒、生徒と生徒の人間関係を流動的なものとすることで、生徒が自ら考え行動できる雰囲気をつくりだしてみる。生徒たちの人間関係からつむがれる「教室風土」というカンヴァスの上に各教科の学習内容を絵として描くことができれば、学校教育の中核である授業はもっと人間形成の場として機能できるようになると私は考えたのです。授業における教室風土をより豊かなものにし、助け、支え、認め、尊重することのできる学習集団を形成する。各教科の指導においても人間関係づくりをキーワードにした情報発信《アウトプット》型の授業をデザインすることで、生徒の主体的な学習態度を育てたい。そのための指導方法が「ワークショップ」なのです。

地域が内発的に成長していくためには、地域の担い手となる子どもたちの教育も地域において内発的な視点に立って育てていかなければならないのです(2)。日々の豊かな教室風土のなかで子どもたちに主体的な学習態度を育てることができれば、郷土のかけがえのない文化資源を自ら探すことができるようになる。豊かな教室風土で培われた自己肯定感や友人への信頼感は、フィールドワークを通じて地域で出会う大人への尊敬や信頼に変わっていく。郷土の文化資源というタテ糸が、人間関係というヨコ糸によってつむがれることで活力ある地域の創造、地域の内発的な成長につなげることができる。授業でのワークショップの体験が、地域に息づくヒト・モノ・コトとの知的交流に結びつくとき、生徒たちは地域に対する新たなまなざし（パースペクティヴ）を得ることができるようになるのです。

図11－1　ワークショップのフレイム

〔生徒の学習活動〕

	情報受信型 one way	情報発信型 two way
言語的 verbal	読　む 聞　く	書　く 話　す
非言語的 non-verbal	見　る 感じる	作　る 演じる

〔教師の指導対象〕

	情報受信型 one way	情報発信型 two way
言語的 verbal	教科書 講義内容	小論文 スピーチ
非言語的 non-verbal	視聴覚教材 野外調査	ワークショップ （3つのP）

出所：「教授法としてのワークショップ(3)」。

2　まちつむぎ教育のプログラム開発

教室風土を豊かにし、子どもたちの内発的な学習態度を育てる情報発信型の授業「ワークショップ」とはどのようなものなのでしょう。ワークショップには、工房・作業場・共同製作などの意味があり、広義には人々が出会う空間を指す言葉として用いられてきました。人と人とが出会い、ひとつのテーマについて表現活動や共同作業を通じて、日常生活のなかに改革や創造の論理を練り上げていく一連の営みを指しています。

その特色のひとつは、授業における生徒の学習活動の多様化です。それは教師からみれば授業における指導領域の拡大を意味しています。前述したように、単に教科固有の学習内容が一方的に伝達される授業では、生徒の学習活動は受動的な「読む」「聞く」ことが中心となり、教師から提供された言語情報を生徒は知識とします。そこで得られた知識は、文字レベルでの理解で完結してしまいます。授業での学びと生活を結びつけるためには、生徒の学習活動のなかに従来の「書く」「話す」という言語的（verbal）な学習に加え、「見る」「感じる」「つくる」「演じる」といった非言語的（non-verbal）な領域にまで指導対象のフレイムを広げる必要があります［図11－1］。

二つ目の特色は、グループを単位とする非言語的な要素を含んだ体験学習の場面を設定することです。グループでの学習体験を通じて、生徒がインタラクティヴに自分の考えを表現し、友人とリレーションをつくりながらひとつの結論を導きだしていく。その過程において、自己への理解を深め、友人とともに問題を解決していくことができる能力を高めることです。生徒が自己の学習活動を統合していく過程を通じて、学習集団の持つ教育力ともいえる教室風土を高める授業を展開することで、生徒の内発的な学習態度が育ち、地域との自律的な関係性をつくるための資質が形成されるのです。

授業において非言語的領域を教材とする情報発信型の体験学習ワークショップを具体化するためのコンセプトは、以下の「三つのＰ」に集約できます。

(1) Performance（身体性）

私たちが知覚する日常生活は、言語という極めて抽象化された記号体系によりすべてが説明できると思われてきました。しかし、精神分析が示したように、人間の心の奥底にはコントロールを超えた無意識の世界があり、心の深い部分に人間や文化を解くかぎがあるということが考えられるようになりました。日常生活を構成する人間の行動、生活、文化の体系は、むしろ言語を起源としているものは少なく、その多くが無意識のうちに感覚や感情という非言語的な要素から構築されていることが指摘されるようになりました。よって、地域への共感的理解を深めるためには、単に文字に記述された歴史学だけでなく、地域の文化資源を支える深層構造を分析するための地理学、民俗学、文化人類学の調査方法、サイコエデュケーション（特に構成的グループ＝エンカウンター）の体験的アプローチが効果的と考えられます。

(2) Partnership（協同性）

ひとりの人間の成長は、多くの他者との関係や支援によって実現されます。よって、個性の発達と社会性の発達は相互関係にあります。しかし、成熟した現代社会に生きる生徒の日常生活においては、この他者との人間関係のなかに生きている自分という実感は極めて乏しいといえます。情報端末から得られるワンタッチのライトな人間関係の時代だからこそ、学習活動において意図的に、人が人を支え、助け、認めあうような授業形態をあえて組み込むことで、他者とのリアルな関係性や社会性を高めていく必要があります。

(3) Post-teaching（脱教授）

伝統的日本の教育風土においては、「しつけ」「訓練」による人格形成が重視されてきたため、教師は指導者として厳しく父性原理を発揮することを期待されてきました。しかし、多様化する価値観、個人主義の台頭といった大きな社会の変化によって、教師の指導の在り方への再検討が求められています。精神医学においても、狭義の「治療の心理学」から「教育の心理学」への提案がなされるようになっています。医師は患者を治療するだけでなく、ひとりの人間としての成長を達成させるための促進者として母性原理を発揮することが期待されるようになりました。

ワークショップにおける教師の役割とは、言語的な教材を生徒に一方的に伝達する教師ではなく、生徒が日常生活のなかで体験する様々な疑問や課題そのものを教材にして、双方向の人間関係のなかで授業を展開することです。生徒との言語的あるいは非言語的な対話を繰り返しながら教室が持つ教育力である「教室風土」を高めること、日常生活に潜む何気ない出来事に感動し生徒の育ちを支援することが教師の役割ということになります。

だからといって、ワークショップにおいて従来の指導方法を決して否定しているのではありません。むしろ、従来の情報受信型のインプット学習がなければ、生徒は矮小化された自己の世界から新しい世界を創造し表現することはできないでしょう。あるいは、挨拶やしつけといった社会規範が身についていなければ、円滑な社会生活を送ることはできないでしょう。それらの教育成果を評価しつつ、生徒自身が知識の習得過程において体験する様々な疑問や問題を検証し自分なりの判断や行動ができること、今までとは異なる新しいものの見方、考え方、生き方を発見することができる情報発信型授業をワークショップはめざしています。自分の生活している場を距離化することで、現在の自分の置かれている状況を理解する。さらに、自己表現や他者受容といった体験学習を通じ、自己と環境との関係性（being-in-the-world）を認識する。それは、従来の教育の定義である文化の伝達・伝承に加えて、文化の超克・創造のための教育の可能性を新たに模索する作業であるともいえます。

3 まちつむぎ教育の実践

（1）教科指導のワークショップ

まちつむぎ教育につながるワークショップとは、どんなことをするのか。私はワークショップの「三つのＰ」のコンセプトを、中学校社会および高等学校地歴・公民の授業のなかで「エクササイズ」と呼ばれる体験学習を実践してきました。紙面の制約から、情報発信型授業のアプリケーション[4]について実際に行った単元名のみを列挙することとします。テーマ名からおよその活動内容はイメージしていただけると思います。

① 「感じる」エクササイズ

・人権学習「裁判ウォッチング」（岐阜地方裁判所での傍聴体験）
・タウンウォッチング「岐阜の城下町」、「古地図で歩く御鮨街道」（野外調査による地域資源の発見）
・シミュレーションゲーム「株式投資ゲーム」（日本証券業協会による学習プログラムの活用）

②「作る」エクササイズ

・テストづくり演習「大学入試問題をつくってみよう」（入学試験・定期考査の作問体験）
・調理実習「肉食文化と米食文化」、「四大中国料理」（家庭科とのクロスカリキュラムの作成）
・KJ法演習「発展途上国への援助」（ブレーンストーミングによる課題解決学習）

③「演じる」エクササイズ

・中学校社会地理的分野「ニュースキャスターにチャレンジしよう！」
・即興演劇「フランス革命」、「勝者の世界分割―ヤルタ会談」（演劇による歴史事象の復元）
・ロール＝プレイ「模擬裁判」（裁判員制度を題材とする法務省の学習教材の活用）
・ディベート「TPP交渉」

幾度もの試行錯誤から、授業へのワークショップ導入の留意点としては、

① 学習の目的にそのエクササイズが合致しているか（目的の明確化）
② エクササイズの実施時期が適当か（年間指導計画内の位置付け）
③ エクササイズが授業時間内に消化できるか（授業計画の立案）
④ 集団のなかの個々の生徒の実態や、生徒相互の人間関係が配慮されているか（集団分析）

などの諸条件について、綿密に検討がなされたうえでの実施が望まれます。エクササイズを中途半端に終わらせた場合、生徒は「また訳のわからないやつを、先生の自己満足でやらせるんだ」「あれは一体何だったのだろう、意味不明」といった教師不信の感情さえ持ちかねません。教師は常に「どんな生徒たちに、何のために実施するのか?」を自問しつつ教材開発を行うことが求められます。

(2) 学校間連携のワークショップ

授業での実践の積み重ねから、生徒の感動体験が主体的な学習態度の確立に有効であることを実感した私は、当時の地歴サークル顧問という立場でフィールドワークを通じた学校間連携の可能性に関心を移すことになります。

地域を教材とした事例には、岐阜市の中心市街地で行った「柳ヶ瀬タウンウォッチング」(二〇〇一年一月六日)があります。生徒たちは、教科書やマスコミの報道を通じて言語的に「インナーシティ問題」「中心市街地の空洞化」という言葉は知っています。それを生徒に実感させるためには、やはり地域の生きた現実に接する必要があります。通行量調査や空き店舗調査を定期的に実施することで、調査活動やデータの分析を通じて中心市街地の課題を体験的に理解できるようになります。この取り組みは、勤務校だけでなく他校三校との共同調査を行うことで、より正確なデータを収集できました。さらに、文部科学省「平成一三年度生涯学習分野のNPOの連携によるまちづくり支援事業」の補助金を受けた「若者まちづくりシンポジウム」の場で、岐阜大学や岐阜女子大学などの学生とともに研究成果を発表させていただきました。

その後、「若者まちづくりシンポジウム」を契機として、岐阜県内の学生によるコラボレーション団体「学生まちネット」が発足することになります。当時、JR岐阜駅商業施設アクティブGにあったコミュニティFM

「わっち」のスタジオで毎週土曜日に二時間のレギュラー番組を持たせていただくことになります（二〇〇一年七月七日開局）。大学生の企画制作する番組に高校生が出演することは、地域への関心を高めるだけでなく、文字どおり情報発信することの難しさと楽しさを学習する絶好の機会となりました。

さらに、いくつかの連携の流れのなかで、地域の地理・歴史・民俗・産業などを調査研究している高等学校の文化系部活動の連携団体が結成されます（岐阜県高等学校文化連盟「地域研究部会」二〇〇三年五月六日発足）。現在も六校が加盟しており、地域の文化資源の発掘のため共同研究や比較研究をしています。その成果は岐阜市「岐阜まち物語」の「高校生まちづくりフォーラム」等で発表されています。高等学校での地道な学習活動が、生徒の内発的なまちつむぎ活動へと発展した事例といえます。

かような学校間コラボレーションのための連携組織が構築されることは、子どもたちが自分たちの生活する地域への関心を高め、地域コミュニティと結びついた生徒たちの活動の場が形成されることにつながります。高校生の文化活動において、地域コミュニティへの思いと目的を共有する場が構築されると、若い感性の交流の場から生まれる連帯感はいつのまにか創造性を持ってきます。そしてこのコラボレーションが、場としての新たな自己表現を始める。このように交流の場が活性化してくると、地域に内在する課題は自然に解消されていくであろうことを、生徒たちはこれらの活動を通じて実感したようです。若い感性の交流の場から生まれる創造力が地域に還元されるとき、それは地域のコミュニティにおいて失われつつある活力や、希薄化する人間関係を蘇生させていくための大きなエネルギーとなっていくことでしょう。

「若者まちづくりシンポジウム」の小部会で司会をした古池嘉和は、県立岐阜商業高校のベンチャーズという空き店舗を活用した物販を岐阜市柳ヶ瀬地区で行うサークルの生徒が話していたことを思い出し、「何が楽しくて活動しているのか」という古池の問いに対して、「おばちゃんと話ができることが楽しい」との答えが返ってきたといいます。生徒が地域と関わる意味合いは意外とシンプルなものかもしれないが、そのシンプルさを教育プログラムのなかで展開していくことは意外と難しい[5]との指摘は今も印象に残っています。

4 失われし時を求めて

私たちの身の周りには、溢れんばかりの情報がたれ流されています。子どもたちは情報端末から流れる一方通行の情報に晒され、教科書や受験参考書から流される一方通行の切り売りされた知識を暗記することに追われています。それを否定することなどできない現代社会だからこそ、私たちの日常に潜んでいるデラシネ（根こぎ）の原因について考える必要があります。

現代社会は、時間が希少な資源となる社会です。何かにつけて効率が問われ、仕事そのものよりも仕事の結果が目にみえるかたちで示されなければならない社会です。ミヒャエル・エンデは、『モモ』というファンタジーでそうした社会に警笛を鳴らしています。人間から時間を盗んで生きている時間貯蓄銀行の灰色の男たちから時間を取り返そうとするモモは、時間の国で人間の時間を司るマイスター・ホラに向かってこう問いかけます。

モモ「それなら、時間どろぼうが人間から時間をこれ以上ぬすめないようにすることだって、わけもないことでしょう？」

ホラ「いや、それはできないのだ。というのはな、人間はじぶんの時間をどうするかは、じぶんじしんできめなくてはならないからだよ。だから時間をぬすまれないように守ることだって、じぶんでやらなくてはいけない。わたしにできることは、時間をわけてやることだけだ[6]」

現代社会では、目にみえるかたちの成果をあげるため、希少な資源である時間を無駄にしないよう、仕事の細分化と単純化による量的生産性の向上が求められます。そのことで、生産者の質的生産性つまり手仕事の喜びは犠牲にされ、働く人の個性や生まれつきの創造力は犠牲にされます。

例えば、フランスの金属加工職人の間では現在でも「隠れ仕事」と呼ばれている習慣があり、本来量的生産性をあげるための企業の原料や道具を職人が個人的に使うことが認められています。フランスの企業風土では、ひとりの職人が作品のデザインから製品化に至るすべてのプロセスを体験することで、生産の喜び、仲間との協力といった、質的生産性の重要性を企業が認めているのです【図11－2】。このことは、私たちに次のことを教えてくれています。現代社会のようにややもすると質的生産性が排除される時代にあっては、生産の問題は目にみえる量的生産性だけの問題となってしまっています。しかし、フランスの「隠れ仕事」にみられるのは、生産を質的生産性の問題、つまりヒトの問題であるとする精神です。私たちが時代の豊かさを実感するのは確かにモノの量ですが、しかしその背後にはモノを使った人間がいるはずです。よって、生産の普遍性は現代のような道具や機械、組織化された社会システムにあるのではなく、モノをつくる職人というヒトに求められるべきです。

図11－2　生産性の概念

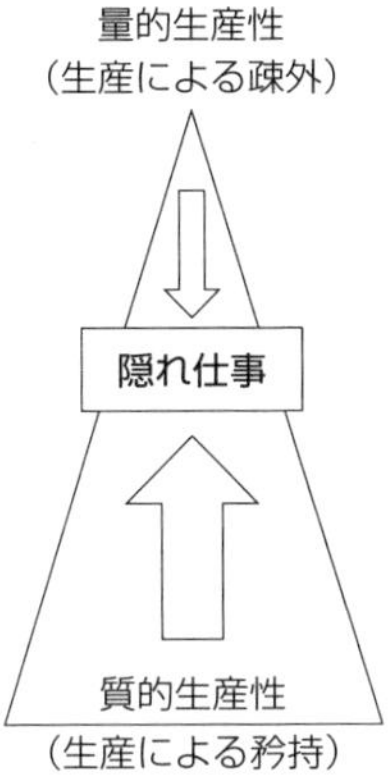

出所：筆者作成。

文化人類学者のレヴィ＝ストロースによれば、未開社会の経済は、量的生産性に基づく交換や市場の原理ではなく、生産されたモノが質的な価値に置き換えられる原理に基づいている[7]といいます。すなわち、フランスの「隠れ仕事」にみられるような、商品をつくる喜び、職人としての矜持、ヒトと自然の共存といった質的な価値が重視されるというのです。現在、かつての高度経済成長を支えたシステムが停滞していることは誰の目からも明らかです。私たちは、もうそろそろ量的生産性を向上させるシステムやその教育の限界に気付いてもよいのではないでしょうか。例えば、私たちは天然資源を使い果たしているばかりです。より良い新しいシステムを絶えず生みだしていくためには、質的生産性という人間固有の質的な価値を生みだしうる教育システム、つまりヒトに関心を持たなければなりません。

学校教育も、単に教科の論理的な世界に閉じこもった教育だけではなく、共感に基づく教育、あるいは共感や感動によって包まないと論理的な教育も進まないところまで来ています。生徒の学習意欲を高めるには、知識・技術の習得に関わる学習指導とともに、生徒の認知・感情・行動といった人間関係に関わる心的支援による授業の再構築が求められています。地域コミュニティにおける人間関係の希薄化、情報技術の進展に伴う情報量の飛躍的増大、加速化するグローバリズムといった時代のストリームに生きる生徒にとって、授業における心的支援の側面はますます重要になっています。だからこそ、教師が授業において「ワークショップ」のコンセプトを導入し、教師のパーソナリティが介入しない授業をヒューマナイズすることに期待したいのです。教師と生徒、生徒と生徒の感情交流のある授業、共感や感動のある授業。ふれあい、自己主張、他者受容、自己発見などの場面が豊かな授業。豊かな人間関係が織りなす教室風土に地域風土が融合するときに、地域に対する共感が矜持へと変化します。学校教育における主な技法や理論は出揃った観があります。これからは、それらの技法や理論を授業においてどのように実践するか、「指導方法のアプリケーション」を創造する時代です。さらに、地域社会において生徒をとりまく生活環境が大きく変化するなか、衰退する地域経済の活性化および地域の再編も新たな課題となっています。かつてはコミュニティの場であった地域社会はその紐帯が衰退の一途をたどり、ご近所同士の助けあいで自然にできていたことが今や難しくなってきているところにコミュニティの蘇生、持続可能なまちづくりが求められています。だからこそ、地域のかけがえのない文化資源への共感と創造をテーマとする「まちつむぎ教育」は、新しい観光学がめざす彼岸にある将来を担う子どもの育成に資するものでなければなりません。なぜなら、私たちに与えられた時間の使い方を決めていくのは、『モモ』のマイスター・ホラいわく、私たちの子どもの自律的な創造力の育成に他ならないからです。

【安元彦心】

註

（1）中務哲郎訳『イソップ寓話集』岩波文庫、一九九九年、二六二頁。
（2）本書第1講4参照。
（3）安元彦心「教授法としてのワークショップ──「対話のある授業」へ向けて」『岐阜地理第27号』岐阜地理学会、一九八七年、六八〜七一頁。
（4）同上「ワークショップ＝メソッド──人間関係の地理教育」『地理学報告 Vol. 90』愛知教育大学、二〇〇〇年、二〇〜三二頁。
（5）「二一世紀の教育を考える会・地歴公民教育部会」教育フォーラム「地域を教材とした教育プログラム開発と展望」（二〇〇四年八月六日、岐阜女子大学）にて古池嘉和はモデレーターを務め、まとめの言葉として発言しました。
（6）ミヒャエル・エンデ『モモ』岩波書店、一九七六年、二二一頁。
（7）彼は、文化に優劣をつけることの誤りを指摘し、文化は多様性において共存しあうべきであるという文化相対主義を説いています。未開社会の文化のなかには、自然環境における様々な生物や事物を、一定の記号体系のもとに捉える「野生の思考」が存在することを数学的手法で立証し、そこには自然と共生しながら人々が共存しあっていく知恵が隠されているとしました。『野生の思考』（プロン社、一九六二年）をはじめとする著作は、地域の文化資源の深層構造を解読するヒントを私たちに与えてくれます。

第12講　もの・こと・ひとの保存修景

1 「淡海《おうみ》」を巡る旅から読み始めて……

「近江《おうみ》」を愛し、それを作品で表現した作家・文人墨客は少なくありません。万葉の時代から数えたら、文字どおり枚挙にいとまなく、それをまとめたら「淡海・近江文芸史」の大著ができるでしょう。誰かそれを著してほしいものです。そしておそらく、それはそのまま「滋賀の観光」の良き案内書にもなるに違いありません(1)。

現代の作家のなかの、そうしたひとりとして忘れてはならないのは、司馬遼太郎（一九二三～一九九六）ではないでしょうか。もちろん、司馬の真骨頂でもあった歴史小説では多様な形で登場人物のフィルターを通して、近江が登場します。しかし、彼がこの地を愛した大きな証左として記憶しておきたいことがあります。

彼の歴史小説の、ある意味でフィールドノートでもあった大作『街道をゆく』の始まりは、「湖西の道」からでした（初出は、『週刊朝日』（朝日新聞社）に連載されました。初回は一九七一（昭和四六）年一月一日号です）。司馬はその冒頭でいいます。

「近江」

というこのあわあわとした国名を口ずさむだけでもう、私には詩がはじまっているほど、この国が好きである。京や大和がモダンな墓地のようなコンクリートの風景にカチカチに固められつつあるいま、近江の国はなお、雨の日は雨のふるさとであり、粉雪の降る日は川や湖までが粉雪のふるさとであるよう、においをのこしている。[2]

実際に司馬がこれを記した年というのは、一九七〇（昭和四五）年です。すなわちわが国の高度経済成長期の晩年、大阪では世界万国博覧会が開催され、その終幕にあわせるかのようにして、国鉄が起死回生のために展開した一大キャンペーンとしての「ディスカバー・ジャパン・キャンペーン」が始まった年です（詳細は本書の第Ⅰ部、とりわけ**第3講**をもう一度ひも解いてください）。

もちろん、司馬の企画と「ディスカバー」が連携・協働していたわけではまったくありません。当時「国が金を失なう」とまで酷評され苦渋する「国営企業」に捧げる〝提灯エッセー〟を書こうとしたわけでは決してないということ。そのことだけは、確認しておかなければならないことでしょう。本書の**第3講**で私は「文明と文化」と観光との関わりについて一定の示唆をしました。司馬はおそらくわが国の高度経済成長期における過度なまでの文明化と、その結果「破綻した文明を弥縫[3]」するような所作がもたらせた、牽強付会なまでにフェイクな文化の取り繕いに憤りを感じ、それに軌道修正を訴えることをひとつの大きな主題として、この長期にわたる連作を記したのではないかと私は思います。

淡海ファンの（以下、「淡海」で統一）司馬にとって、一九七〇年前後に端を発する市民主導型の「八幡掘保存修景運動」（近江八幡市）が一定の成果をみせたとき、彼は心のなかで快哉を叫んだに違いないでしょう。この市民運動は、およそ四〇〇年前の生活と生産の遺構を、保存修景の手法で残すために展開された、市民運動とまちづくりの精華として人々の記憶にとどめられることになりますが、背景にあった琵琶湖総合開発計画という、開発の時代の過度なまでに表層的な文明化の促進に疑義を呈した、文化復権のための運動と活動であったことも見落してはいけないのです(4)。

淡海を愛《いと》しんだ作家として、白洲正子（一九一〇〜一九九八）もまた忘れてはならないひとりです。

琵琶湖の水が未だに京・大阪をうるおしているように、近江は日本文化発祥の地といっても過言ではないと思う。そこには一種の寂しさも感じられる。原産地がいつもそうであるように。奈良や京都に匹敵する文化も美術品もここには残ってはいない。これは近江商人についてもいえることで、彼らの大部分は他の土地で活躍している。前に私は「近江は日本の楽屋裏だ」と書いたことがあるが、簡単にいってしまえば、私の興味を引いたのもそのひと言につきる(5)。

近江、淡海を日本（文化）の「楽屋裏」と考え、それであるゆえに本流においても絶対に欠くことができない名脇役と捉えていたことは、司馬においても通底するに違いない大切な視点です。このことは、現代のわが国の観光の場面においても同様のことがいえます。例えば関東や中部地方の人が、関西方面に観光に赴こうとしたときに、まずは京都がそして大阪・神戸・奈良が念頭をよぎり、淡海は素通りになることが多いのではないでしょうか。

しかし最近では、近江八幡に隣接する竜王町に、日本では最大級のひとつであるアウトレットモールができたため、連日多くのショッピング・ツーリズム客で賑わっていますが、このピンポイント観光客が何らかの形で淡海文化を意識したり、あるいは彼らが淡海文化の新たな創造に影響を与えるようなことは、残念ながらほとんどないでしょう。

私の親戚で高岡市（富山県）在住の若夫婦も、時折ここだけのために北陸自動車道と名神高速道路を走ってやってきます。この施設誕生の大きな影響で、竜王町の年間入込観光客数は激増しました。万葉の時代からの、あるいは中世になっては義経伝説も残るこのまちですが、現代においては名酒・松の司と近江牛の産地、そしてダイハツの企業城下町というイメージはあったものの、「純観光」のために訪れる人々は決して多くはなかった静かな田園地帯でした。それがこのショッピング・ツーリズムといういわば「兼観光」客数の急速な増加が、竜王町の年間入込観光客数の激増を生んだのです。

これとよく似た事案となるかもしれませんが、岐阜県内の市町村の入込観光客数は、ほぼ例年、岐阜市・高山市・土岐市・郡上市……という順になるようですが、土岐市がここに位置付けられる大きな理由は、やはりアウトレットモールの影響が大きいようです。

計量性に基づいた数字のデータは、否定されたり無視されていいものでは決してありませんが、それのみに拘泥してしまうと「観光」の本質における大切なものを見失ってしまう危惧があるということを忘れないようにしたいものです。

ともすれば、美濃・飛騨が尾張・三河の「楽屋裏」の役割を演じてきたのではないかという連想とともに、この余談もお聞きください。

2　淡海文化の楽屋裏──湖北憧憬①

白洲正子の先のエッセーを読み進めていくと、淡海について「琵琶湖を中心に、ふつう湖東、湖西、湖南、湖北（江北）にわけられるが、それぞれに特色がある。一番開けているのは何といっても大津の周辺で、それだけ公害にも観光客にも犯されやすい。……[6]」と前提したうえで、エリアごとにそしてその関連性とともに、万遍なく叙述を展開しています。ちなみに、この著作の初出は、一九七四(昭和四九)年二月です(駸々堂出版)。当時も今も、滋賀県の市町別をベースにこのエリアの年間入込来訪者数は、兼・純観光を併せて考えるとまずは大津・湖南地方ということになるのでしょうが、白洲のこの著書が世に出た頃は、誤解を恐れずにいえば、通の来訪者は別としても湖北地方を訪れる人はかなり稀であったのではないでしょうか。しかしその後、昭和の晩年から平成の初頭を起点に、長浜市を中心に湖北地方への来訪者は急増するようになります。その理由・要因を詳述する紙幅はここにはありませんが、一九八四(昭和五九)年に策定された長浜市の都市文化政策としての「博物館都市構想―市民総学芸員運動」と市民主導型の地域文化政策である「長浜芸術版楽市楽座―アートインナガハマ」が一九八七(昭和六二)年に始まったことが、大きなきっかけとなったことは否定できないでしょう。そして、インフラ面でいうとJR北陸線の米原・長浜間の直流化が一九九一(平成三)年に実現し、京阪神からの東海道線・快速電車で直接乗り入れ可能となったことも大きな助力となったのです。

その間の一九八九(昭和六三)年四月に発足することになった「第三セクター・黒壁株式会社」と翌年七月に開館する「黒壁ガラス館」、そして「黒壁スクエア」として観光戦略を展開していく部分だけが、とりわけかつては強調されましたが(これらは、直接的には前二者と強い因果関係があったわけではありません)、そのことが過度なまでに強調されると、地域の観光はステレオタイプ化して喧伝され、地域外の心ある人々も、地域内の決して心あるとはいえない人のモノカルチャー化戦略の呪縛に拘泥されることになりかねません。あえていえば「負の観光のまなざし」に来訪者を誘客してはならないのですね。

白洲がいうように、日本(文化)の「楽屋裏」が淡海であるとしたら、淡海(文化)の「楽屋裏」は、湖北地方ではないかと私は勝手に考えています。私が生まれ育ったのが、湖北と湖東の境界領域にあるまち(米原市)であったがゆえに、身贔屓と思われるかもしれませんが。そしてさらにいえば、湖北（文化）の楽屋裏は、浅井・伊香地域ではなかったかと考えています。これらすべての地域が、後のいわゆる「平成の大合併」によって、長浜市に編入されたことにより、すべてが「長浜」イメージで語られてしまうことがあるとすれば、それもステレオタイプ化・モノカルチャー化の弊を誘発しかねませんね。

「楽屋裏」論を学ぶということは、こうしたステレオタイプ化・カルチャー化してしまう病弊への処方箋でもあるのです。

3 ココロとカラダを保存修景する――湖北憧憬②

第3講で「町並み保存」や「保存修景」という言葉はすでに何度か登場していますが、町並みを保存しながら修復することを通して、過去の姿を現在から未来へと継承していく行為は、単に目に映ずる形を保存し伝えるだけではなく、それらが創られ、守られ、伝えられてきたときの、その都度において関わってきた人々の想いや精神性（エートス）にも心を配り、こうした無形の、しかし確かに存在し継承されてきた心根というものをも慮り、子どもたち・孫たちの世代にとつなげていくものでなければならないのではないでしょうか。このことは、一個の人間にとってもいえることですが、地域においてもココロ（精神的支柱となる気質、哲学……）とカラダ（建造物、肉体……）はともに「身土不二」（仏教用語ですが）、そして「心土不二」（これは私の造語ですが）なものとして、継承されていかなければならないのです。地域観光の持続可能性はよく論じられるところですが、身土不二・心土不二であることを忘れた観光政策に、持続の可能性はありません。例えば、一個の人間が自らの保存修景を通して、己《おの》がより良き将来と幸福をつむぎだしていくためには、読書をするという行為や人と出会うという行為が大きな養分となります。まちの保存修景においても、おそらく同様のことがいえるに違いありません。

私にとってそんなことをふと思わせてくれるまちが湖北にあります。木之本町というところです。平成の大合併の前は伊香郡木之本町、現在は長浜市木之本町です。「まちとトポス」に関わっては、金沢を中心にしながらまちが有する場所性、場所が固有の意味性を持つことを中心に前拙著で論じましたが（何度も紹介しますが、『くらしのなかの文化・芸術・観光―カフェでくつろぎ、まちつむぎ』法律文化社、二〇一四年、一三三～一四三頁）、JR北陸本線の木之本駅（東口）に降り立つと、その瞬間からトポスを感じてしまいます。

司馬の言葉を一言借りるならば、「あわあわとした」歴史の風（それは、史的かつ誌的で詩的な）が心身に流れるのを感じるのです。(7)

このまちは、長浜市となる前は人口八〇〇〇人前後の小さなまちでした。しかしかつては、北国街道の宿場町であり、そして今も参拝者が絶えない木之本地蔵院（浄信寺・時宗）の門前町として栄えました。わが国の三大地蔵尊のひとつに数えられるこの寺院の創建は、七世紀の中葉に遡るともいわれています。木之本駅から延びるなだらかな石畳様の参道を登りきった三叉路（札の辻）に山門があります。参道と山門に交差するように交わっているのが北国街道です。一八八〇（明治一三）年頃に著されたとされる『滋賀県物産誌』のなかの「木ノ本村」（ママ）の項では、「……北国街道村里ヲ貫キ郡役所其中央ニ在リ道路広潤ニシテ家屋櫛日肆店百貨ヲ……小市場ヲナス故へ近郷ノ人多ク此ニ需要ノ弁ヲ得……」(8)と記されており、小市場すなわち小さなまちであるものの、近隣から人が集う繁華な地であったことを窺い知ることができます。

しかしそこに至る前に、まずは駅を降り立ったときにその前にみえる、少し古ぼけてもいるようなモルタル造りの二階建ての古建築（大正期）に注意してほしいのです。これは、「江北《こほく》図書館」（公益財団法人、現在の理事長は冨田光彦、本文中でも紹介した冨田酒造の当主でもあります）という県内で最古の図書館（私立）です。二〇〇七（平成一九）

年に創立一〇〇周年を迎えた由緒ある図書館で、旧伊香郡を基軸に湖北の文化の育成と発信、そして創造に大きく寄与してきました。何度かの閉館の危機を、まさに民の力、「柳田的常民」の力で乗り切り、こうした永年にわたる「国の光を観る」ことへの貢献の努力が高く評価されて、二〇一三（平成二五）年には「サントリー地域文化賞」を受賞するに至りました。この図書館についての設立の経緯や現在の取り組みについては、註（9）の資料等に詳しいのですが[9]、それらも参照しながら、概略を簡単に記しておきたいと思います。

設立の発端は、東京で苦学して弁護士となった杉野文彌（一八六五～一九三二）が郷里の伊香郡余呉村中之郷（現・長浜市余呉町）に、郷土の青少年に資することを目的に私財を投じて「杉野文庫」という私設図書館を設置したことに始まります。一九〇二（明治三五）年のことですが、この年の全国の図書館数は六六館でした。「江北図書館だより　第五号」（江北図書館、二〇一三年一一月）は、そのときの杉野には「いつか成功したら、たくさん本を集め図書館をつくろう。そして若者に読書の機会を与えよう」という強い意志があったことを記しています。まさに人づくりを通して地域をつむぐことの大切さを、図書館をつくることで現実のものとしたかったのではないでしょうか。その二年後の一九〇四（明治三七）年には木之本村（当時）にあった伊香郡役所内に移転され、「杉野文庫図書縦覧所」と改称、さらに一九〇七（明治四〇）年には「財団法人江北図書館」として、伊香郡役所所有の旧税務署の建物を借用し開館されました。この間、杉野が没するまで（一九三二年）毎年およそ七〇〇円の寄付金がなされました（このころ、郡役所からはおよそ二〇〇～二五〇円の補助金が交付されています）。ちなみに一九〇七年末での蔵書数は八九〇八冊（雑誌を含む）、設立一〇〇周年直前の二〇〇六（平成一八）年の蔵書数は四万八二七四冊（雑誌は除く）となっています。

その後時代は大きく下り、現在の場所である木之本駅東口前に移転したのが一九七五（昭和五〇）年のことでした。この建物は、伊香農業協同組合事務所の建物を取得し、まさに「保存修景」したものです。

湖北地方の貴重な文書や資料も多く蔵するこの図書館を訪れる人は、旧伊香郡内にとどまらず、県内外からも少なくありません。しかしやはり大きな力となるのは、この図書館を愛し守ってきた地域の人たちの力ではないでしょうか。本書の**第1講**で触れたように、まさに孔子のいう「近説遠来」がここにもあるように思います。

『財団法人江北図書館創立一〇〇周年記念式典・講演会』をひも解くと、滋賀県立伊香高等学校教諭の河下太勇の回想「江北図書館思い出の記」が次のように綴られています。「北国街道に面した木造の江北図書館に、父に連れられて初めて足を踏み入れたのは、もう三五年以上も前のことです。初めて借りた本は、たしか子供向けに手直しされた樋口一葉の『たけくらべ』でした。現在多くの町に見られるような立派な公共図書館とは比ぶべくもありませんが、いかにも古そうな書物が、ガラス扉のついた書棚に威風堂々と並び、子供心にも威厳を感じたものです。……」[10]。

河下はこのときの想いを胸に抱きながら、地域で若者たちの育成に心を注いでいるのです。ローカル線で降り立った観光者が、まず最初に目にするこの古めかしい建物の意味は、歴史のなかで深く佇んでいるのです。そのことを理解することもまたひとつの「観光力」だということを忘れないでいたいものです。

4 福祉とは観光である――湖北憧憬③

さてそれでは、もう少し木之本を逍遙しながら北国街道を歩いてみましょう。

このまちの中心部を貫く北国街道沿いのおよそ二キロの部分には、古くからの商家・町家が並び、二軒の蔵元と二軒の書店が点在しています[11]。**第3講**で岡田文淑が宮本常一から聞いたという町並み保存と「民度の高さ」に関わる話を紹介しましたが、木之本というまちはきっとその民度が高いのでしょう。

『ケトル』（太田出版）というちょっと面白くてマニアックな月刊雑誌があります。必ずしも旅の雑誌ではありませんが、その二〇一四年四月号（Vol. 18）の特集は、「旅に出たら本屋に行くのが大好き！」と銘打たれており、全国のこだわりの書店一六店が紹介されていました。ファストではなくとことんスロウな書店ばかりです。木之本のこの二軒は残念ながら紹介されてはいませんが、旅先で出会った書店の書架をみつめていると、その店主とひいてはそのまちに住まう人たちのくらしぶりや「民度」が窺えそうですね。

私は人口八〇〇〇人の町に並ぶようにして二軒の書店が現在もあることに驚き（大都市でも加速度的にまちなかの書店が、その姿を消していきつつあるのが現状です）、うち一軒の「ますや書店」は、「淡海本」に特化しています。本を想い、酒を想いつつ（残念ながら私は酒をあまり嗜まないため、旅の愉しみは半減されますが……）北国街道を歩いていると、空き店舗を活用して開設されたばかりの高齢者向けのサロン「元気の館」と出会いました（二〇一四（平成二六）年五月二七日開設）。かつて米穀店であった建物を保存修景の形で活用しています。高齢者向けといっても、もちろん老若男女を問わず、そして広くまちの内外の人に関わりなく開かれたサロンです。運営は、公益社団法人の長浜市シルバー人材センター（中川武司理事長）ですが、サロン内では会員である高齢者の人たちがつくる手工芸品が廉価で展示販売されており、また地域内で彼らが撮影したスケッチ写真などが展示されています。私も高齢者の方がつくった陶器製の茶香炉を一点、五〇〇円也で購入しました。ここでは、住民や来訪者が自由に語り、お茶を飲んで交流できるようになっており、さらに奥の一室では各種講座を開いたりできる仕組みづくりを計画しているということでしたが、それを通しての交流人口の創造をも視野に入れているようです（同サロン担当の中西正純氏より、筆者聞き取り。二〇一四年五月二九日）。

このサロンの向かいには、古い町家を活用した蕎麦屋の「夢創庵」が数か月前の同年一月七日に開店されており、高齢者にとどまらず北国街道を愉しむ空間が広がりつつあるのを感じます。

そしてそこで改めて想起したことは、足助のまちづくり観光を巡る命題のひとつ、「福祉とは観光である」でした（本書の第3講も参照してください）。この言葉を巡る経緯については、旧足助町が町制施行一〇〇周年を期して設立した、足助町福祉センター「百年草」の基本哲学「ノーマライゼーション」という言葉が象徴しているでしょう。そこに付設されているのは、元気な高齢者が生涯現役で働くことができる「ジジ工房」と「バーバラはうす」（いわゆる、コミュニティビジネスの場）、さらには町内外の人々が年齢を問わずに利活用できる「フレンチレストラン・楓《ふう》」やお洒落なペンション……。人々が性別・年齢・障害を有するか健常者であるかの否、住民か来訪者かの否を問わず、ともに参画しまちと人生を愉しむことができること、それが「百年草」が提案した「ノーマライゼーション」であり「福祉＝観光」であったのです。[12] これに大きく関わった足助の、まさに「反骨の公務員」であった小澤庄一は（小泉内閣の時代に「観光カリスマ一〇〇選」のひとりに認定された人です）、私にとってかなり年長の尊敬すべき友人ですが、かつてこう語ってくれたのを昨日のように覚えています。「なあ井口よ、相手が老人だと思って、老人だけを日向ぼっこさせて囲碁将棋だけをさせて良しとする福祉センターでは駄目なんだよ。仮に囲碁将棋をしていても、その横で若い大学生が観光にやってくる姿が目に入れば、おじいちゃんもおばあちゃんも活き活きするんだよ（笑）」まさに、「〝脱〟観光的、観光」そして併せて「〝脱〟福祉的、福祉」をみるような気がしますね。

木之本についての記述に戻りますが、こうした北国街道のにぎわいを取り戻すための試みは、商工会という民の力も大きくバックアップしています。長浜北商工会（長浜市と合併前の旧伊香郡の四町である西浅井、余呉、木之本、高月町）が中心となって、木之本町の北国街道沿いの空き町家を中心に、保存修景の手法で活用しながら働く場とにぎわいを創出していこうというプロジェクト（あるやん木之本プロジェクト）がそれです。[13]「あるやん」というのはこの地方の方言のひとつで、「あるじゃないか」という意味です。まさに文化資源の常在性に気付いてもらおうとする取り組みです。

古建築や町家の活用ということは今に始まったことではありませんが、こうした建造物を保存し活用するという行為は、地域の精神・エートスを顕彰し、それを継承していくことにもつながる営為です。こうした風景のなかに身を置き佇むことは、「初めて来たのになぜか懐かしい」という既視的ともいえる経験を初見の旅人には与え、再訪者には「そのまちに住まう人」という擬似的ともいえる愉楽を与えてくれます。

古い町並みは、そのものがまさに「エコミュゼ（エコミュージアム、地域まるごと博物館）」であり、観光を通してその回想法的効用をココロとカラダに与えてくれるのではないでしょうか（岩﨑竹彦による**特講①**・**特講②**を参照してください）。

すでに記したように「身土不二」と「心土不二」であるということを、「楽屋裏」の文化から伝えることの意義は、国際化を標榜する今だからこそ一層大きなものがあるのではないでしょうか。そしてそのことが、地域社会に対する矜持の証ともなるに違いありません。

5　矜持と信仰――湖北憧憬④

直前で「矜持」といいました。地域にとってその矜持を育むもののひとつとして、生活文化のなかで密接にその関係を保ってきた土俗的ともいえる信仰があるのではないでしょうか。淡海は比叡山や伊吹山などの信仰の山々に囲まれ、京に近いこともありこうした信仰心を育む大きな力となってきたように思われます。この講で記してきた木之本と地蔵院はもちろんですが、先の**第2講**で触れた近江商人と三方よしの精神にもそれを認めることができるのではないでしょうか。信仰の証の道を辿ることも旅と観光の大きなテーマであり、江戸期以降の観光の大衆化のなかでも、日本人にとっては一貫して問われ続けてきたことでしょう。誤解を恐れずにいうならば、富士山が「世界自然遺産」ではなく「世界文化遺産」としてユネスコが評価した大きな一因もそこにあるのではないでしょうか。私は宗教家ではなく、むしろ無神論者に近い人間かもしれませんが、自然現象や自然資源も信仰的な意味付けが加えられることで文化現象・文化資源となり、観光も単なる物見遊山ではない、重層的な重みを観光者の心のなかに刻印していくことができるのです。

淡海はこうした土俗的ともいえる信仰を具現化したともいえる、十一面観音像の宝庫でもあるのですが、この講で記述してきた湖北地方には、古《いにしえ》より人々がその地域のなかで秘仏のように祀り守ってきた秀麗な観音像が少なくありません。

旧木之本町にも、医王寺（木之本町大字大見）や鶏足寺（大字古橋）、石道寺（大字石道）などに安置されていますが、いずれも無住の寺であるため地域の人々によって管理されています。無住とはいえ、いずれも参拝者は絶えないようです。そして、この地域のなかでおそらく最も拝観者が多いのが、向源寺（通称、渡岸寺）の十一面観音像です（旧伊香郡高月町大字渡岸寺）。平安初期に制作されたものといわれていますが、わが国に七体ある国宝十一面観音像のなかでも、最も秀逸なものと評価されることが多い観音像です。

註（7）で「姉川の戦」について触れましたが、この戦乱の際に信長軍に焼き払われることを危惧した住民たちが、これを守るために土のなかに埋めて守り後世に伝えたという逸話はあまりにも有名です。この地域ではこうして多くの観音像が、無私の精神で人々によってボランティアで守られてきたというひとつの象徴的なエピソードでしょうが、上記のように多くが無住の寺に安置されているため、今もその精神は変わりません。

しかし、「マスツーリズムからオールタナティブツーリズムへ」という観光を巡る文脈と人々の価値観の転換は、経年変化のなかで時として、オールタナティブであったはずのものをもマス化の渦に巻き込み、静かに己が観光をみつめてきたはずの地域の人々をもその対応に翻弄されてしまいます。先に記した、鶏足寺から石道寺にかけての一帯ももちろん無住で地域の人たちがこれを守り、オールタナティブな観光客を静かに見守ってきました。しかし昨今とりわけ秋には見事な紅葉に周囲が彩られて、観光客が激増しています。二〇一二(平成二四)年は、推定で一〇万人が、翌年は少し減ったものの七万人、観光バスも八〇〇台以上がこの小さな集落一帯に来訪しました。高齢者が多い住民の方々のボランティア的な対応では如何ともしがたくなりつつあるのです。そこで、二〇一四(平成二六)年三月上旬に地区の自治会では「古橋・石道地区紅葉対策実行委員会」を立ち上げて対策を協議しました。そして、毎年一一月一〇日から三〇日までに限って高校生以上には「紅葉散策協力金」の負担を求めることとし、一人当たり二〇〇円が徴収されることになりました。

このことは地元紙の地方版でも大きくとりあげられたので、県民の認知度も高まり、ボランティアで地域観光を守ることの大切さと大変さが伝わったのではないでしょうか(『中日新聞』二〇一四年六月一五日)。屋上屋を重ねるように付記するならば、ボランティアで地域観光を守るということは、高度経済成長期型のマスツーリズムの視点でみたら、極めてオールタナティブなものであったのですが、それが現代の平成型観光のなかでは主流とはいえないまでもかなりの割合で人口に膾炙していたはずです。そこへ観光バスを仕立てた「代理店型マスツーリズム」が押し寄せることで、観光協会や行政も看過できない状況となり、オールタナティブとマスというふたつのツーリズムが対峙せざるをえなくなり、地域はその狭間で揺れているのです。もちろん、地域を守ってきたとりわけ高齢者でボランティア観光に従事する人たちは、来訪者が増えることはひとつの生き甲斐にも通じ、決して全面的に否定、対決(対峙ではない)しようとしているわけではないでしょう。問われるのは、地域にとっての第三者である観光の企画サイドと来訪者の質の問題であることは疑いない事実でしょう。

さて多くの文人墨客がこの向源寺やその周辺の十一面観音像の拝観を目的にしながら訪れていますが(例えば

司馬や白洲が観光客の激増問題をみたらどういう感慨を記してくれるか読んでみたいですね）、井上靖（一九〇七～一九九一）はその秀作『星と祭』において（初出は、『朝日新聞』での連載小説。一九七一（昭和四六）年五月一一日～一九七二（昭和四七）年四月一〇日）、これら湖北の農村風景と観音像をモチーフに、それらから得られる安らぎを基軸に据えながら、極めて近しい親しき人である娘を、琵琶湖の水難事故によって、わずか一七歳で亡くしたことによる悲しみとその悲哀が、少しずつ浄化されていく主人公（東京で会社経営をする架山洪太郎）の心理の過程を描いています。渡岸寺十一面観音像と初めて対峙したときの架山の感慨を井上はこう表現します。「衆生を救わずにはおかぬといった必死なもの、凛乎としたものが、その顔にも、姿にも感じられ、それが観る者に颯爽とした印象を与えるのであろう[14]」。

現在は、この寺の境内に『星と祭』の文学碑が建立されています。

写真家の石本泰博は『湖国の十一面観音』のなかで、「近江では今も観音様が人々共に生きておられる。町のお寺で、草深い山里の御堂で信仰深い人の手に守られ、厨子の扉の向こうにいらっしゃるというだけで、それは人の心を和ませる。だから本当は誰も写真など撮ってもらいたくないのかもしれない、大切なお方を写真機のファインダーからジロジロ眺めるなどとんでもない……」と[15]。

さて、井上と石本の記したことを手がかりにしながら、文明と文化、そして地域の矜持について、さらには「観るものと観られるもの」を、観光のまなざしを介しながら、渡岸寺を渡る淡海・湖北の風に吹かれながら立ち止まり、改めて考えてみるのも旅のなかのひとつの時間であり、愉楽・醍醐味ではないでしょうか。

【井口貢】

註

（1）滋賀のことを、近江とも淡海とも称しましたが、ともに大和人からみた呼称です。平城京の時代はもちろんのことですが、平安京の世となっても、「あふみ（おうみ）」とは、都からみて琵琶湖は「近つ淡海」（都に近い、淡わつ海、淡水の海）だったわけです。逆に浜名湖は（汽水湖ですが）、遠いがゆえに「遠江《とおとうみ》」と称されたことはいうまでもありません。

（2）司馬遼太郎『街道をゆく一』朝日新聞社（朝日文芸文庫）、一九七八年、九頁。

（3）司馬遼太郎『街道をゆく二』同上、一九八八年、一〇五頁。これについては、司馬が好んでみつめた伊吹山（滋賀・岐阜県境）について、「塗料をぬった伊吹山」と表現した項で表現されています。私自身のこれに関わる見解は、前拙著『くらしのなかの文化・芸術・観光』（法律文化社、二〇一四年、一七七〜一七八頁）で一定示しました。

（4）この市民運動のリードオフマンとなった川端五兵衛の著作、かわばたごへい（ママ）『まちづくりはノーサイド』（ぎょうせい、一九九一年）は恰好のテキストでしょう。私も後に川端と出会うことになるのですが、それもひとつの刺激となって『文化経済学の視座と地域再創造の諸相』（学文社、一九九八年）を著すことができました。

（5）白洲正子『近江山河抄』講談社（講談社文芸文庫）、一九九四年、九頁。

（6）白洲、同上書、一三頁。

（7）木之本は、戦国時代に織田信長・徳川家康連合軍が浅井長政・朝倉義景連合軍を「姉川の戦」（一五七〇（元亀一）年）で破ったときの主戦場となった小谷山や、信長亡き後の一五八三（天正一一）年に、羽柴（豊臣）秀吉が柴田勝家を排した「賤ケ岳の戦」の古戦場を臨むまちであり、秀吉の重臣として勝利に大きく貢献した加藤清正らは「賤ケ岳の七本槍」と称されます。本文中で記した木之本地蔵院は、その戦のときには秀吉軍の本陣として使用されました。北国街道沿い、地蔵院とは指呼の距離にある蔵元の冨田酒造は（創業四七〇年という）、後に「七本槍」という銘酒をつくり、今もその名は美酒とともに評判となっているのです。秀吉が城持ち大名として初めて城下のまちづくりを展開したまちが長浜であり（一五七三（天正一）年に、信長によって版図された）、そういう意味では木之本周辺は秀吉の最初の城下町の「楽屋裏」といえなくもないでしょう。

（8）滋賀県市町村沿革史編纂委員会編『滋賀県市町村沿革史　第五巻』第一法規出版、一九六二年、八六四頁。

（9）『財団法人江北図書館創立一〇〇周年記念式典・講演会』江北図書館、二〇〇七年、「江北図書館だより」江北図書館、第一〜七号（二〇一三〜二〇一四年）。

（10）同上掲載誌、一九頁。

(11) 蔵元の一軒は、上述した冨田酒造ですが、もう一軒は競うようにして同時期に創業されたという山路酒造です（創業四八〇年、と「桑酒」の能書きには記されています。またわが国では五番目の古さを誇る蔵元ともいわれています）。こちらの銘酒は、その「桑酒」です。この地域の伝統的地場産業として「浜ちりめん」や「琴糸」がありますが、ともに蚕を育てることからそれは始まります。作家・水上勉（一九一九〜二〇〇四）の名作のひとつ『湖の琴』（講談社、一九六六年）は、この地方が舞台となっており、「琴糸」のイメージが大きな背景にあります。さて養蚕のために必要なのが桑畑ですが、その桑の葉を活用して「桑酒」の製造が始まったといいます。その独特の甘みは、ブドウ糖を多く含み疲労回復に適した薬種としても珍重されていたようで（風邪をひいた子どもが時として処方される液体状の飲み薬に味は少し似ているというのが私の印象です）、北国街道の旅人たちはこの酒で旅の疲れをとって、木之本地蔵院に詣で旅の安全を祈願し京に上ったといわれています。まさにこれは、旅のフォークロアですね。山路酒造についてさらに付記すると、作家の島崎藤村（一八七二〜一九四三）がこの「桑酒」を愛用ししばしば東京の自宅から取り寄せていたようで、彼の書簡は今も山路家に大切に保管されています。私は小学館が発行している月刊誌の『和樂』（日本の文化を総合的に語ってくれます）を愛読しているのですが、その二〇一四年七月号に山路酒造が紹介されているのをみつけて（七五頁）、思わず心のなかで快哉を叫びました。次に二軒の書店についていうと、一軒は古くからある昭和の時代を思い起こさせるような店であり、もう一軒は町屋を活用して営業している「淡海本」のみを集めて、それに特化しているのが本文中でも記した「ますや書店」です。

(12) これらの詳細は、拙著『まちづくり・観光と地域文化の創造』（学文社、二〇〇五年）の「第二章：福祉のまちづくりに光を観る」（二四〜四六頁）を参照してください。

(13) 淡海文化を大切にする地元金融機関も、木之本のこうした取り組みに注目し、月刊の機関誌のひとつ『かけはし』（発行：滋賀銀行、企画・編集：しがぎん経済文化センター、二〇一四年六月号、一一〜一二頁）でも「町並みを守りながら、新しい力を生みだしていく」ものとして、今後の期待とともに大きくとりあげ、広く県民に紹介しています。「しがぎん経済文化センター」については、かなり以前の拙著のなかで紹介しました（井口『文化現象としての経済』学術図書出版社、一九九五年、一一〜一二頁）。県都・大津市に本店を置く滋賀銀行の関連会社として一九八四（昭和五九）年に設立され三〇年を迎えました。一貫して、淡海の芸術や文化、観光などを支えることを主要な業務として、県民からは「ケイブン」という名で親しまれています。

上掲誌以外には、『湖』（季刊）があり、『かけはし』とともに滋賀銀行各支店の窓口に無料で配布されています。『かけはし』が淡海の地域経済に関わる記述に力点が置かれているのに対して、後者は淡海の文化や観光により関心が深い読者層を惹きつけています。さらに、「ケイブン友の会」制度を設けており、会員には毎月『club keibun』という情報誌が送られてきます（実は私も永年来の会員です）。この雑誌も淡海の芸術と文化、観光に関わる情報が満載されており、音楽や文化に関わるイヴェントやコンサートなどにも特典が付加されています。文化というものは、一定の受益者負担が求められることは不可欠なのですが、それらを支える滋賀銀行のメセナ活動といってもよいのではないでしょうか（そのことは、上掲拙著でも記したとおりです）。

（14）井上靖『星と祭（上）』角川書店（角川文庫）、二〇〇七年、二七三頁。

（15）石本泰博・佐和隆研・宮本忠雄『湖国の十一面観音』岩波書店、一九八二年、一七五頁。

愛知・愛地のための観光を求めて

1　知と地を愛するということ

最終講の標題が、「愛知」で始まるものですから、愛知県の観光を中心に記述されるのかと思われるかもしれませんが、そういうわけではありません。本書の**第2講**の冒頭をもう一度確認してください。地域の観光を考えるために必要な哲学（知を愛するという行為）の原点は、地域の知（知識はもちろんでしょうが、さらに大切な知恵）を愛することです。

地域の「知（恵）」と、地域そのものである「地」を愛することを、「愛知《えいち》・愛地《えいち》」と名づけることで、観光について真摯に考えることの第一歩と捉えてほしいと思うからです。

多くのまちを歩き、多くの人たちと出会い、彼らと話をしてみるとわかってくることでしょうが、観光について真摯に考えている人ほど、地域観光における文化と経済のディレンマ（古くから大切にされてきた生活文化の継承と直近の経済的波及効果とのディレンマ）に苦慮されています。近江八幡市で「W・M・ヴォーリズ没後五〇周年事業実行委員会」の委員長で奮闘する村西耕爾氏は京都市出身で、同志社大学卒業後とある大企業に就職、そして定年後奥さまの実家のある近江八幡市に定住し、様々なボランティア活動などを通してこのまちの「愛知・愛地」を実践しています。昨年（二〇一四年六月八日）も彼のお話を伺いましたが、「本当に近江八幡が好きな通の観光客だけに来てほしい。しかし迎え入れる側は、情緒だけでは動かない。経済が循環する仕組みがないと。だけど安易な、ゆるキャラ的まちづくりはしたくない」。

まさに、文化と経済のディレンマを象徴するような、そして地域に住まい真摯に観光を考える人たちに共通するような感慨です。ただ、**第1講**で考えた「観光の本義」を踏まえるならば、まずは「情緒」が必要です。まずは「効果」とばかりそれを求めると、三年周期で「効果」のためのみの「実践」が最重要視され、観光の本来の目的でなければならないはずの、地域文化をいかに継承し、そしてさらに新たなそれをつむいでいくかということがどうしても疎かになってしまいます。観光とは本来は文明とスピードを競うものではなく、文化と重層的に重ねられた時間をつむぎ育てるべきものなのです。

私はかつて岐阜市に住んでいたことがありますが、そのころ数度お会いしたこともある稲本正氏（旧清見村、現在の飛騨市で木工工芸集団「オークビレッジ」を主宰、出身は富山県）がしばしば随所で語り、記していた言葉が印象に残ります。「私たちは一〇〇年かけて育てた木で、一〇〇年使える家具をつくりたい」。まさに観光を考えるうえでも大きなヒントとなる名言だと思います。本当の意味での「スロウな観光」とは何かということと併せ考えてみたいですね。そもそも、地域とその生活によって培われた文化というものは、決して一朝一夕、促成栽培でできたものではないのです。そして、「一〇〇年かけて育てられる」ということは、一〇〇年かけてそこに住まう人々の共感と愛着があったはずです。たとえひとりの人の人生は限られたものであったとしても、時間のなかで共有され継承された精神性は、地域のエートスとして次の世代へと受け継がれていきます。私たちが、来訪者となってあるまちを訪れたときに、そのエートスを発見し共感できることは非常に大切なことであり、そこに知の旅の醍醐味もあるのです。

換言すれば、観光とは人の心を知ることでもあるのではないでしょうか。すでに述べてきたように、柳田國男は「史心」の必要性を説きました。それは、人文科学に限らず「数学や生物学も同じ[1]」であると記しています。観光とはある意味で「総合人間科学」なので、それをとりまく自然科学的環境にも注意を払わねばならないのでしょう。そして、「史心」は「誌心」と密接な関係を持ちながら、「詩心」を必須のものとしてそれらが育まれていくものと私は思っています（本書の第2講参照）。そこで観光とは一見何ら関係がなさそうにみえる、ある数学者のあるエッセーを引用してみたいと思います。

「……その人たるゆえんはどこにあるのか。私は一にこれは人間の思いやりの感情にあると思う。……いま、たくましさはわかっても、人の心のかなしみがわかる青年がどれだけあるだろうか。人の心を知らなければ、物事をやる場合、緻密さがなく粗雑になる。粗雑というのは対象をちっとも見ないで観念的にものをいっているだけということ、つまり対象への細かい心くばりがないということだから、緻密さが欠けるのはいっさいのものが欠けることにほかならない[2]」。わが国を代表する世界的数学者であった岡潔（一九〇一～一九七八）の箴言です。彼はまさに「史心」と「詩心」「誌心」を自己のなかで鼎立させた数学者です。ゆえに、私たちは狭義の数学者というステレオタイプからは自由な感銘や感動を感じ取ることができるのです。

さて観光とは、広義にいえば自己のなかでの「フィールドワーク」です。それを生業とする研究者やその予備軍や学生、旅行作家だけのものではありません。そして、広義の「フィールドワーク」を行うときに最も大切にしなければならないことこそが、「人の心を知る」ことではないでしょうか。地域の知と地を愛する人たちのホームグラウンドに足を踏み入れる以上、その地の人たちの心を知ることができなければ、来訪者は地域の知と地を知ることなど決してできないのです。「フィールドワーク」については、後の部分でもう少し付記したいと思います。

なお補足ですが、岡のこの著作の文庫化された最新の改訂初版の「解説」のなかで、フィールド・ワーカーでもある哲学者・人類学者の中沢新一が興味深い指摘をしています。「近代数学の国際水準は、西欧を中心につくられた。その西欧型数学には「情緒が足りない」というのが、岡潔のゆるがない確信であった。ここで彼が言う「情緒」とは、数学を産み出す母体の働きをする「自然」のことにほかならない」(3)。

そもそも「情緒」とは、一見冷たくみえる数字や数学の世界だけではわかり辛い「人の情」のことです。ますます、観光を考えるときの問題意識とも通底してきませんか。さらに、中沢のこの指摘は、柳田の『遠野物語』の冒頭を飾るあまりにも著名な言辞「此書を外国に在る人々に呈す」(4)にも通じるようで興味深いですね。

2 知と地を愛する（愛した）人々と出会う

柳田は目に一丁字無き常民こそが歴史の担い手であったと考えました。観光について私たちが考えようとするときに、言葉は悪いですが、「あるまちを有名にした」人物に目を奪われがちです。上に記した近江八幡でいえば、例えばW・M・ヴォーリズ（一八八〇～一九六四）、あるいはさらに歴史を遡って豊臣秀次（一五六八～一五九五）といった具合に。もちろん彼らは間違いなく近江八幡の知と地を愛した人であったということは、否定しようもありません。

ヴォーリズや秀次についての詳細をここで記すことは、残念ながら紙幅の関係もあってできませんが、米国人英語教師として来幡したヴォーリズは、終世このまちを愛し、建築事務所の開設、近江兄弟社の起業、そして社会福祉事業や教育事業に尽力し、一柳米来留として日本に帰化、近江八幡名誉市民第一号、さらに昇天に際しては市葬によってその葬儀がなされたことからもわかるように多くの市民によって顕彰され、今も愛され続けているのではないでしょうか。秀次については、叔父であった豊臣秀吉（一五三七～一五九八）によって近江八幡に配せられ、城下のまちづくりを展開し、今もその遺構が残る「八幡掘り」はこのまちの文化的景観のひとつであり、「八幡掘りを守る会」や「秀次倶楽部」などの市民団体が、彼の遺功を偲び、思慕の念を抱き続けているのではないでしょうか（ちなみに近江八幡の水郷風景は、わが国の文化的景観の第一号に認定されています）。

また、八幡掘りを守ってきた市民の人たちによって作成された美装版の冊子『琵琶湖と人の暮らしをつなぐ八幡掘―写真にみる自然・治水・経済・再生・保全の歩み』が最近公刊されました。まさに私が**第1講**で述べてきた「観光の本義」もまたここに見出すことができる、優れた生活誌でもあると思います（一般財団法人ハートランド推進財団（尾賀康裕理事長）発行、二〇一四年）。

ところで、旅の民俗学者でもあった宮本常一（一九〇七～一九八一）は、あるとき（一九七七（昭和五二）年、「明日の足助を築く講演会」、足助町民センター）に足助町で講演を行い、次のような発言を残しています。「足助重範の歴史を調べることも大事です。それは否定しません。しかし、この土地をつくったのは百姓でしょう。この町の人でしょう。その人たちの蓄積があったから大将でおれたのでしょう。家来がいなければ大将はおれないのですよ[5]」。足助重範（一二九二～一三三二）とは、鎌倉末期にこの地を治めた武将で、足助というまちを日本史のなかで記すことになった功労者です。人々は彼を「足助神社」の主祭神としてその業績を讃え、毎年春と秋の祭りで顕彰しています。

私たちは書を読むことで、かつて知と地を愛した故人を偲ぶことができますが、その行間を通して、足助重範や豊臣秀次、あるいはヴォーリズを支えた人々のことをも思いやることが大切で、そこに地域の観光の真髄を慮らなければならないのです。

現代に生きる私たち「柳田的常民」は、まさに訪れた知の「柳田的常民」と出会い、触れあうことで切磋琢磨し、自らの愛知心と愛地心をも育むことができるのではないでしょうか。**第12講**は、「旅に出たら本屋に行くのが大好き！」というフレイズを記しました（一七七頁）。極めてスロウな商店街の一角にあるような書店は、観光を通して出会うことができる「愛知」と「愛地」の大切な場所のひとつです。さらにそれが古書店であればいうまでもありません（古書店といっても、郊外にあるようなチェーン展開のそれではなく……）。

私は第12講を「淡海文化」を基軸にして記しました。その淡海のある古書店をここで紹介してみたいと思います。店主はいわゆる「ヨソモノ・ワカモノ」です。まちを活性化する担い手として、いいふるされた観のある「ヨソモノ・ワカモノ・バカモノ・スグレモノ」という言葉がありますが、その「ヨソモノ・ワカモノ」です。もちろんこの謂い廻しにおいては、四者ともに「愛知心」と「愛地心」に富んだ人たちのことを称します。

彦根市にある「半月舎」がその古書店です。観光客も稀な中央商店街（空き店舗がかなり目立つ）の一角にあります。しかしそういう通りやあるいは、裏通りや路地にこそまちの本質が表れます。そして、そのまちをモノカルチャーとステレオタイプにはしないための商店主たちの意気込みを感じることができることも少なくありません。[6]店主は、御子柴泰子氏と上川七菜氏で、ともに彦根市にある滋賀県立大学の大学院を修了していますが、ふたりとも他府県の出身です（長野県と山形県）。この商店街の数百メートル北西には、並行するようにして走るキャッスルロードがあり、掘割を挟んで国宝彦根城を望むことができて、多くの観光客が散策します。飲食系の店舗も少なくなく、近江八幡を出自として全国的に著名となった和洋菓子店の旗艦店が、牙城のように聳えて土日祝日は行列をなすようにしてその前を観光客の車が渋滞します。中央商店街は対照的にひっそりと静まるように佇みますが、彦根市や商工会議所で構成されている彦根ＴＭＯ事業推進協議会の空き店舗活用事業「チャレンジショップひこね」などの尽力で、少しずつですが若者による雑貨などを扱うセレクトショップが生まれたり、あるいは地元和菓子店がプロデュースする本と文具のセレクトショップが誕生するなど、[7]この商店街と連なる銀座商店街や橋本商店街などに動きが起こりつつあります。またこの三つの商店街の道線上にある花しょうぶ通り商店街は早くから、地元商店主たちによってその活性化の尽力がなされていたことは改めて確認しておきたいことです。彦根の商店街の蘇生に向けた取り組みについては、滋賀県立大学や滋賀大学経済学部、聖泉大学など地元大学の学生たちも大きな力を注いできたことは否定できません。御子柴氏と上川氏はまさにそのOGであり、若い彼女たちが他の商店とは一味違う古書店を開いたことは、まちを「ランブリング（ぶらぶら歩き）」するという都市観光の愉楽に大きなアクセントを付加してくれています（開店当初の二〇一一（平成二三）年九月から二〇一四年二月までは別の商店街（京町商店街）で営業していましたが、上述の「チャレンジショップひこね」の事業を活用して現在地に移転しました。移転によって店頭に置くことができる本の数を、六〇〇冊から三〇〇〇冊に増やすことができました。まちの古民家に眠る本などもこの店で蘇っています。古書も新たな持ち主を得ることで「保存修景」され、次世代へと受け継がれていけば、それはとても価値のあることですね）。またふたりは、「ブックカフェ」という若い古書店主ならではの発想で、本を通して会話ができるような空間づくりのためのイベント企画なども視野に入れ、まちの新たな展開のための一助となることに夢を膨らませています。ホンモノのまちなか観光を求めるためには不可欠な「サードプレイス」ですね。さらに付記すると、彼女たちの母校である滋賀県立大学の印南比呂志研究室（人間文化学部）が中心となって発行している淡海地域情報誌『cococu　おうみの暮らしかたろぐ』（ママ）が、半月舎では創刊号より置いてあります。ふたりとも、今でも編集に関わっているようですが、フォークロア色満載の地域観光をフルカラーの写真とともに伝えています。

最近では、御子柴氏や上川氏たちは隣接する雑貨中心のセレクトショップ「グッドラックストア」店主の中山道正氏（大津市出身）らとともに、「はじっこ市」というマルシェを小規模ながら始め、その輪を広げていこうとしています（第一回目は、二〇一四（平成二六）年六月一四日でした。私も行きましたが多くの市民でにぎわいました。無農薬の野菜や石窯パンなどが近隣の市町の店主の協力によって販売され人気でした）。

この例からいえることは、商店街もまちも、そしてその観光も「日常性の構造」がいかに大切なのかということを教えてくれます。ここで紹介したふたつの商店街は、ともに住民が、あるいは住民も日常の買い回りができるところです。直前で、「裏通りや路地にこそまちの本質」といいました。観光客で溢れる「表通り」が、往々にして「非日常性」を訴えることでにぎわいの創出に躍起となることが少なくないのに対して、「裏通り」は「日常性」すなわち素のままの良さが（場合によって悪さも含め）現れます。それこそが、市民を惹きつける醍醐味でもあるのです。

最近、『横丁と路地を歩く』という興味深い本をみつけました。著者の小林一郎は「表通りから、一本裏通りに入ると、プライベートな世界が繰り広げられる。言葉遣いも気持ちも普段の自分に戻るのがこちらの世界である。奥まった横丁や路地には肩肘を張らずにくつろげる世界がある。……路地には、人と人とが触れ合い、肩書きを外し、肩肘を張らずに語り合える素顔の世界がある。外に向かって、一見閉鎖された社会をつくり出している分、そのなかにはコミュニティが成立しているともいえる[8]」といいます。言い得て妙ですね。そして当たり前のようですが、意外と気付かないことではないでしょうか。宮本が指摘した「足助と足助重範、そして百姓」という話ともどこかで通じてくるように思いませんか。仮に足助重範を足助町史の「表通り」としたら……。

そもそも、まちとは「設えられたテーマパーク」では決してありませんので、「非日常性の構造」のオンパレードではそこに住まう人々の心を豊かにすることなどできません。まちに積み重ねられた「日常性」こそが、自然発生的にまちをつむぎ、まちづくりの成果を重層化していく根幹となるのです。確かに気まぐれな観光客は、「設えられた非日常性」に弱く、すぐに飛びつくのかもしれませんが、それに退屈し飽きてしまうのもまた早いのではないでしょうか。より真摯な観光者を期待するならば、自らのまちにおける非日常性を表層的に構築するのではなく、自らのまちの日常性をより深いところで充実させ、来訪者にその感動を矜持とともに伝えることこそが、実は来訪者にとっての「真の非日常的体験」に他ならないのです。ひとつのまちにとっての日常性にとことんこだわり、それを媒介とした住民と来訪者との間の共感を伴った交流と共生こそが、真の意味でまちをつむぐのではないでしょうか。「ヨソモノ」の意義については、その点から考えることも可能でしょう。ちなみに、「中央商店街」では「ひこにゃん」の出没は稀有のようです。ただ気まぐれな観光客にとっては、「中央商店街」では、「なぜここには「ひこにゃん」はいないの?」と無邪気に疑問を呈する人もいるかもしれません。ステレオタイプの発想からくる素朴な誤解ですが、その誤解を解くこともまた地域観光に課せられた使命のひとつです。ただこれらのことは、すべて仮の余談としておきましょう。

3　さあ、「書を携えてまちへ出よう!」

劇作家の寺山修二(一九三五〜一九八三)の逆説的ともいえるエッセー『書を捨てよ、町へ出よう』が上梓されたのは一九六七(昭和四二)年のことでした。「アングラ(アンダーグラウンド)」という言葉が世の中を席巻し、抵抗する若者、学生運動、プロテストソング……等々が時代の文脈を次から次へと彩っていきました。そして一九六九(昭和四四)年には、東京大学の安田講堂が学生運動下に陥落し、入学試験も中止となってしまいます。

今の若い人たちは意味がわからぬままに聞いていたかもしれませんが、シンガーソングライターの浜田省吾(一九五二〜)が一九八〇(昭和五五)年にリリースした楽曲「明日なき世代」(作詞・作曲ともに浜田)の一節「六九年の夏は路上に燃え上がる幾つもの幻影(ゆめ)を見たよ」は、まさにそんな時代を彼が回想したものです。六九年当時の浜田は広島県竹原市にくらす高校生でしたが、学園紛争の嵐は地方のいわゆる進学校を中心とした高校のキャンパスにも波及していました。私が高校に入学したのは一九七一（昭和四六）年四月なので、若干の「遅れてきた青年」世代ですが、彦根という長閑な城下町の高校でも六九年の三月の卒業式では、安保粉砕と叫んで退場する卒業生が現れ、新聞各紙が「ハプニング卒業式」と報じたといいます[9]。

いきなりの閑話休題のような記述となってしまいましたが、若者の観光と旅のスタイルの変容などを、世相や彼らの価値観の側面から考えたときに、この七〇年前後という時代は学生サブカルチャーの新たな台頭とともに、大きな転換点として押さえておく必要があると思います。そのことの詳細は、また別の新たな書で記すことができればと念じています。

さて「書を携えてまちへ出よう！」と表題に記したのは、寺山の逆説をあえて捩って記したものです。私は担当するゼミの学生たちにしばしば、この言葉をフィールドワークの要諦として伝えます。

旅や観光も自己のなかにおいて行うフィールドワークであるという意のことは、すでに記しました。書だけに拘泥せずに、野に出て人と出会いその心情にまで思いを馳せることができるように心を磨き、自己を鍛えることの大切さ。一方で物見遊山的な発想のみで野に出るばかりで、書を顧みないと頭は筋肉質になるばかりで硬直してしまいます。

旅と観光、そしてフィールドワークとは心を優しくして、かつそれを鍛えるセラピーであるのかもしれません。本講ですでに引用した数学者の岡潔の箴言を今一度想起してみてください。そしてそのうえで、旅とフィールドワークの達人であった宮本常一のいう「フィールド・ワーカーの心がけ」に思いを馳せてみたいと思います。

4 宮本常一に学ぶ「フィールド・ワーカーの心がけ」

宮本の著作集の第三一巻は、『旅に学ぶ』という表題が施されています（未來社、一九八六年）。そのなかに、「調査地被害」という章を設けた宮本は、さらに項を立てて、「一　フィールド・ワーカーの心がけ」「二　人文科学が訊問科学に」「三　偏見理論がもたらすもの」「四　「調査をしてやる」という意識」「五　略奪調査の実態」として記述を展開しています。立てられた項をみただけで、私には宮本が生来のものとして有していたに違いない地域社会に対する慮りと優しさを感じます。

宮本の文章は決して難解ではありません。むしろ平易で読む者に対しての優しさに溢れています。そしてその優しさは、時として挿入される箴言にも溢れています。柳田にもそれは通底していると思いますが、柳田の文章は難解です。その理由は、両者の「来し方」がひとつの「生き末」として表れたことの差異もあるでしょうが、読者に行間を読ませるための修辞の仕方の違いもあるでしょう。さて、ふたりの文体を巡る差異についてはまたどこかでお話しすることにしましょう。

宮本に学ぶべき「心がけ」です。彼はまずこう記します。

私は、渋沢敬三というすぐれた知性人の指導をうけてフィールド・ワーカーになったため、この先覚者の言動をできるだけ忠実に守って今日にいたっている。かつて渋沢先生が、私をいましめていわれたことばが三つあった。その一つは他人に迷惑をかけないこと。第二は出しゃばらないこと、すなわちその場で、自分を必要としなくなったときは、そこにいることを周囲の人には意識させないほどにしていることである。そして第三

には他人の喜びを喜びあえること、というのがそれであった。[10]（傍線、引用者）

宮本のこの指摘の初出は、一九七二（昭和四七）年です。高度経済成長期の最晩年に、彼が回想の形をとりながら改めて伝えたかったことを、大きく変容しつつあった日本の地域社会を念頭に入れながら、その行間も含めて読み取ってみてください。

もちろんこの三つの心がけは、ひとりフィールド・ワーカーだけのものではありません。人の生き方、人生そのものにも通じるのではないでしょうか。調査される側（あまり良い表現ではないかもしれませんが）は、調査されることを念頭に生きてきたわけでは決してありません。様々な局面で、いわば人生をかけて生きてきた、代替できない人格の証なのです。他者のそうした人生に敬意を払うことができるか否か、それが調査する側の生命線であり、良きにつけ悪しきにつけ、調査する側の人生そのもの、あるいは人格の来し方生き末を語ることにもなるのではないでしょうか。

宮本は、「調査というのは地元から何かを奪って来るのだから、必ずなんらかのお返しをする気持ちはほしいものだ」[11]と渋沢にいわれたといいます。その意味も併せ考えてみましょう。

そして、「人文科学が訊問科学に」なってしまうことを強く戒めた宮本の心根は、岡潔のいう「思いやり」や中沢新一が解説を施した「情緒」にも通じるところがあります。宮本は「人文科学……」といいますが、「社会科学」においてもそれは同様、あるいは「人文科学」以上に心しないと、「社会科学」はより一層「思いやり」と「情緒」を喪失しやすいものに堕してしまいます。「限界集落」や「後期高齢者」といった言辞を想起してみてください。

観光とは、あるいはそのフィールドワークとは、「人文科学」と「社会科学」、さらには「自然科学」の境界領域を、もちろん良い意味で渉猟することを術とするものです。そしてその多様な領域のなかで、それぞれを「専門」としている（してきた）多様な人々との対話を大切にしなければならないのです。

調査する者の方が、される者よりは偉いという感覚がどこかにある。官僚意識というのは、官僚だけが持っているのではなく、すべての人の中にひそんでいるのです。……古老が問いつめられて、答えようのなくなっているのに、「こうだろう、ああだろう」としつこく聞いているフォクロリストもあったようです、「あれでは人文科学ではなくて訊問科学だ」といっていた人もあった。……調査者は、それぞれテーマを持って調査するのは当然であるが、しかし相手を自分の方に向かせようとすることのみに懸命にならないで、相手の立場に立って物を見、そして考えるべきではないかと思う。[12]

フィールドワークが「訊問科学」となってしまうと、当然ですが意識は「調査してやっている」というものになってしまいます。俗にいう「上から目線」です。こうした「上から目線」や「訊問」的な対話は、地域のなかにおける他者としてのフィールド・ワーカーからだけに限ったわけではなく、地域内における住民と住民との「まちづくり議論やワークショップ」のなかにおいても「相手を自分の方に向かせよう」とするあまりに、ときとして存在するのかもしれません。フィールド調査もまちづくり談義も、そうなってしまうと思考は停止してしまうということを忘れてはいけませんね。

宮本から学ぶフィールドワークの要諦について、さらに彼の言説を援用しながらまとめたいと思います。

調査の目的はいろいろあるにせよ、地元の人たちのことを心から案じてなされる調査は、意外なほど少ないようである。もとより調査は、相手にこびるものではないから、調査に対する正しい批判はなされなければならない。そしてそのことが、地元の人が立腹したとてやむを得ない。しかしそういうことは少なく、むしろ事実の曲げられることを地元の人は多く恐れている。……調査は地元のためにならないで、かえって中央の力を少しずつ強めていく作用をしている場合が多く、しかも地元民の人のよさを利用し略奪するものが意外なほど多い(13)。

実は、賢明な読者諸氏には、もうこれ以上多くを語る必要はないのかもしれません。フィールドワークとは、自己の学術的立身出世のみを目的として行うのではないということ、たとえ結果としてその僥倖が訪れたとみえたとしても、「最初から立身出世のみありき」では、実は「結果としての僥倖」も本当は望めないのではないでしょうか。度々の前拙著ですが、『くらしのなかの文化・芸術・観光―カフェでくつろぎ、まちつむぎ』（法律文化社、二〇一四年）で私は、西田幾多郎（一八七〇～一九四五）の思想を着想のヒントにして、金沢と京都の観光を比較しました。その西田哲学がいうところの「純粋経験」なくしては、フィールドワークの真実もありえないのではないかと思います。宮本が求めたフィールドワークの本質も「純粋経験」への希求にあったのではないかということを銘記したいと思います（同じく前拙著で記した「観光結果論」（一一三～一一七頁）も参照してください。これについては、前金沢市長であった山出保の発言からヒントを得て、ポジティブな意味での「結果論」として私が捉えたものです(14)）。

みなさんや私たちのフィールドワークが、仮に細《ささ》やかなものであったとしても、地域社会にとっては何らかの形で、結果としての大きな幸せにつなげていくことができるためにも。

【井口貢】

註

（1）柳田國男『日本の祭』角川学芸出版（角川ソフィア文庫）、二〇一三年、一〇頁。

（2）岡潔『春宵十話』角川学芸出版（角川ソフィア文庫）、二〇一四年、一〇～一二頁（初出：一九六三（昭和三八）年）。

（3）中沢新一「解説」前掲書、一九七頁。

（4）柳田國男『遠野物語』（『柳田國男全集2』所収）筑摩書房、一九九七年、七頁。

（5）宮本常一「民衆の知恵と力を集めよう」『宮本常一講演選集5　旅と観光』農文協、二〇一四年、二七頁。

（6）宮本は前掲書のなかで、「あの娘おしろい付けて、耳のうしろに垢ためて」というたとえ話を引きながら、「見た目にはきれいだが、大事なところは汚くしているような」ことを手厳しく指摘しています（二五頁）。まちにとって、路地や裏通りの大切さを鑑みなければなりませんね。私の好きなまちのひとつでもある金沢ですが、「ひがし茶屋街」といえばガイドブックに出てくるような観光写真は、あの有名なお茶屋が並ぶメイン通りです。しかしその縦横に張り巡らされた路地があるからこそメイン通りもまた輝いてみえるのです。また浅野川に沿ったこのエリアの一角には、「あうん堂」という古書店・カフェがあるのもまたまちに味わいを与えています。

（7）このセレクトショップは、「&《アンド》 Anne《アン》」といいますが、前拙著『くらしのなかの文化・芸術・観光』ですでに紹介しました（法律文化社、二〇一四年、七三～七四頁）。ちなみに店名の由来は、和菓子店だけに「餡《あん》」をもじったということです。

（8）小林一郎『横丁と路地を歩く』柏書房、二〇一四年、三一～六頁。

（9）彦根東高等学校校史編纂委員会編『彦根東高百二十年史』滋賀県立彦根東高等学校創立百二十周年記念事業実行委員会発行、一九九六年、八九四頁。

（10）宮本常一『旅にまなぶ』（『宮本常一著作集31』所収）未來社、一九八六年、一〇九頁。

（11）宮本、同上書、一一〇頁。

（12）宮本、同上書、一一二～一一四頁。

（13）宮本、同上書、一二六～一三一頁。

（14）私がヒントを得た山出の発言というのは、地元金沢のタウン誌『學都』第五号（都市環境マネジメント研究所、二〇〇三年、二四頁）内でみつけたものです。彼は、金沢が観光都市と呼ばれることについて、一定の拒否をもって臨みます。観光都市という言葉は、そのイメージで捉えると、どうしても「集客にたけた街で……深みを求めようとする真摯性さがない」ものと映るからであり、「観光都市というのは結果であって、目標であっては」いけないというのが彼の主張するところであったのです。彼は、金沢を「学術文化都市と言って欲しい……学術文化を目標にして、それに触れたくて」、人々がたくさん訪れ、その結果としてにぎわいを重ねてきたまちであると、矜持の念を込めて語ったのです。彼はその後『金沢の気骨 文化でまちづくり』という作品を著すことになります（北國新聞社、二〇一三年）。またその翌年には岩波書店（岩波新書）から、『金沢を歩く』を上梓しています。

柳田國男とその学問を識《し》るために

日本の民俗学を創始し、すぐれた社会政策学者としても知られる柳田國男（一八七五〜一九六二）は自身のことを生涯旅人として送ったような人間であると評しています。農政に通じた官僚として各地を旅し、旅先でなにを思い、どのようなことを学んだのか、柳田がめざした農業政策はどのようなものであったのか。まず、そのことから説き起こし、民俗学を確立するまでを概説することで、柳田の学問が福祉とどのようにつながり、「結果としての観光」論へと展開させることができるのか、ここではそうしたことを考えてみたいと思います。

官僚としての旅

柳田國男の旅には二つのタイプがあるといわれます。ひとつは官僚としての旅、もうひとつは官僚を辞めてからの自由気ままな旅です。(1)

柳田は明治三三（一九〇〇）年七月に東京帝国大学法科大学政治科を卒業して農商務省農務局へ入ります。同三五年二月、法制局参事官に転じ、宮内書記官や内閣書記官記録課長、法制局書記官を兼任し、大正三（一九一四）年四月に貴族院書記官長となり、同八年一二月にわけあって退官します。この一九年六か月の役人生活において、視察旅行や講演旅行などで全国各地をまわり、帰りは往路とは別の行路で用向きを終えたあとの旅を楽しんでいます。これが官僚としての旅です。

その頃のことを柳田はつぎのように回想しています。〈柳田國男の文章を引用するにあたり、現代人に最も読みやすいであろう『柳田國男全集』〈全三二巻〉ちくま文庫版を基本とし、そこに収録されていない著述は『定本柳田國男集』〈全三六巻〉筑摩書房版から取ることにしました。そして前者を『文庫』、後者を『定本』と表記しています。なお、『定本』は歴史的仮名づかいにくわえて旧字体の漢字を採用しており、ここでは読みやすくするため現代仮名づかいと新字体の漢字に改めるとともに、『文庫』にならって一部の漢字を仮名に変えています。ただし、そうすることで原文の趣がそこなわれると判断した場合は、原文通りにしています。）

三十三年に役所に入り、三十五年にはもう法制局へ連れこまれてしまったから農商務省には二年足らずしかいなかったが、この間は主に田舎を歩いたわけである。そのころは官民の政治争いがひどくて、国会の解散ばかりがつづいた。そんな時に農政局なんて役所は何の用もなくなる。「どこかへ行って来ないか、旅費はあるぜ」というわけで、中にはちょっとでもいいから外国へ行く者などもあったが、私は専ら国内を歩くことにしていた。その後、法制局でもいっしょだった上山満之進という人が山林局長になっていたので、いつでも私を後援して、山林問題が起きるごとに私を出張させてくれた。なかなか頑固な人だったが、気持は柔かい人で、いわず語らずの間によほど私を助けてくれた。山林のある所を、日本中どこでも歩くことができたのはありがたいことであった。

（「故郷七十年」『定本』別巻3、二五六頁）

柳田の言を借りると、当時の農商務省農務局は国会の解散がつづくとほとんど仕事がなかったので、そうしたときにある程度は自由に官費での出張ができたということです。年譜には「明治三十四年二月一日から一週間、群馬県西南部の前橋、桐生、伊勢崎、碓氷および勢多郡下の製糸会社を視察旅行。官吏としての最初の旅行。（略）十月～十一月、約四十日間にわたって木曽以外の信州各郡下を、産業組合、農会について講演旅行[2]」とあります。また「柳田國男自伝」には「明治三十三年に法学士というものになってから、すぐに農商務省に入って田舎をあるく役人になった。三十四年には春と冬と二度、関東と中部とをかなり長く旅している。それから十年余りは無理をしてまでも出あるいた[3]」と記されています。

柳田は入省後も大学院に籍をおき[4]、本務の傍ら早稲田大学や専修学校（のちの専修大学）で農政学を講ずる新進気鋭の農政学者でした[5]。法制局へ移ってからも全国農事会幹事、大日本産業組合中央会講師、報徳会評議員、大日本農会農芸委員をつとめ農業団体との関係をたもっていたことから、あいかわらず農事に係る講演旅行や視察旅行へ出かけており、農商務省の嘱託として出張を命ぜられることもありました。

異動先の法制局も「議会が幾度か解散せられると、審議立案の事務はたちまち進行を中止する。（略）しばらく閑散の日の続くことも稀でなかった。用のない時には我々は読書をした。もしくは調査と称して数旬の旅行をした[6]」ようですから、幼少期から大の読書家であり、一七、八歳のときから旅行が好きであったという柳田にとって法制局も魅力ある職場だったに違いありません[7]。明治三八年は「旅行で自宅に不在の日数が九十四日に及ん[8]」でいました。ところが、この大好きな旅行がやがて自らを辞職へと追い込むことになるのです。

農政学から郷土研究へ

明治四三（一九一〇）年に柳田は聚精堂から三冊の書物を刊行します。一冊は有名な『遠野物語』（六月）、あとの二冊は『石神問答』（五月）と『時代ト農政』（一二月）です。『時代ト農政』は詳細な講演草稿をもとに編まれた論文集であり[9]、これはのちに柳田が得意とする出版スタイルなのですが、いわばその先駆けというべきものです。本書には、どうすれば小作農民の生活向上をはかることができるのかという、当時はだれも関心をよせなかった課題に対して柳田独自の政策が示されています。社会政策学（農業政策学）を学び、官僚として一〇年のあいだ現実的課題（農業政策）と真摯に向き合った柳田農政学の到達点のひとつです[10]。そして当時は「農政学に専念する決心をしていた」のです[11]。

ちょうどそのころの明治四三年一二月四日、柳田は新渡戸稲造（一八六二〜一九三三）らとともに「郷土会」を設立します。その数年前から自邸で「郷土研究会」という集まりを催しており[12]、新渡戸のところでも同じような会を行なっていたことから、両方の会に出席していた石黒忠篤（一八八四〜一九六〇、農林官僚・政治家）もしくは小田内通敏（一八七五〜一九五四、地理学者）が橋渡しをして[13]、新渡戸邸での研究会へ合流したのです。郷土会のメンバーは新渡戸、柳田、石黒、小田内のほかに、有馬頼寧、小野武夫、木村修三、草野真助、那須皓、牧口常三郎、正木助次郎、三宅驥一らがいました。例会は会員各自の旅行の報告が話題のもとであり、郷土研究会からのメンバーが中心的役割をはたしていました。この郷土会は柳田をして「郷土研究を出す母胎[14]」になったと言わしめています。

民俗学の専門月刊誌『郷土研究』は大正二（一九一三）年三月に創刊されました。郷土会のメンバーだった高木敏雄が編集校正、柳田が出版費用を工面するという役割分担でスタートしたのですが、翌三年四月には高木が編集から手を引くことになり、以後第二巻三号から休刊する第四巻一二号（大正六年三月）まで柳田が編集を含む出版事務の一切を担当していました。そのときのことを「年譜」は「官舎を編集所にして夜は『郷土研究』の論文執筆と編集に没頭する。岡村千秋が毎週土曜日に来て手伝う。雑誌発送も官舎よりする[15]」と記しています。柳田は「意地も手伝って私が一人でこれを支えたのだが、どうやら四年間は中《うち》でたった一月《ひとつき》、御大礼《ごたいれい》のあった月を休んだばかりで、発行日も一週間とおくれると、腹が立って睡《ねむ》られぬほど騒いだ。人には内緒だったが官舎の二階で校正もすれば発送の宛名をさえ書いた。時には原稿に手を入れて行数の勘定がしにくいので、大部分をわが手で書き写したこともある[16]」と回想しています。

柳田は生涯を通して多作だったのですが、大正二年から執筆量は一気に増え、そのほとんどが『郷土研究』に掲載するための原稿でした。論文・小篇・資料及び報告のほか、毎号の紙上問答や雑報及び批評、小通信なども執筆していたのですから、並大抵のことではありません。とりわけ休刊を宣言した第四巻一二号に掲載された一四本の論文はすべて柳田の執筆によるものでした。

『郷土研究』が単独体制となった大正三年は柳田が不惑を迎えた年であり、四月には貴族院書記官長という顕職に就き、翌四年五月は長男為正の誕生という公私ともに充実した時期でした。しかしいくら気力が充溢していたからといって、あるいは意地が手伝ったとしても、公務にくわえての原稿執筆、さらに編集・校正・発送などの煩わしい事務作業は生半な気持ちで続けられるものではありません。心身ともに柳田をつき動かしていたなにものかがあったはずです。

私は『時代ト農政』の序文にあたる「開白」に記されたつぎの文章がヒントになるのではないかと思っています。

私の意見に対する反対論を目で見たのは生まれてからただ一度ですが耳では折々聞きました。もっともそれもきわめて断片的にです。いずれの点を指してだかは知りませんが、どうも柳田の説は変だと駒場の専門家が言われました。また某県の良《りょう》二千石もあの男の言うことは分らぬと断定せられたそうであります。かくのごとき噂《うわさ》を承りますとあるいは実際自分の観察の仕方が悪いのではないかとひどく気の弱くなることもありますが、いやいやそんな事で国のための研究が続けて行かれるのか。（略）是非を百年の後昆《こうこん》に問おうと思いまして今回のごとき企てをしたのであります。（略）人間はどのくらいまで精励刻苦すれば時代を作ったり時代を動かしたりする大人格となれるものか、我々凡人にはほとんとこれを推測することさえできませぬ。

（「時代ト農政」『文庫』29、一三一〜一四頁）

ここにあるように柳田の農業政策は当時の関係者に受け入れられなかったのです。しかし屈することなく、自分の政策が正しいことを信じて、後の世の人に是非を問うため『時代ト農政』を出版したのです。

その柳田の政策課題は、さきほど述べたように小作農民の経済的向上をはかることにおかれていました。早稲田大学の講義録として刊行された『農政学』では「国民総体の幸福を進む[17]」と表現しています。この「国民総体の幸福」の実現こそが生涯を通しての政策理念だったのです。それに対する柳田の政策のひとつが農業経営の資本主義化であり、農業のあるべき姿として、職業としての農業、企業としての農業を提言したのです。

農業経営の資本主義化をはかるには農民一人ひとりに資本が必要です。しかし小作農民は担保とすべき物件（農地）をもたないので金融機関から融資をうけることができません。柳田は最初の単行本『最新産業組合通解』（大日本実業学会、明治三五年一一月）自序の末尾に「小作農のごとき自己の勤勉と正直との他には、信用の根拠とすべきものなき者はほとんと皆共同事業の便益に均霑《きんてん》するあたわざるがごとし。（略）銀行をも会社をも利用することあたわざる者に、別種の方面より生活改良の手段を得せしむるにあることは、本文処々に細叙するところのごとし[18]」と記しています。ここでいう共同事業は産業組合をさしているのですが、柳田は産業組合のひとつである信用組合が小作農民の勤勉と正直を担保に融資を行なうこと（対人信用）で資本主義化の第一歩が踏み出せるのだと主張します。

また明治三五年から三六年にかけて専修学校講義録として執筆した『農業政策学[19]』は第七章に「職業トシテノ農業」をおき、そこにつぎのような一節があります。

> 現在ノ状態ニ於テ日本ノ農ハ全然職業ナリト云ウコトヲ得ズ。（略）即チ農業モ工業、鉱業其ノ他ノ職業ト併立対等ノ地位ヲ占メ従イテ其ノ経営方法ノ如キモ亦一般職業ノ経営ト其ノ根本ノ法則ヲ共ニスベキナリ。此ノ法則ハ手軽ニ言エバ安ク作リ高ク売リ沢山ニ儲《モウ》ケルコトナリ。或イハ企業トイウ語ヲ以テ農業以外ノ職業ニノミ限ルモノノ如ク考ウルモ明ラカニ誤リナリ。企業ト言ウハ各自ノ器量才覚次第、成ルベク多額ノ純益ヲ求ムルコトニ他ナラズ、農業トテモ此ノ外ニ立ツベキ理ナキナリ。
>
> （「農業政策学」『文庫』30、四五五〜四五六頁）

すなわち、農業も工業や鉱業あるいはその他の職業と同じように安く作り高く売り、利益の向上につとめるべきことを説き、職業としての農業、企業としての農業を推奨するのです。

そして明治三七年の「中農養成策」では「我国農戸の全部をして少くも二町歩以上の田畑を持たしめたし[20]」と述べています。職業としての農業、企業としての農業を実現するためには、二町歩（三千坪）以上の農地を持つ中農の養成が必須であるとし、産業組合もその手段のひとつであることを説くのです。

さらに小作料の金納化を提案します。これは柳田にいわせると、小作農の経営を独立させ、植付けから刈取りにいたるまでの労働だけでなく、すべての農業経営を一括して小作人に委ねることであり、いうなれば「労苦と才智によって生ずる利益を全部小作人に自ら獲得せしむる」[21]ということなのです。『時代ト農政』にはこうした主張が凝縮されていました。

ところで、自伝にしたがえば『時代ト農政』を出版したころまで、無理をしてでも出あるいていたことになるのですが、二年前の明治四一年には五月二四日から八月二二日までの約三か月の行程で九州旅行に出かけています。六月一二日には熊本県会議事堂で「農界の危機」を講演し、二〇日に鹿児島報徳会で講演をしたあと鹿児島県下を巡回して、七月一三日に宮崎県椎葉村へ入ります。椎葉村には一週間滞在して狩りの話を聞き、それが『後狩詞記《のちのかりことばのき》』（明治四二年三月、自家出版）に結実したのです。そのことがきっかけとなって日本の特徴である山村について考えるようになり、また山の神の信仰が日本の文化に与えた影響の大きさを説くようになります。こうした学問的流れから郷土研究へとつながり、以後柳田は急速に民俗学研究へと傾斜していきます。この明治四一年の九州旅行が柳田國男の民俗学の出発点だったのです[22]。

国民総体の生活誌としての郷土研究

柳田にとって郷土研究とは何だったのか、そして雑誌『郷土研究』ではなにをしようとしていたのか、つぎにそのことを考えてみたいと思います。

郷土研究にかんする柳田の代表的な論述は『郷土誌論』（郷土研究社、大正一一年三月）、『青年と学問』（日本青年館、昭和三年四月）、『郷土生活の研究法』（刀江書院、昭和一〇年八月）、『国史と民俗学』（六人社、昭和一九年三月）に収められています。これらはいずれも柳田の代表的な著書です。

『郷土誌論』に収録された「郷土誌編纂者の用意」（初出は『郷土研究』第二巻七号、大正三年九月）では、

> 私などは日本には平民の歴史はないと思っております。いずれの国でも年代記はもとより事変だけの記録です。これへ貴人と英傑の列伝を組み合せたようなものが言わば昔の歴史ではありませんか。（略）実際多数の平民の記録は粗末に取り扱われて来ました。『絵本太閤記《たいこうき》』などの絵を見ても、旗持の後や馬の陰などに、無数のへの字が積み重なっているのは、あれがいわゆる雑兵《ぞうひょう》の陣笠《じんがさ》であります。雑兵と言っても在所《ざいしょ》へ還《かえ》れば槍《やり》一筋の家柄で、子孫があればきっと名主などを勧め、学問もすれば人をもよく世話し、

新時代になっては代議士や県会議員なども、多くはその家から出ますのに、右のごとき冷遇を受けていたのであります。（略）平和時代の名所図会などに、あるいは両国の川開きとか、祇園天満《ぎおんてんま》の祭礼の図とかを見ると、小さな円の中に眼と口とだけを書いてこれを見物と名づけ、そのまた後には無数の丸薬のようなものを一面に並べて、これを群衆などというのであります。ほとんど人格をも人情をも無視した態度ではありませんか。この不心得はひとり物を知らぬ画工のみでありませぬ。歴史家の有する「民」の概念もつねにこれでありました。

（「郷土誌論」『文庫』27、一六～一七頁）

と述べています。

『絵本太閤記』や近世の名所図会、あるいは両国の川開きとか祇園天満の祭礼図に描かれた雑兵や群衆を引き合いに出して、従来の歴史学（文献史学）への痛烈な批判を展開していました。こうしたものの見方、考え方は柳田独特の歴史観であり、その形成には幼いころからの乱読と青年期からの旅が少なからぬ影響を与えていたのです。

『青年と学問』に収められた「郷土研究ということ」（大正一四年一〇月一七日から一九日にかけて長野県埴科《はにしな》郡教育界で行なった講演「郷土研究の目的」の草稿）では、郷土研究を「民族固有の思想と信仰と感情、これらのものから生れて来る国の歴史の特殊性の研究(23)」と表現し、「誤解を避けるために、なるべく歴史という字を用いまいとしている。『歴史』には不幸にしてもう固定した意味があるからである。そこで国民生活誌とでもいったらよかろうかと思っている(24)」と述べています。ここでは郷土研究を国民生活誌と言いかえています。それ以前のことになりますが、大正三年に『郷土研究』の編集方針をめぐり南方熊楠（一八六七～一九四一）と対立した際には、適切な邦語がなかったのでルーラルエコノミーを用いたけれども、それは地方《じかた》経済学ではなく、農村生活誌くらいの意味だったと弁明しています(25)。また、昭和に入ってからの「郷土研究と郷土教育」（初出『郷土教育』27号、昭和八年一月。『国史と民俗学』所収）では「国民総体の生活誌(26)」とも言っています。農村生活誌、国民生活誌、国民総体の生活誌のいずれも同じ謂《いい》であるわけですが、柳田は「国民総体の幸福」の実現を終生変わらぬ課題としていたのですから、ここでは郷土研究を「国民総体の生活誌」としておきたいと思います。

南方との論争では、『郷土研究』は「政策方針や事業適否の論から立離れて、単に状況の記述闡明《せんめい》のみ」としたいこと、くわえてこれまでは「平民はいかに生活するか」または「いかに生活し来ったか」を記憶して世論の前提を確実にするものがなかったので、「それを『郷土研究』がやるのです。たとえ何々学の定義に合わずとも、多分後代これを定義する新しい学問がこの日本に起ることになりましょう(27)」とも述べていました。『郷土研究』では政策論争と一線を画し、政策立案の基礎となる資料の集積を専らにすること、および『郷土研究』にかけるなみなみならぬ意気込みが開陳されていました。そしてこの『郷土研究』が民俗学の礎を築いたことを思うと、柳田の言が讖を成したことも明らかです。『時代ト農政』に収録された「農業経済と村是」（明治四二年七月に開催された内務省主催の第一回地方改良事業講習会での講演）において「私が学問学問とえらそうに申しますのは横には国の全部、縦には過去と未来とを包含した総括的の研究をいうのであります(28)」と言明しています。柳田は自身がいうところの学問を『郷土研究』誌上で実践し、その成果をもって「国民総体の幸福」の実現をはかろうとしたのだと考えられます。

『郷土生活の研究法』は柳田の学問を理解するうえで最適の入門書です。本書は昭和六年春の全国社会事業指導者大会での講演「郷土研究とは何か」を序文とし、同年八月に伊勢の神宮皇学館で開催された夏期講習会の講演速記録を加筆した小冊子『郷土史研究の方法』（昭和七年三月）を前編におき、後編は昭和七年一一月二六日から翌年の三月一日まで都合六回にわたって自邸で行なった講義にくわえ、ほぼ同時期の東京帝国大学農学部での講義内容を小林正熊がまとめたものです。

序文にあたる「郷土研究とは何か」（昭和六年春の全国社会事業指導者大会での講演草稿）ではつぎのように述べています。

> 郷土研究の第一義は、手短かに言うならば平民の過去を知ることである。社会眼前の実生活に横たわる疑問で、これまでいろいろと試みていまだ釈《と》き得たりと思われぬものを、この方面の知識によって、もしやある程度までは理解することができはしないかという、まったく新しい一つの試みである。平民の今までに通って来た路を知るということは、我々平民から言えば自ら知ることであり、すなわち反省である。（略）平民の歴史は、実際に書いて残されたものがはなはだ少ない。（略）日本は地方的に久しくいろいろの異なる暮らし方をしていた国だが、これまで政治家などの頭にある村なり農家なりは、各人めいめいの限られたる見聞によって、一つの型をこしらえて、それが全国を代表するように思っているのである。千差万別賢愚貧富の錯綜《さくそう》した今日の社会相は、そんな穀物の粒のような揃《そろ》ったものの中から生れていないはずである。（略）平民史の攻究は、平民の強い自然の要求であり、いつかは与えずにおられぬ学問である。（略）こういうもの（採集記録・民間伝

承）を残された証拠として考えて行けば、行く行くは無記録地域の無記録住民のためにも、新たなる歴史が現出して来るということ、これが私たちのぜひとも世に広めたいと思っている郷土研究の新たなる希望である。
（「郷土生活の研究法」『文庫』28、一〇～一六頁。カッコ内は岩崎補）

講演の聴衆は主として地方の教育者、または指導階級の人々であり、内容は郷土研究の社会的意義を説くものでした。平民の過去を知ることで社会眼前の実生活に横たわる疑問のいくつかは説くことができるのではないかとし、平民たちにとってその過去を明らかにすることは後述する自己内省であり、また地域性の確立や無記録地域の無記録住民の生存の証を示すことになると説いています。

　個人として活動した記録がないから、への字や丸薬のような没個性的に描かれるのであって、よるべき資料を採集記録、すなわち民間伝承に求めれば、日常生活にともなうありきたりの行為も一人ひとりの活動が軸となって現在につながっていることが理解され、そこから新たな歴史を展開し、名もなき平民に人格を与えようとしたことがうかがえます。それは今日いうところの人権につながります。こうした柳田の思想的背景は、文化は継続しているのであり、今ある文化の中に前代の生活が含まれるという歴史認識です。

『郷土生活の研究法』の前編は「郷土研究とは何か」のほかに、「郷土研究と文書史料」「資料の採集」「諸外国の民俗研究」「わが国郷土研究の沿革」「新たなる国学」という五本の論文で構成されています。「郷土研究と文書史料」では「自己内部の省察」という小見出しを立て、つぎのように述べています。

我々の学問は結局世のため人のためでなくてはならない。すなわち人間生活の未来を幸福に導くための現在の知識であり、現代の不思議を疑ってみて、それを解決させるために過去の知識を必要とするのである。（略）そのための採集は、いわばそれらの不可解な事実を精確に記録し表現することであるが、それが表面の事実ならとにかく、郷土人の心の奥の機微は、外から見たり聞いたりしたのではとうてい分りようもなく、結局彼等自身の自意識に俟《ま》つよりほかに仕方ないのである。つまりは我々の採集は兼ねてまた、郷土人自身の自己内部の省察でもあったのである。
（「郷土生活の研究法」『文庫』28、三〇～三一頁）

さらに「新たなる国学」では「利他平等」「目標は現実疑問の解答に」「自ら知らんとする願望」などの中見出しを掲げ、とくに「自ら知らんとする願望」には「学問の実用」

「眼前の疑問への解答」「学問救世」などの小見出しを設けていました。「学問の実用」では「私たちは学問が実用の僕《しもべ》となることを恥としていない[29]」と述べ、「眼前の疑問への解答」では農民の貧困問題が根本的な眼前の疑問であるとし、それを「何ゆえに農民は貧なりや[30]」と表現しました。また「学問救世」では「人が自ら知らんとする願い」に答えることが学問による救世の基本であると述べています。柳田の学問が経世済民の学であると評される所以です。

『国史と民俗学』は終戦の前年に「民俗選書」七として刊行されています。そこに収録された「郷土研究と郷土教育」（初出は『郷土教育』27号、昭和八年一月）には郷土研究の重要な理念が示されています。それは「我々は郷土を研究の対象としていたのではなかった。（略）郷土を研究しようとしたのでなく、郷土であるものを研究しようとしていたのであった。その『あるもの』とは何であるかと言えば、日本人の生活、ことにこの民族の一団としての過去の経歴であった。それを各自の郷土において、もしくは郷土人の意識感覚を透《とお》して、新たに学び識《し》ろうとするのが我々どもの計画であった[31]」ということです。この「郷土を研究しようとしたのでなく、郷土であるものを研究しようとしていた」は柳田の郷土研究、もしくは柳田の民俗学を語るさいに必ず引用されるフレーズです。そして、そのあるものとは「日本人の生活、ことにこの民族の一団としての過去の経歴」であることから、「郷土研究と郷土教育」では郷土研究を「新しい史学」と表現し、「過去に対する人間の疑問である以上、史学の領分でないとは言えまい[32]」と言明したのです。

柳田は郷土研究・民俗学が歴史（科）学の範疇に含まれる学問であることを折に触れ言及しています。たとえば喜寿を迎えた昭和二六（一九五一）年二月、『世界』62号に掲載された「私の信条」ではつぎのように語っています。

> 「どうして日本はこうなったか」、「何ゆえに眼前我々が思い悩むごとき、烈しい世相のくさぐさは出現したのか」（略）因由はすべて今日以前にあり、しかも主としてこの国土の中に求むべきだとなると、誰が何と言おうともこれは日本の歴史であり、もしそんな史学は今まではなかったという人があるならば、新たにそれが生れるのだ、自分たちがやってみるのだと、事実によって答えるの他はあるまいと思った。
>
> （「ささやかなる昔」『文庫』31、五八六頁）

柳田は「史学と世相解説」（初出『国史回顧会紀要』第27号、昭和一〇年一〇月。『国史と民俗学』所収）において、「昔の事実を知りたいという念慮、もっと自分自分と関係のある事を、できるだけ詳しく知りたいという向学心」を「史心」と呼び[33]、その普及と長養が義務教育における歴史教育の主要方針であったと所述します。また「史心」に基づく疑問に答える能力を「史力」と名づけています。そして、近代以降の歴史教育のおかげで日本人としてぜひ知っておかなければならぬ事蹟と史心を身につけることができたのだから、この上は「めいめいどもの小さな疑問」、「きわめて貧しい者、昔ならば数にも足らぬといわれた人々」の暮らしぶりをあきらかにする史力がこれからの歴史教育にぜひとも必要であることを説き、「新しい史学」によってその実現をはかろうとしたのです。いつの世においても国民の大多数をしめる民衆の歴史、ごくありふれたどこにでもあるような村の歴史の解明、このような国民の史心に答える歴史が民間伝承を主たる資料とする「新しい史学」だったのです。

この「新しい史学」はさきに述べたように自己内省、経世済民という性格を与えられていたのですが、もうひとつ現代科学としての側面も併せもっていました。「現代科学ということ」(民俗学研究所編『民俗学新講』明世堂書店、昭和二二年一〇月)において「民俗学を古い昔の世の穿鑿《せんさく》から足を洗わせること、すなわちこれを現代科学の一つにしなければならぬ[34]」と言っています。これは昭和一二年五月三日から七日にかけて東北帝国大学で行なった講義の折に開陳したことなのですが、「現代科学ということ」ではつづけて「史学もまた現代科学であるということは、すでに幾人かの学者によって提唱せられているが、それを一世の通説とするためにも、私はまず民俗学がそうなっていて、これを扶《たす》けなければならぬと思ったのである[35]」と述べています。「史学と世相解説」においても「国史を今日よりもなおいっそう実際の学問に作りなおすことが、国家の急務である[36]」としていました。国史を作りなおすとは、実用の学問にするということです。経世済民と学問救世が柳田の学問の根本理念であり、「郷土研究と郷土教育」では「人生に弘く用立たぬものは学問でないとさえ考えているのである[37]」とし、歴史学や民俗学はいうにおよばず、およそ人間に関係する学問は実学たるべしと思考していたのです。

歴史学は過去の偉人や英傑を顕彰するための学問ではありません。民俗学もおばあちゃんの智恵袋のような学問ではありません。歴史学が歴史を検証し、民俗学が前代日本人の暮らしぶりを究明するのは、今日と明日を生きる私たちがより良い未来を築くためなのです。その実現のためには、われわれのおかれている現状を客観的かつ批判的に分析し、その結果浮かび上がってきた現在の疑問、現在の問題について、なぜそうなっているのか、あるいはなってしまったのか、その原因を明らかにします。そしてより良い未来を生きるためにはどうすればよいのかを考えるのです。そのさい事変や事件などの不幸な歴史とともに穏やかな日々を過ごしていた、いうなれば幸せを感じていた歴史をも考えなおす必要のあることを柳田は説いています。過去において右か左か、方途に思い悩むこともあったでしょう。右を選択した結果が現在の問題を引き起こしているのであれば、よくいわれるように歴史は繰り返すのですから、将来おなじような問題が生起したときの参考になるはずです。過去のことを扱っていても、それは現在につながる過去であり、過去においても現在においても反省すべきところは反省し、それを未来へとつなげていく、いうなれば過去と現在と未来をつなぐ能力をもった学問、それが柳田の主張した現代科学としての歴史学、民俗学なのです。

　ところで柳田はそれまでの歴史学、すなわち文字資料にのみ頼っていた歴史学を厳しい目で批判し「新しい史学」を標榜しますが、そのことは歴史学と対決し、歴史学を真っ向からやりこめたうえで、民俗学を歴史学に取って代わる学問に位置づけようとしたのではありません。個別の学問は個別であるがゆえに得手不得手があります。文字に頼る歴史学も民間伝承を主たる資料とする民俗学にも、それぞれできることとできないことがあります。それゆえ協働が必要なのです。いまふうにいうと、それは学際研究ですが、柳田は考古学と文献史学と民俗学の三者が協力しあって、史心にこたえる史力を構築しようとしたのです。幼いころから歴史が好きで、史書に親しんでいた柳田ですから、歴史学に対するかぎりない愛情からほとばしりでた発言であると考えられます。

　こうした柳田の思考背景を藤井隆至は、柳田はドイツ系の社会政策学を主流とする学風のなかで教育を受けているが、政策理念はイギリス系の経済思想とりわけ功利主義を核心に据えていることから、その学問的特徴は両者の混合物であると分析し、個別の論点ではドイツ系であったり、イギリス系であったり、あるいは両者の混合物であったりすると指摘しています[38]。そのことから、柳田は両系の経済思想を自在に操り、自身の政策理念に役立てていたことがわかります。そして『郷土研究』においては、社会問題を解決するうえで歴史を重要視したドイツ系の社会政策学の影響が色濃く出ているといってよいかと思います。

退官と朝日新聞社入社、そして自由な旅へ

大正八（一九一九）年一二月二四日、柳田は貴族院書記官長を辞任し、官界に別れを告げました。「故郷七十年」には「貴族院書記官長でありながら、十分な了解もとらないで、長い大陸旅行をしたことが非常に私の人望を害してしまった。そしてだんだん役人生活を続けられない空気が濃くなってき

た。その上その翌年にも私は同じようなことをしてしまったのである」[39]とあります。長い大陸旅行とは大正六年三月二〇日から六月二日までの台湾・中国・朝鮮旅行のことをさしています。この旅行で蜑民《たんみん》の生活に興味を覚え、わが国の海女などと比較できるものかどうかを調べるためわざわざ用事をつくり、二年後の五月一日から九州へ出かけたのです（柳田は翌年のこととしていますが、正しくは翌々年です）。九州旅行では平戸の北の方にある大きな海女村を見学したり、大分市でシャアと呼ばれる海上生活をする人たちや、家船《えぶね》などを見に行ったりしています。ところが旅中に衆議院官舎が焼けるという事件が起きたのです。報せを受けた柳田は五月一二日にあわてて帰京したのですが、貴族院官舎も類焼しかねなかった一大事に書記官長が留守をしていたのですから、当然批判の声もあがったようです。「急いで東京へ帰ってくるまでのうちに、もう大分批判があって、そうでなくとも役所にはおられないと思っていたところだったから、かろうじて大正八年までいるのに非常に骨が折れた。その年の下半期になると親類の者までがもう辞めなければみっともないなどといってきた」[40]そうです。ここで柳田は旅行のことしか触れていませんが、じつはそれ以前から貴族院議長徳川家達との確執があり、それが辞任のもっとも大きな要因だったのです。のちのことになりますが、「民俗学の過去と将来」（『民間伝承』第一三巻第一号所収、昭和二四年一月）と題した座談会では「直接の原因と言ってもよいことは、議長の徳川さんと喧嘩したことだね」と語っています。このとき家達は幽明境を異にしていました。

また、柳田がもっとも信頼していた高弟の大藤時彦は辞職の一件を「役人がいやになったからというのが理由であるが、（略）当時雑誌などにのったゴシップでは、議長が用事があって先生を呼ぶと、いつも旅行に出ていないので困ったとある。（略）しかし先生がいやになったといわれているのは、議長が、柳田君は近くやめるそうだと人に言いふらしはじめたのにあった」[41]と述べています。ゴシップですから、大藤もそのような事実があったかどうかはわからないとしていますが、こうした記事が掲載されたのではまったく柳田に利はありません。ここではこれ以上掘り下げることをしませんが、たびかさなる旅行が柳田の足をすくったのは確かです。

官を辞した柳田に大正九（一九二〇）年七月、朝日新聞社が入社を勧誘しました。そのとき柳田は「最初の三年間は内地と外地とを旅行させてもらいたい」[42]という虫のいい希望を出したのですが、それが認められ客員として入社することになったのです。このときから柳田の自由な旅がはじまります。同年八月二日から九月一二日までは東北地方の東海岸を（『雪国の春』の旅）、一〇月中旬から一か月余りは中部・関西・中国地方をまわり（「秋風帖」の旅）、一二月三日から九州・沖縄方面に出かけ（「海南小記」の旅）、自宅へ戻ったのは翌年の三月一日でした。七か月の間、まるまる五か月ほどは旅の空だったことになります。じつは「秋風帖」の旅から戻り、またすぐに旅立つ予定だったのですが、折悪しく次女千枝が病気になり入院してしまいました。そのため普段あまり文句をいわない養父直平《なおひら》（元大審院判事）に「こんな時ぐらい旅行をやめたらどうか」と意見され、これにはさすがの柳田も大いにへこたれたようです(43)。直平は旅行のためにしくじった柳田の新聞社への転身を家人ともどもこころよく思っていなかったのですから、愚痴のひとつもこぼしたかったのではないでしょうか。

　東北旅行の成果は「豆手帖から」のタイトルで大正九年八月一五日から九月二二日まで都合一九回、つぎは「秋風帖」と題して一〇月二六日から一一月一七日までの都合二〇回、九州・沖縄旅行の成果は「海南小記」として大正一〇年三月から五月にかけて都合三二回の連載記事として東京朝日新聞夕刊に掲載されました。後年、柳田はこのときの文章を骨格とした書を編んでいます。それが『雪国の春』（岡書院、昭和三年）、『秋風帖』（梓書房、昭和七年）、『海南小記』（大岡山書店、大正一四年）の三冊です。この三冊は柳田の「紀行三部作」と称され、とりわけ『雪国の春』は紀行文学の傑作との評価をうけています。

　いうまでもなく紀行は旅行中の体験、見聞、印象などを書きつづったものです。紀行文学はそれを文学に昇華させた作品のことであり、紀貫之の『土佐日記』以来枚挙にいとまがありません。近代に入ってからも田山花袋、幸田露伴、徳富蘆花、杉村楚人冠、若山牧水などがすぐれた作品を残しています。近年のものでは司馬遼太郎『街道をゆく』が秀逸でしょう。また北杜夫『どくとるマンボウ航海記』や遠藤周作『日本紀行』なども紀行文学のひとつです。文学とまではいかなくとも、紀行はいまでもおおはやりで飛行機の機内誌やクレジットカード会社の発行する雑誌には必ずといってよいくらい掲載されています。われわれはそれを読み、見知らぬ土地に思いを馳せ、こんなよいところならばぜひ行ってみたい、あるいは訪れたことがあっても再訪したいという思いにかられます。紀行にはそうした感情を喚起させる効能があり、雑誌掲載のものはむしろそれが目的なのです。ところが柳田の紀行は違っていました。

『秋風帖』の自序で柳田は、

　紀行は全体誰が読むものかということも、今さらながら問題とせざるを得ぬ。実地を知らない人たちへの案内の書であるならば、この本などはあまりにも説明が拙であり、またあまりにも筆が省いてある。あるいは『膝栗毛《ひざくりげ》』のように知っている人々のために、共同の興味を抱かしめるものとしては、私の通る路はいつもやや片隅に偏していた。当時自分ではまだ心付かなかったけれども、やはりわずかばかりの同じ道を行こうとする人の他に、主としてはその土地の住民の、目に触れることを期していたらしいのである。前代の旅日記の類には、こういう読者を予想したものは稀であったろうが、しかも今日となってはこの人たち以上に、深い関心をもってこれを読む者は他にない。紀行の目的とするところは時世とともに変らなければならなかった。私などの観察は精確でなかったかも知れぬが、とにかくにこの新らしい需要に応じたもので、それが事実を見誤っておらぬ限り、いつかはその土地の人に認められて、あるいは記録なき郷土の一つの記録として遺るかも知れぬ。

（「秋風帖」『文庫』2、一九三〜一九四頁）

と述べています。柳田は土地の人に読んでもらうことを念慮したのです。紀行もまた史心にこたえるためのもの、無記録地域の無記録住民の生きた証を示すものだったのです。

そして昭和二（一九二七）年二月に駒場学友会で行なった講演では、聴衆の青年を前に「旅行は学問のうち」であり、旅行の価値標準、第一義は本を読むのと同じである、「いくら本を読んでも志が高くないか、選択が悪ければ、ただ疲れるばかりで自分にも人にも益なきごとく、旅行にも愚かな旅行、つまらぬ旅行は多々」あるのだから、常に良き旅行を心がけねばならない、良き旅行は良き読書と同じで、「単に自分だけがこれによって、より良き人となるのみならず、同時にこの人類の集合生活にも、何か新たなるものまた幸福なるものを齎《もたら》し得るか否かに帰着する」[44]と説くのです。風土と季候がどれほど一国の文化を左右するものであるかを旅行によって体験し、車窓を流れる風景も旅人には「目の交通」であると表現した柳田ならではの言説です。

大正九年から一〇年にかけての旅は「私一箇のために、最も記念すべき旅行の年であった」[45]と回顧しているように、それまでの官僚としての旅とは異なる大きな成果をもたらしたのです。

旅人の学・寄寓者の学・同郷人の学

旅から戻った柳田は、大正一〇（一九二一）年五月に国際連盟委任統治委員に就任し、アメリカ経由でジュネーブへ赴きました。その年は年末に帰国するのですが、翌年五月の二度目の渡欧では会議が終わった後もかの地にとどまり、ドイツ、オランダ、フランス、イタリアとヨーロッパ各地を旅行しています。同一二年九月二日、ロンドンで関東大震災の報を受け、一一月八日に帰国。翌一二月には国際連盟委任統治委員を辞任しました（国際連盟理事会の承認は一三年九月九日）。

　三か年にわたって委任統治委員会に出席した柳田は、英仏両語を公用語とする会議では言葉の壁があり、わが国はきわめて不利であることを痛感しました。そうしたことから自らもエスペラントを習い、帰国後はエスペラントにかんする講演を何度か行なったのです。これもまた国際社会における「国民総体の幸福」の実現に必要だと考えたのでしょう。

　大正一三年二月七日に朝日新聞編集局顧問論説担当となり、同年七月一日の「七月一日からいよいよ排日法の実施につき」を嚆矢とし、昭和五（一九三〇）年九月一四日の「生産増進と夜店政策」まで都合三八九本の論説を執筆しました。それらは「朝日新聞論説集」上・下として『定本』の別巻1と2に収録されています。最後の論説を執筆した二か月後の一一月二〇日に論説委員を辞任するのですが、昭和二二年五月二五日まで客員として遇され、それ以後も社友として長く朝日新聞社との関係は続きました。

　退社後の柳田は民俗学の体系化に力を注ぎます。先に述べた『郷土生活の研究法』は昭和六年から八年にかけての仕事をもとに同一〇年八月に刊行されたものです。すでに述べたように、本書後編は昭和七年一一月二六日から翌年の三月一日まで都合六回にわたって自邸で行なった講義にくわえ、ほぼ同時期の東京帝国大学農学部における講義内容を小林正熊がまとめたものだったのですが、そこでは民俗資料を第一部有形文化、第二部言語芸術、第三部心意現象の三つに分類していました。各部の構成は以下のとおりです。

第一部有形文化　①住居、②衣服、③食物、④資料取得方法（自然採取、漁、林、狩、農、交易と市）、⑤交通（交通に関する地形の名称、運搬方法、旅人機関、海上交通）、⑥労働、⑦村、⑧連合、⑨家・家族、⑩婚姻、⑪誕生、⑫厄、⑬葬式、⑭年中行事、⑮神祭、⑯占法・呪法、⑰舞踊、⑱競技、⑲童戯と玩具

第二部言語芸術　①新語作成、②新文句、③諺、④謎、⑤唱えごと、⑥童言葉、⑦歌謡、⑧語り物と昔話と伝説

第三部心意現象　①知識、②生活技術、③生活目的

分類にあたっては、なるべく採集者（調査者）が近づいてゆく自然の順序にしたがったのだといいます。すなわち、最初に目に訴える生活外形である有形文化を、つぎに耳を通して得られる生活解説とでもいうべき言語芸術を、そして見たり聞いたりしただけではとうてい知ることのできない感覚的な生活意識であるところの心意現象を最後にもってきたので

す。そしてこれら三〇項目によって「現在のそうした事実の基礎となっていたものは何か、いかにして何ゆえにそうなったかを知ろうとする」のであり、「その時代の知識・社会観・道徳などを知り、何を目当てに生きていたかを、明らかにしようとするのである。（略）人は幸福とか家を絶やさぬといったようなことを、目あてに生活したのではなかろうか」[46]とし、最終的な目的を「生活目的」の解明においたのです。したがって、柳田の「民俗資料の分類」は目から耳へ、そして心の問題へという調査のアプローチ方法を示すとともに、そうすることで自然にこの学問の究極目標である「生活目的」に到達できることを明快に説いていたのです。

そして『郷土生活の研究法』の巻末では、

　これを要するに、現代の生活事実の中を、新時代にかぶれている部分がどれだけ、現代のインテレクチュアルな部分がどれだけ、それからまた無意識にやっていることがどこまで、とはっきり分けてみることがこの学問の一つの目標である。（略）我々にとっては、いったいその学問をやっておいて何になるかということが問題である。知識であり同時にまた技術でなくてはならないと思うのである。結局事実を知るということは、それが単に知っただけの知識で終るのでなくて、さらに批判し推理する知識とならなければ、学問は無意味になってしまうのである。

（「郷土生活の研究法」『文庫』28、二四三〜二四四頁）

と結び、ここでも事実を知り、省察によってより良い明日を生きることが学問の目的であることを説いていました。

昭和八（一九三三）年には九月一四日から一二月一四日まで、毎週木曜日の午前に自宅で「民間伝承論」の講義を一二回にわたって実施しました。柳田はこの会を「家の会」とも呼んでいたのですが、翌九年一月からは名称を「木曜会」と定め、戦時中に若干の中断はあったものの、昭和二二年三月二三日に民俗学研究所が設立されるまで研究会活動を行なっていました。平成二六年九月現在で日本民俗学会の談話会は八七六回を数えていますが、回次は木曜会のそれを引き継いでいることから、木曜会が日本民俗学会の出発点ともいえるのです。

「家の会」は共立社書店の依頼で『現代史学体系』一五巻の一冊として『民間伝承論』を編むため準備されたものでした。『民間伝承論』の刊行は昭和九年八月ですから、『郷土生活の研究法』より一年早く世に出ています。本書は柳田の名前で出版されたのですが、序文と第一章および第二章の前半のみが本人の執筆によるもので、第二章後半以降は講義を聴講した後藤興善が自身の筆記した講義ノートをもとに、それまでの柳田の多くの著書・論文から関連する箇所を抜き出して、それらをひとつにまとめたものです。その第六章「採集と分類」では民俗資料の三部分類について、第一部有形文化を旅人の学、第二部言語芸術を寄寓者の学、第三部心意現象を同郷人の学と名づけています。とりわけ旅人の学は詩的な印象をあたえる見事なネーミングです。フィールドワークに基礎をおく学問はたくさんあるのですが、こうした文学的印象を与える分類基準をもった学問はほかにありません。

柳田は命名の達人であり、それは幼少期から青年期に至るまでに培った文学的素養のしからしめるところではなかったかと私は考えています。なにしろ、数え一五歳の明治二二（一八八九）年には『しがらみ草紙』に短歌を発表し、三年後には桂園派の歌人松浦萩坪の門に入り、翌二六年第一高等中学校へ入学してからは『校友会雑誌』に短歌を寄せ、在学中の二八年には『文学界』に新体詩を発表するほどの文学青年だったのです。当時は新体詩人として高い評価を受け、短歌も師の松浦萩坪が晩年に、桂園派の歌道を引き継いでもらえまいか、と柳田に相談をもちかけたようですから、歌人としても詩人としても並々ならぬ才能の持ち主であったことがうかがえます。

いま『海上の道』『島の人生』『山の人生』『雪国の春』『妖怪談義』『先祖の話』『村と学童』『都市と農村』など、柳田の著書をいくつかあげても、タイトルをみただけで読んでみたくなるような魅力にあふれています。そしてこれらは七文字です。詩人であり、歌人でもあった柳田の本領発揮というところでしょう。

社会福祉と柳田國男の民俗学

社会事業・社会福祉事業の中心的な課題は長く貧困の解消におかれていました。社会福祉の歴史的展開においてしばしば引用される横山源之助（一八七一〜一九一五）の『日本の下層社会』（教文館）が刊行されたのは明治三二（一八九九）年一一月です。本書附録の「日本の社会運動」において横山は「特に日清戦役以来、機械工業の勃興によりて労働問題を惹き起し、物価の暴騰は貧民問題を喚起し、漸次欧米の社会問題に接近せんとす。加うるに政治社会の堕落は年に甚だしく今やその極点に達せり[47]」と断じました。

わが国は明治維新以降、政府主導による資本主義政策を展開し、日清・日露戦争とその戦後経営を契機として急速に産業革命が進展しました。産業革命は明治四〇年ごろにはほぼ終了し、そのことで日本資本主義の確立をみるのですが、先進国が数世紀かけた過程をきわめて短期間で成し遂げたため、さまざまな問題が噴出していたのです。それは経済の自主的発展をまたずして、政府が政策によって上から誘導・促進した資本主義化であったことによる弊害の涌出でした。横山が指摘したのはそうした事柄であり、『日本の下層社会』の本編では「東京貧民の状態」「職人社会」「手工業の現状」「機械工場の労働者」「小作人生活事情」について克明に記し、「小作人生活事情」では小作人は下層社会のなかでもとりわけ下層に位置することを報告していました。わが国の産業革命は地主制の解体と大農経営の成立をもたらせることなく、逆に地主制の全国的拡大とその基礎の強化を誘発し、その結果として小作農民の増加と農村における著しい貧富の格差を現出させるにいたったのです。そして柳田の青年期がまさにこの時代にあたり、官僚として各地の村を見て回ることによって、働けど働けど一向に暮らしのよくならない小作農民の現実を肌で感じ取っていたのです。

横山は法律家をめざしていたのですが挫折して、明治二七年一二月に島田三郎の主宰する「毎日新聞」（現在の「毎日新聞」とは別です）に入社し、『日本の下層社会』を書き終えたときに退社しました。労働運動にのめりこみすぎたことが退社理由の一半とされています。興味深いのは横山も小作料の金納化を推奨していた点であり、横山と柳田は立場こそ違え、めざすところは同じだったのです。

もう一冊、河上肇（一八七九〜一九四六）の『貧乏物語』を紹介しましょう。河上は日本におけるマルクス主義経済学の先駆者として知られています。『貧乏物語』は大正五年九月一一日から一二月二六日にわたり断続して「大阪朝日新聞」に掲載され、翌年三月に弘文堂が出版し、ベストセラーとなりました。当時、河上は京都帝国大学教授の職にあり、本書は人道主義的立場から資本主義社会の生みだす貧困の問題を提起した名著です。冒頭の「驚くべきは現時の文明国における多数人の貧乏である」はよく知られた一文であり、こちらも社会福祉史で引用されることがあります。やがて河上はマルクス主義に向かい、政治的な運動にも関係したことから、昭和三（一九二八）年四月に「左傾教授」として京都帝国大学総長荒木寅三郎より辞職勧告を受け、退職しました。[48]これは三月一五日に全国一府一道二〇県にわたって一〇〇〇人以上の「左傾分子」を一斉検挙したいわゆる三・一五事件に係る事柄です。柳田は四月一五日に「左傾教授と学園の自由」と題した社説を発表し、雷同型人材育成の弊を論ずるとともに学問の自由を訴えていました。

ところで河上も東京帝国大学法科大学政治科の卒業生で柳田にとっては一級下の後輩にあたります（卒業年次では二級下）。しかも松崎蔵之助の指導を受けていたことから同門だったのです。それゆえ親交があり、さきに紹介した専修学校講義録『農業政策学』においても、農業を重要視しなければならない理由を説いた書として新渡戸稲造の『農業本論』と河上の『日本尊農論』をあげていました。また、明治四二年五月二六日から七月八日にかけての木曽・飛騨・北陸路の視察旅行では帰京前日の七月七日に、二年後の七月六日から二六日までの美濃・越前旅行では七月一九日に京都の河上邸を訪問していました(49)。河上も学究当時は経済学をもって人々の幸福に貢献しようと考えていたことから、柳田にとっても可愛い後輩の一人だったのでしょう。後年柳田は「故郷七十年」に「河上肇君」という一文を寄せ、「単純な、詩人膚の、人柄のいい男が、学者として立ってゆけるものを、あんなになったのは不幸だったと思う(50)」と河上のその後の境涯を惜しんでいました。

柳田は普選運動には協力こそすれ、横山や河上のように左翼思想へと傾き革新的な社会運動に身を投じることはありませんでした。しかし、弟子のなかにはいわゆる転向者がいたことも事実です。それは柳田の学問が日本資本主義の弊害から生じた問題、とりわけ「何ゆえに農民は貧なりや」の解明におかれていたからです。

昭和六年一月、朝日新聞社より『明治大正史』全六巻が刊行され、その第四巻を柳田が担当しました。『明治大正史世相篇』です。柳田にしては珍しく書き下ろしの著作で、執筆時の同五年は昭和恐慌の発生した年だったことから、ここでも一章を「貧と病」に割いていました。こうした柳田の民俗学と社会福祉をつなぐ媒体はひとつ貧困の解消と解明のみではありません。たとえば現今の社会福祉においてとりわけ重要とされる「福祉のこころ」を涵養するうえで民俗学の理念は大きな支柱となりうるのです。また、近年の新たな福祉課題・生活課題はわれわれの生き方の変化から生じたものがみられ、生活目的の解明を使命とする民俗学との学際研究の必要性をそこにも見出すことができるのです。

【岩﨑竹彦】

註

(1) 柳田國男の旅について、ここでは米山俊直「柳田国男の旅」(神島二郎・伊藤幹治編『シンポジウム柳田国男』所収、日本放送出版協会、一九七三年)、宮本常一「柳田國男の旅」(牧田茂編『評伝　柳田國男』所収、日本書籍、一九七九年)の二点を紹介しておきましょう。

(2) 「年譜」『定本』別巻5、六二四頁。

(3) 「ささやかなる昔」『文庫』31、五九五頁。

(4) 「年譜」には明治三三(一九〇〇)年七月一〇日、「東京帝国大学法科大学政治科を卒業。農商務省農務局に勤務。(略) 同時に大学院にも籍を置く」とあり、また同三八年九月二一日、「大学院より満期除名の通知を受けとる」とあります(『定本』別巻5、六二三頁および六二六頁)。したがって大学院在籍は五年二か月余です。

(5) 早稲田大学へは「農政学」の講義のため明治三三

（一九〇〇）年九月から毎週火曜日に、専修学校へは同三五年九月から毎週月曜日に「農業政策学」講義のため出講していました。明治四〇年九月からは毎週月曜日に中央大学で農政学を講義し、同四三年一〇月からはやはり農政学の講義のため毎週水曜日に法政大学へ出講していました。（「年譜」『定本』別巻5、六二三・六二五・六二七・六二九頁）。大学への出講については「私の大学を出たころは、たいていどこかの私立大学へ講義に行かせられたものである。まあ一つの関門であった」と述べています（「故郷七十年」『定本』別巻3、三八四頁）。

（6）「ささやかなる昔」『文庫』31、五二三頁。

（7）柳田國男が幼少期から大の読書家だったことはよく知られています。本人も辻川時代のことは「幼児の読書」、布川時代のことは「第二の乱読時代」として、後年「故郷七十年」で回想しています。また一七、八歳のころから旅行好きだったことは「私は十七八の年から旅行が好きで、今までにずいぶんいろいろの処を歩いている」（「青年と学問」『文庫』27、一六六頁）と述べています。

（8）「年譜」『定本』別巻5、六二六頁。

（9）『時代ト農政』には序文にあたる「開白」に続き、以下「農業経済と村是」「田舎対都会の問題」「町の経済的使命」「日本に於ける産業組合の思想」「報徳社と信用組合との比較」「小作料米納の慣行」の六編が収録されています。

明治四三（一九一〇）年九月一日の日付をもつ「開白」のみが書き下ろしで、あとは講演草稿がもとになっています。収録論文の初出はつぎのとおりです。

・「農業経済と村是」（明治四二年七月に開催された内務省主催の第一回地方改良事業講習会での講演）

・「田舎対都会の問題」（明治三九年九月の大日本農会第一〇四回小集会における講演、「都鄙問題に関する私見」として『大日本農会報』三〇七号〜三〇九号に所載、明治四〇年一月〜三月）

・「町の経済的使命」（明治四二年二月の統計協会での講演）

・「日本に於ける産業組合の思想」（明治四〇年五月の第二回産業組合講習会での講演、「産業組合の思想」として『農商務省開設第二回　産業組合講義録』に所載、大日本産業組合中央会、明治四一年七月）

・「報徳社と信用組合との比較」（明治三九年一月の報徳会での講演、「報徳社と信用組合」として『斯民』第一巻第二号および第一巻第六号に所載、中央報徳会、明治三九年六月および九月）

・「小作料米納の慣行」（明治四〇年一月の愛知県農会での講演、「小作料米納の慣行を批判す」として『中央農事報』八二号および八三号に所載、全国農事会、明治四〇年一月および二月）

このように『時代ト農政』は明治三九年から四二年

にかけての講演がもとになっているのですが、柳田の全著作を発表順・刊行順に配列した「書誌」(『定本柳田國男集』別巻5)から判断すると、この頃までは農政に関する著述が中心であり、それ以降はしだいに少なくなっていくことがわかります。したがって、この時期の柳田はまぎれもなく農政学者だったのです。

(10) 柳田國男の農政学については、藤井隆至『柳田國男経世済民の学』(名古屋大学出版会、一九九五年)をご覧ください。

(11) 「年譜」『定本』別巻5、六二九頁。

(12) 柳田は「『郷土会』のもとになったのが『郷土研究会』という集りで、明治四十年か四十一年ごろ、私の家で始めたものである」と述べています(「故郷七十年」『定本』別巻3、一八七頁)。

(13) 柳田は「多分、石黒忠篤君が両方の会に出ていたので、橋渡しになったのだったかと思う」と述べています(「故郷七十年拾遺」『定本』別巻3、四六四頁)。一方、新渡戸が小田内通敏『聚落と地理』(古今書院、昭和二年)に寄せた序文では「自分の宅で郷土会を開くようになったのも、(小田内)君の発意から柳田君などに相談したのがもとであったと記憶する」(カッコ内は岩﨑補)としています。

(14) 「故郷七十年」『定本』別巻3、一八八頁。

(15) 「年譜」『定本』別巻5、六三一頁。

(16) 「ささやかなる昔」『文庫』31、五六七頁。

(17) 「農政学」『文庫』30、三九二頁。

(18) 「最新産業組合通解」『文庫』30、一二頁。

(19) 『定本』28の「あとがき」に「『農業政策学』は明治三十五年から三十六年にかけて、専修大学講義録として執筆したものである」(四九九頁)とあり、『文庫』30の「解題」においても「『農業政策学』は、明治三十五年九月より専修学校で行なった農業政策学の講義録である」(六九三頁)とされています。ただし、本文中に河上肇の『日本尊農論』を紹介しており(『定本』30、三〇二頁、『文庫』30、四一三頁)、同書は明治三八(一九〇五)年一二月の刊行であることから、『定本』および『文庫』に収録された『農業政策学』はそれ以降のものです。「年譜」には専修学校での講義は「日露戦争前まで続く」(『定本』別巻5、六二五頁)とあり、また田中佑之が明治四〇年に中央大学から刊行された中央大学講義録『農業政策学』と専修大学講義録『農業政策学』の内容は同一とみてよさそうであると指摘しています(『柳田國男事典』勉誠出版、一九九八年、三六五頁)。『定本』および『文庫』に収録された『農業政策学』は中央大学講義録『農業政策学』であったのかもしれません。

(20) 「中農養成策」『文庫』29、五五五頁。「中農養成策」の初出は『中央農事報』46〜49号、明治三七年三月〜六月。

(21) 「時代ト農政」『文庫』29、二一八頁。

(22) 後年柳田はこの明治四一年の九州旅行のときに「今日民俗学でやっているような事を、どうしてもやらなければならないと思った。(略)あの頃が、私の民俗学のはじめと言ってよいだろうね」と語っています(「民俗学の過去と将来 座談会(上)」『民間伝承』第一三巻第一号所載、民間伝承の会、昭和二四年一月、一七頁)。
(23) 「青年と学問」『文庫』27、二九一頁。
(24) 「青年と学問」『文庫』27、二九八頁。
(25) 大正三年五月一二日付の柳田書簡に対し「大正三年五月十四日午前三時出す」と記された南方熊楠の返書は「『郷土研究』の記者に与うる書」として『郷土研究』第二巻五号から七号(大正三年七月~九月)に分割掲載されました。それに対する柳田の返答が『郷土研究』第二巻七号の「記者申す」から始まる文章です。これは「『郷土研究』の記者に与うる書後記」として「『郷土研究』小篇」(『定本』30)に収録されています。
(26) 「国史と民俗学」『文庫』26、四九九頁。
(27) 「『郷土研究』小篇」『定本』30、三三五~三三七頁。
(28) 「時代ト農政」『文庫』29、一七頁。
(29) 「郷土生活の研究法」『文庫』28、九三頁。
(30) 「郷土生活の研究法」『文庫』28、九四頁。
(31) 「国史と民俗学」『文庫』26、四八五~四八六頁。
(32) 「国史と民俗学」『文庫』26、四九七頁。
(33) 「国史と民俗学」『文庫』26、五四〇頁。
(34) 「現代科学ということ」『文庫』26、五七一頁。
(35) 「現代科学ということ」『文庫』26、五七一頁。
(36) 「国史と民俗学」『文庫』26、五六三頁。
(37) 「国史と民俗学」『文庫』26、四九三頁。
(38) 藤井隆至『柳田國男 経世済民の学』(名古屋大学出版会、一九九五年)一三四~一三五頁、一四二頁。
(39) 「故郷七十年」『定本』別巻3、三九〇頁。
(40) 「故郷七十年」『定本』別巻3、三九〇頁。
(41) 大藤時彦『柳田國男入門』筑摩書房、一九七三年、一〇頁。
(42) 「故郷七十年」『定本』別巻3、三二六頁。
(43) 「故郷七十年」『定本』別巻3、三二六頁。
(44) 「青年と学問」『文庫』27、一五八頁。
(45) 「秋風帖」『文庫』2、一九四頁。
(46) 「郷土生活の研究法」『文庫』28、二四三頁。
(47) 横山源之助『日本の下層社会』岩波文庫、一九八五年、三四四頁。
(48) 河上肇『貧乏物語』岩波文庫、二〇〇八年、一三頁。
(49) 「北国紀行」『定本』3、一七六頁。
(50) 「故郷七十年」『定本』別巻3、三三〇頁。

故きを温ね、新しきを知るために――「回想法」と時空を超えた観光論・博物館教育

しあわせを求めて

福祉とはしあわせというほどの意味です。学問的な定義はどうあれ、すべての人がしあわせを実感できる豊かな生活を享受するにはどうすればよいのかを考え実践することが社会福祉であり、それを支える哲学が「福祉のこころ」であろうと私は考えています。そして、この「福祉のこころ」は人の心の悲しみがわかる、すなわち人の心を知ることにつきるのではないかと思います。

「障害者福祉の父」と称せられる糸賀一雄（一九一四～六八）は『福祉の思想』において施設社会事業の理念を次のように述べています。

障害や欠陥があるからといってつまはじきする社会を変革しなければならない。（略）社会のあらゆる分野で、人びとの生活のなかで、その考えや思想が吟味されねばならない。基本的な人権の尊重ということがいわれる。しかしその根本には、ひとりひとりの個人の尊重ということがある。おたがいの生命と自由を大切にすることである。それは人権として法律的な保護をする以前のものである。共感と連帯の生活感情に裏づけられていなければならないものである。

（糸賀一雄『福祉の思想』NHKブックス67、一九六八年、一五頁）

個人の尊重から互いの生命と自由を大切にするこころが育まれ、それは共感と連帯の生活感情に裏づけられたものでなければならない、とする糸賀の理念がまさに「福祉のこころ」であり、それは柳田國男の思想とも相通ずるものがあるのではないでしょうか。昭和二一（一九四六）年に近江学園（滋賀県）を創設し、自ら園長として知的障害のある子ども

たちの福祉と教育を独自の哲学で実践した糸賀の精神は、多くの福祉関係者に受け継がれています。

さて近年の福祉課題・生活課題の背景には、地域社会の相互扶助機能の弱体化と個人を包摂してきた家族の機能低下が認められ、終身雇用慣行と男性稼ぎ主型の家族を前提とした現行の社会保障制度や福祉政策では対応しきれない新たなニーズが生じているといわれています[1]。

地域社会における相互扶助機能の弱体化は都市化に要因を求めるのが一般的です。ここでは村落と都市の労働のあり方から考えてみましょう。

農民は日の出とともに田畑へ出かけ、日没まで土を相手に黙々と働いてきました。わが国の農業は小規模経営を基本としてきたので、野良への行き帰りには互いに声をかけることはあっても、野良仕事そのものは他人との交流が稀薄であり、孤独な労働環境であったといえます。一服ついでにだれかと世間話がしたい、作柄の情報交換をしたいと思っても求めなければかなわなかったのです。ところがうまくしたもので、家々の耕地は混在しているため、共同で生産条件を維持せねばなりません。そこから様々な共同作業が派生しました。共同作業は気疲れもあるでしょうが、日ごろの孤独な環境から解放され、集団の中へ身をおくことで気分転換がはかれます。また、村落内部には年齢集団や擬制的親子関係、若者宿や娘宿、宗教的集団としての講など、成員の結合を強めるための組織もありました。これらを通して運命共同体意識が涵養され、ウチとヨソを一体のものとして捉える文化が醸成されたのです（ここでいうウチとヨソは自家と自家が所属する地域社会内の他家をさします）。これは相互扶助機能の強化によって幸せに暮らそうとする人々の知恵の結晶であるといえます。

一方、都市における労働の多くは秩序や統制に基づく結合力を内在した組織の下でなされます。対内外のいずれであっても複雑な人間関係が仕事の成否に影響を与えるので、サラリーマンがことのほか対人関係に気を遣うのは当然です。そのため日常的に神経をすり減らし、終業後や休日はだれにも気兼ねせず骨休めしたいと思ったところで無理もありません。町内会や自治会活動は大切であり、参加しなければならないとわかっていても精神的な消耗がその余裕を与えてくれないのです。また職と住が遠く離れると、居住地はたんに寝るだけの場となってしまいますから、隣人とは挨拶を交わす程度の関係にすぎません。したがって近所付き合いも稀薄です。こうしたことから都市においてはウチとヨソを区別する意識が顕著にみられるようになり、地域のつながりが弱体化していったのです。

日常業務はきまりきった仕事の繰り返しですから、長く続けると倦んできます。そうならないためには適度な環境の変化が必要です。村落では個から集団へと身をおきかえることが気分転換につながり、リフレッシュ効果を与えてくれるのに対し、都市では集団から個への転換によってそれがなされると考えられるのです。

乱暴な説明だったかもしれませんが、都市化と職住不一致が進み、就業者の大半がサラリーマンである現代社会において、地域の運命共同体的結合力に基づく相互扶助機能が低下するのは必然の帰結だったのです。

ところで村落から都市への移住も、家業の農業を捨てサラリーマンに転身するのも幸せを求めての行動だったに違いありません。たしかに都市の便利さと、物質的な豊かさに基づく生活は魅力にあふれています。しかし、そうした暮らしが必ずしも幸せにつながらないことを私たちは経験から知りました。いまはその反省に立ち、多少は不便であっても物質的な豊かさと精神的な豊かさの調和のとれた、温もりのある生活を求めているのではないでしょうか。そしてこれらは生き方の問題であり、私たちの生活目的の変化、すなわち社会観・人生観の変化から生じています。柳田が掲げた民俗学の究極の目的をここにもみることができるのです。(2)

一番ヶ瀬康子(一九二七〜二〇一二)は「すべての学問、職業は福祉に通じる」と述べています。(3)柳田が民俗学で何をめざしたのかを振り返り、福祉とそれを支える「福祉のこころ」、さらに社会と私たちの価値観の変化によって生ずる新たな福祉課題・生活課題への対応を考えたときに、一番ヶ瀬の意見が実感として理解できるのではないでしょうか。

ここでは「〝脱観光的〟観光のススメ」を回想法の視点から叙述していきます。回想法は認知症の予防や進行を遅らせる効果が期待されている療法のひとつですが、具体的な話へ入るまえに近年の認知症高齢者数と近未来の予測値からみていきましょう。

増え続ける認知症高齢者

平成二四(二〇一二)年八月二四日に厚生労働省老健局高齢者支援課認知症・虐待防止対策推進室が介護保険のデータに基づき発表した資料によると、同二二年に日常生活自立度Ⅱ以上の高齢者数は二八〇万人とされ、六五歳以上の高齢者人口に占める割合は九・五%でした。

日常生活自立度Ⅱは日常生活に支障をきたすような症状・行動や意思疎通の困難さが多少みられても、だれかが注意すれば自立できる状態をさし、それ以上は介護を必要とする段階です。すなわち平成二二年の段階で、わが国には二八〇万人の要介護高齢者がいたということです。ただし、この中には要介護認定申請を行なっていない認知症高齢者は含まれていないため、実際にはもう少し多くなると考えられます。しかも予測値は年を追うごとに上昇し、平成二七年には三四五万人となり、高齢者人口に占める割合は一〇・二%、同三二年には四一〇万人で一一・三%、同三十七年は四七〇万人にも上り、その割合は一二・八%と推計されていました。

また、厚生労働省研究班（代表者　朝田隆筑波大学教授）が平成二一年度から二四年度にかけて行なった調査では、高齢者人口に占める認知症有病率を一五%と推計し、平成二二年の認知症高齢者数を約四三九万人と推定していました。これは全国八市町で行なった実地調査（①訓練された調査員による問診・神経心理検査および血液検査、②医師による神経学的および身体的診察、③認知症が疑われた場合、頭部MRI撮像）から五三八六人分のデータを分析し、有病率を推計したものです。したがって、より実態に近い数値であろうと考えられます。さらに同調査によるMCI（正常でもない、認知症でもない（正常と認知症の中間）状態の者）有病率推定値は平成二二年時点で一三%、そこから全国のMCI有病者数を約三八〇万人と推計していました。MCIのすべての者が認知症になるわけではありませんが、こちらも高い数値を示しています。

少し古いのですが、平成一四年に国立長寿医療センター（現在、独立行政法人国立長寿医療研究センター）が平成一〇年の認知症推計患者数一五〇万人に対して、認知症の発症を二年遅らせることができれば期待患者減少数は約一六万人となり、医療費一六〇〇億円、介護費四〇〇〇億円、あわせて五六〇〇億円の医療・介護費が削減できると試算していました。これは大都市の一年間の予算規模に相当する額です。たった二年発症を遅らせるだけでかなりの医療・介護費が軽減できるのです。

平成二七年一月七日、政府が策定する「認知症国家戦略」の全容が明らかとなり、翌八日付の朝刊では各紙が二〇二五年の認知症高齢者推計値を大きくとりあげていました。それらによると、団塊の世代が七五歳以上になる二〇二五年には認知症高齢者数は七〇〇万人となり、六五歳以上の高齢者に占める割合は五人に一人ということでした。このように新しいデータが示されるごとに推計値は上がっています。ちなみに二〇〇五年における二〇二〇年代の推計値は三〇〇万人でした。それが一〇年もすると二倍以上になり、予想をはるかに超えた勢いで増え続けているのです。

赤字国債とその利息によって、借金が借金を生みつづけているわが国の経済状況を考えると、認知症予防は国を挙げて取り組まねばならない喫緊の課題です。同時にこれからは高齢者の二割にあたる人が認知症を発症するのですから、他人事でなく、わたしたち一人ひとりの問題として認知症対策を考えねばなりません。

高齢者の過去と現在と未来をつなぐ回想法

回想法は一九六一年にアメリカの老年精神科医ロバート・N・バトラー（一九二七～二〇一〇）が創始した認知症治療法です。わが国では一九八〇年代から野村豊子らによって実践・研究が積み重ねられ、九〇年代半ば以降、高齢者福祉施設で積極的に取り入れられるようになりました。

回想法は、高齢者が過去を振り返って思い出話に花を咲かせ、脳の活性化をはかることを第一義とします。一般的に高齢者は昔の話を好む傾向があるといわれていますが、高齢者でなくても懐かしい出来事を思い返し、語る行為は楽しいものです。私もかつての青春スターが主演した映画やテレビドラマを観ては、あるいは私が若かったころに流行っていた音楽を聴いては、昔はああだったこうだったと話すことがあります。家人は懐古趣味のすぎた昭和のオヤジと揶揄し、相手にさえもしてくれませんが、私はとても楽しいひとときを過ごしています。この懐かしさと楽しさが高齢者の衰えた脳に活力を与え、認知症の予防へとつながり、進行を遅らせるのです。それは私のような中年世代のストレス解消にも大いに役立っています。

ところで年を重ねると昔の記憶がよみがえってくるといいます。その証拠に高齢者は何十年も前の出来事をじつによく覚えていて、まるで昨日のことのように話してくれます。この記憶の回帰現象と高齢者が昔の話を好んですることとの間には関係があるのかもしれません。それについては、以前「記憶と加齢」(4)と題したコラムで取り上げました。詳しくはそちらに委ねますが、そのなかで私は歳をとって昔の記憶がよみがえるのは人間の本能的な自己回復機能であって、よみがえった昔の思い出や記憶は衰えた脳の栄養源になるのではないかと考えました。まったく科学的根拠のない、門外漢の世迷言かもしれませんが、一考に値するユニークな意見としてとりあげてくれたものもありました(5)。

でも、思い出すのは懐かしい楽しかったことばかりではありません。つらい、悲しい出来事のこともあります。たとえそうであったとしても、「苦しい時期はあったが、それを乗り越えたからこそ、いまがあるんだ」と現実を肯定的に捉えられていれば、それもまた懐かしい対象のひとつになっているのではないでしょうか。時が解決するとはこうしたことをいうのでしょう。

その一方では、どれだけの年月が過ぎようとも癒されない悲しみや苦しみを抱え、だれにも話せず暮らしている人もいます。そうしたいまだ解決できていない問題であっても、心の傷を語り、だれかに聞いてもらうといくぶん癒されるものです。それは、語り聞いてもらうという行為によって、わたしたちは知らず知らずのうちに人生の出来事を意味づけし、つながり方を編集しなおしているからです。いうなれば回想は、自身の来し方をみつめなおす機会でもあるのです。それゆえ聞き手は対象者の語る話にじっと耳を傾け、相手に寄り添い共感する心構えがなによりもたいせつなのです。

高齢者の回想はしばしば「老いの繰り言」といわれるように、何度も同じ話を繰り返すという特徴がみられます。記憶違いや記憶のゆがめられている場合もあります。回想法は老いの繰り言や記憶違い、あるいはゆがめられた記憶であっても語りの内容がそのひとの人生に大きな意味をもつのではないかと考えます。聞き手はそれを理解し、よき話し相手となり、高齢者が人生の再評価を行うお手伝いをします。この再評価が高齢者にとってはその後の人生の出発点となるのです。

このように回想法は私たち一人ひとりの、とりわけ高齢者の過去と現在と未来とをつなぐ力をもっているのです。ただし、自分に関わる事柄を他者に話すのは内面をさらけだすようなものですから、苦痛を感じる人もいます。そうした人に回想法は適さないことも知っておかねばなりません。また、回想法は療法ですから、実施したあと対象者にどのような効果があったのかを判定する必要があります。それには専門的な知識や技術が求められるため、すべての人に門戸が開放されているわけではありません。くわえて聞き手の倫理も問われます。したがって、回想法は思い出すままに語ってもらうという単純なものではないのです。ただし回想法には療法ではなく、レクリエーションの一環として行なう回想ワークのとらえかたもあります。回想ワークも高齢者の心理的健康や内的達成感、コミュニケーションや社会的行動の向上、生活の活性化や世代間交流の促進などに効果があるといわれています。回想の持つチカラを社会全体で享受するには、この回想ワークを見逃すことはできません。回想法・回想ワークについては専門書にくわえて一般の読者を対象としたわかりやすい本もたくさん出ていますから、興味のあるかたはぜひご覧ください。

石坂洋次郎『わが日わが夢』は作者の少年の日への郷愁を描いた短編集です。その新潮文庫版の解説で亀井勝一郎は、ここに収録された六編の作品（「風俗」「壁画」「お山」「やなぎ座」「聖なる人々」「山の湯」）を執筆することで作者は「自分の生命の源を求めようとしている」のであり、「誰しもそうだが、年をとって職業に疲れ、生活にまみれてくると、ふと故郷や少年時代がなつかしくなるものだ。自叙伝への欲望は、決して単なる自愛からのみ起るものではない。それは自己への生命の源であり、更に今日の自己の生命を新しくしようという再生の願いをも含むであろう[6]」と述べています。

高齢者が若かりし頃を懐かしみ語る行為も自分の生命の源

を求めているのであり、さらに今日の自己の生命を新しくしようという再生の願いをも含むものといえるのです。

回想法と民俗学

記憶を呼び起こすにはきっかけが必要です。そのきっかけとなる話題にしばしば民俗文化が用いられ、より豊かな回想を引き出すために民具を中心としたさまざまな道具を活用することがあります。回想法において民俗文化は高齢者の記憶を喚起する有効なテーマであり、民具はより豊かな回想をうながすための有用な材料となるのです。それは民俗文化と民具が社会のなかで伝統的に共有され、共通認識をともなった文化であるからです。見方を変えると、回想法の話題や材料は高齢者一人ひとりの記憶に存在する共通素材を選んでいるといえるのです。

近年の高齢者介護、とくに認知症高齢者の介護は日常性の継続や対象者の個人生活史を踏まえたケアが求められていま す。いまかりに、ある介護者が八〇歳の高齢者を一〇人受け持つとしましょう。その人たちの経歴は、バスの運転手さんや大工さん、看護師さんや美容師さん、商店主や農業などの自営業、学校の先生や公務員といったぐあいに十人十色かもしれません。職業は生活のかなりの部分を規制します。そうすると、かれらの生活史は、八〇年×一〇人＝八〇〇年となり、極言すれば介護者は八〇〇年分の時間を把握しなければなりません。そのようなことは不可能です。

この数式は一〇人がそれぞれに異なった時間をついやしてきたという前提のもとに成り立っています。しかし、われわれは日々の生活のなかでさまざまな民俗文化を体験し、まったく同じでなくても似たような空間に身をおき、同種の時間を過ごしています。非日常のハレの生活では、神社の祭りや季節ごとの節供、人生の節目に行なう儀礼など、日常のケの生活ではコマ回しやお手玉といった子どもの頃の遊び、農作業や家事労働など、あげていけばきりがないほど共通した生活体験をもっているのです。経歴は十人十色かもしれませんが、相違点に目を向けるのでなく、共通点に着目すれば、介護者はなんらかの民俗文化を一つ把握することで、一〇人の対象者それぞれの人生における共通項をひとつ踏まえたことになります。そうすれば一は一〇になり、積み重ねていくとやがて大きな塊ができます。この民俗文化の塊を対象者理解のベースに据え、その上に個性的な人生を足していけばよいのではないでしょうか。

個性的な人生はライフスタイルとも関係し、しばしば流行の影響を強く受けます。民俗学は世相史をも範疇に含め、いうなれば世態の不易流行にかかわってきた学問です。資料の採集にあたって調査項目や質問例は作成するものの、問わず語りを旨とした聞き書きという方法で高齢者から現在の暮らしのありようとその変遷を教わってきました。それは人びとがなにを目あてに生きてきたのかという生活目的を把握するためです。この生活目的は民衆の生活哲学とも言いかえることができます。調査成果を文字化した民俗誌も相当程度の蓄積があります。

さきほど述べたように、認知症高齢者の介護は日常性の継続や対象者の個人生活史を踏まえたケアが求められています。それは対象者の生活環境、とりわけ文化的環境をできるだけ維持し、くわえて目の前の高齢者がこれまでなにを思い、なにを感じ、なにを目的に生きてきたのかを把握することで、より良いケアにつなげるためです。したがって、民俗学と高齢者介護は立場こそ違え、私たちの過去と現在とをつなぎ、そこから幸せで豊かな未来の生活を指向するという目的では一致しているのです。

民俗誌は対象とする地域に居住する人びとがいかに生きてきたのかを叙述しています。それは高齢者福祉における対象者理解にも役立つはずです。

旅は文明のリーダーである

ふだんの生活では「生き方」を意識することはそれほどないのかもしれません。しかし時には来し方を振り返りつつ、これからの「生き方」を考えることも大切です。宮本常一（一九〇七～一九八一）は最晩年に自ら開校した東和町郷土大学の開校記念講演において「大事なことは規格化されることではなくって、みんなが企画し、お互いがお互いに発見していくことである。その発見していく一番大事なもとになることは何であるかと、やはり自分が今住んでいる場を、その生活の場をもとにしてその中から新しい生き方を見つけてゆくことです」と述べていました[7]。

新たな福祉課題・生活課題の派生も社会の変化が外圧となり、わたしたちの人生観を変容させ、それがまた社会観の変化をもたらせました。高齢者介護とりわけ認知症高齢者介護においても対象者の人生の把握がより良いケアの展開につながります。それは個人歴に基づく人生観と社会観の把握によって可能となるのです。そして観光もまた人生観と社会観の理解に役立ち、大げさかもしれませんが、観光になにを求めるかはその人の生き方の問題でもあるのです。

奈良県立郡山中学校（旧制）で宮本常一から東洋史を教わり、のち柳田國男の謦咳に接し指導を受けた岩井宏實は「〝旅〟は、文明のリーダーである」（『旅の民俗誌』河出書房新社、二〇〇二年、七頁）と述べています。

人類は旅を通して異文化と交流してきました。それはいつの時代においても、また旅の目的の如何によらずいえるのではないでしょうか。移動によりもたらされる異なった世界の風物は見るものに刺激を与え、それが知識となり、生活の糧とすることが少なくなかったのです。すなわち旅により文化・情報の伝達が行なわれ、それらを蓄積させて今日の文明・文化をつくりあげたのです。

岩井は「日本人の旅のありようを顧みて、〝観光〟という意味を再認識せねばならない」（岩井前掲書、一二頁）と言います。観光は、中国の『易経』にある「観国之光、利用賓于王」（国の光を観《み》る、もって王の賓《ひん》たるによろし）に求められます。「光」は文物の美や文化、景色などをさし、「観」は「みる」のほかに「しめす」という語義も含んでいます。したがって国の光を観るとは、その国のすばらしい自然や優れた文物・制度、風俗などに触れることであり、岩井はそれを「異文化と接触し、異文化を体験し、異文化を理解し、異文化を摂取するということである」（岩井前掲書、一二頁）としています。

さらに、

> 国の光を観るというときのトポスこそが〝風土〟である。（略）風土というのは、近年まで使われてきた「国風《くにぶり》」と考えていいだろう。国風というのはその地方の気風で、そこで人間がいかに生きたかということを示している。風というのは魂を振ることで、そこに住む人間の魂の作用である。（略）その範囲は地域である。地域とは何かというと、文化の共通性をもった文化領域であるといえる。
>
> （岩井前掲書、一二頁〜一三頁、一七頁）

とし、国風を用いて観光を風土論、地域文化論の立場でとらえています。

また、観光資源は何かということの体系的な研究を行ない、旅するものがたんに遊楽でなく、日本や世界を見直し、それぞれの地域の文化・自然などもろもろの良さを認識し、人生観・世界観の原点となるものでなくてはならない、それが宮本常一の旅学であり、同時に経世済民であると説くのです。

宮本が所長をつとめた日本観光文化研究所は、旅に出て旅に学び、その体験の発表と問題提起を行なう場として月刊誌『あるくみるきく』を刊行しました。岩井はこの「歩く」「見る」「聞く」を基本とし、そこに「学ぶ」「造る」「伝える」をくわえます。それは旅の学びを生活に役立てる実学に終わらせるのでなく、人間に夢と希望を与える現実世界を超えた精神世界を形成し、それらを共有できるよう知らしめることの必要性をより明確にするためです。そのことで旅は生きる糧となります。

宮本常一は渋澤敬三（一八九六〜一九六三）からも多大の影響を受けました。柳田國男・渋澤敬三から宮本常一・岩井宏實へと受け継がれた民俗学に基づく旅学は間口も奥行きもある広大な文化学です。と同時に〝観光〟の概念をより具現化するものであり、本書のコンセプトである「〝脱観光的〟観光のススメ」の柱の一つとなることは言うまでもありません。

大自然のダイナミズム

つぎの二編は以前、地方紙に寄せたエッセイです。

夜川《よかわ》体験

昨年（平成一四年）と一昨年の夏に、かのさと体験観光協会事務局長仲田芳人氏のお誘いをうけて、同協会の主催する「夜川体験」に家族をつれて参加した。夜川（ヨボリともいう）とは、夜の川に入り、眠っている魚を網ですくって捕る子どもの夏の遊びである。仲田氏は小さいころ夏休みになると、きまって水遊びと夜川に興じ、一日の多くを川で過ごしたのだという。

マチナカで生まれ育った私には無論そのような体験はない。おなじくマチナカのオジョウチャンだった私の母にいわせれば、「ガラスの破片で足を切って、そこからバイキンが入ったらどうするの！」であろう。しかし、そのような気遣いはまったくなかった。

真夏でも夜になると阿新地域（岡山県北西部）は過ごしやすい。おかげで我が家のエアコンは引越以来ほとんど稼動しておらず、夏場の電気代が大助かりである。それはさておき、心地よい冷たさの夜の川に私は娘の、妻は息子の手を引き入っていった。こういうとき、半農半漁の郊外に生まれ育った連れ合いは強い。スイスイ夜の川の中を息子とともに歩いて行く。私はというと、すべって転んだり、石の間に足をとられてサンダルを流してしまう体たらく。その光景を間近に見ていた娘は、やがて私を見捨て先頭を行く仲田氏を追った。彼女は仲田氏の指導のもとで袋いっぱいの魚を捕獲し、喜色満面であった。そして自分たちで捕った魚を油で揚げ、酢漬けにして食べたときの子どもたちの顔もまた格別だった。

（『山陽新聞』平成一五年五月二五日付）

人は旅して神になる

私は日ごろ学生に「山や海や川といった大自然の中に神は住みたもうのだ」と話している。しかし夜川という阿新地域に伝わる夏の子どもの遊びを体験するまで、その言葉にどれほどの説得力があったのか、と反省することしきりである。

真暗な夜の川は実に神秘的であった。見上げると空には満天の星、谷あいであるから山がせまり、私の精神がそのまま川をさかのぼって奥深い山中に誘《いざな》われ、そこから天空へとすいこまれるような思いにかられた。私は夜川を通して山と川の精霊をたしかに感じ取ることができたのだ。

私はこれを異界旅行と称している。

人は旅をすることによって、身も心もリフレッシュする。すなわち再生するのである。再生とはヨミガエルことで、それは黄泉《よみ》帰りに通ずる。黄泉は神々の聖地であり、人は旅して異界を体験し、それを繰り返すことから神に近づくのであった。

旅はまた人を繋《つな》ぎ、地域を繋ぎ、文化を繋ぐ。観光はまちがいなく二十一世紀の基幹産業となる。大規模なテーマパークもよいが、存外身近なところに観光資源はころがっている。疲弊した都市住民の心身を癒すもの、それは大自然のダイナミズムである。

ところで俗物の私はいっかな神に近づいた気配はないが、同行した愚妻にはご利益があった。なにしろカミサンというぐらいだから。

（『山陽新聞』平成一五年六月一五日付）

最後は定番の落とし話ですが、この話には続きがあって、町内のおばさん連中が二泊三日の温泉旅行へ出かけたとします。そのおばさんたちが豊かな自然に囲まれた温泉旅館で、ところのご馳走と湯を満喫し、亭主の悪口言いたい放題の旅を終え、茶の間に腰を下ろしたときの開口一番は「やっぱり家《うち》がいちばんええわ〜」です。私などは、家が一番ならわざわざ温泉へ行かなくてもよいではないかと思うのですが、これは非日常の空間に身をおき、非日常の時間を過ごしたことで心身ともにリフレッシュできたからこその一言です。リフレッシュできていなかったなら、「もう少し、ゆっくりしていたかったなあ……」となります。すなわち、日常の生活から離れ、異なる世界の体験によって心身ともに活力がよみがえり、ふたたび日常へと戻ることができたのです。観光旅行にこのようなリフレッシュ効果を求める人はたくさんいます。

懐かしさのチカラ

一般財団法人経済広報センターが平成二二（二〇一〇）年九月、全国の「eネット社会広聴会員」（三一四七人）に対して行なった「観光に関する意識・実態調査」（有効回答数は二〇九三人）によると、観光旅行の目的は「娯楽、ストレス解消、リフレッシュ」が九〇％と圧倒的に高い割合を示しています。また国内観光地を選ぶ決め手は「自然の豊かさ」が五八％、「歴史・文化」が五〇％となっていて、これが上位二項目です。そうすると大まかには、豊かな自然と歴史・文化は私たちのストレス解消、リフレッシュに効果があると考えられるのです。

平成六年七月に公開されたスタジオジブリの劇場アニメ作品「平成狸合戦ぽんぽこ」のラストに近い「多摩ダヌキの最後っ屁」というシーンは多摩丘陵にひろがるニュータウンの静かな朝焼けからはじまります。そのニュータウンが変化《へんげ》狸の化け学によってわずかの時間ですが、開発前の姿を取り戻すのです。


その多摩村の里の情景。畦道で一服しているお百姓さんの前を土煙あげてボンネットバスが通過。

つばめ飛び交う。

緑陰濃い農家。牛がのどかに尾をゆらし、手押しポンプで水を汲んでいる。

道端の祠《ほこら》におばあさんと孫が手を合わせ、護岸されてない川にかかる木の板橋をとんぼとりの少年たちが行く。

雪化粧の里、見まわすにつれ、季節逆行し春の里景色へ。

震えながら見ている昔からの住民。

女「あ、あれおかあちゃんみたい……」

農道をかごを背負った農婦が行き、田んぼを隔てた向かいの農家の庭先では少女が石蹴りをしている。

女「（突然激しく）ヨッちゃん！（横の亭主に）ヨッちゃんよ！」

言いも終わらず駆け出すと、今昔の境は消滅し、そのまま昔の風景のなかに。

女「ヨッちゃーん」

つられて他の地元の人々も、新しい家々から駆け出し、昔の風景のなかへ駆け込んでいく。

半鐘の上をぴーひょろろととんびが舞い、木造の小学校校舎が里を見下ろしている。

（高畑勲『平成狸合戦ぽんぽこ』徳間書店、一九九二年、一七六〜一七七頁）


この場面から子どものころの風景や生活をあれやこれやと思い出し、なんとなく元気の湧いてきた人は多いのではないかと思います。また、こうした田園風景になじみのない若者であっても、なぜかしら懐かしさを感じられたのではないでしょうか。それは大分県豊後高田市の「昭和の町」を訪れた平成生まれの若者が懐かしさを感ずるのと同じ心持です。

少し時間をさかのぼってみましょう。「四季耕作図」という江戸時代に流行した絵画のジャンルがあります。(8)これは室町時代に中国から招来された耕織図が土台となり、わが国では織（養蚕）を外したうえで、一年間の稲作工程を描いた四季耕作図として独自の発展をとげました。江戸時代前期には狩野派の名だたる絵師が粉本《ふんぽん》に基づき障屛画や掛物・絵巻物などに筆を揮《ふる》った作品が多かったのですが、中期以降は諸派や市井の絵師の手になる写実的な作品があらわれ、現実味を帯びた地域色豊かなものがみられるようになりました。さらに衣装や調度類などの絵柄にも用いられ、多様な形態の作品が近世都市においてたくさん制作されたのです。この四季耕作図が江戸時代の都市住民に受け入れられたのは、離村者であれば故郷の風景や農作業が郷愁を誘い、都市に生まれ育った者であってもなにやら懐かしさの対象となり、いずれもストレス解消、リフレッシュに効果があったと考えられるからです。

どうやら懐かしさは時代を超えて多くの人に安らぎと活力を与えるチカラを持っているとみてよさそうです。

いうまでもなく懐かしさは過去に対して生ずる感情です。川端康成が『舞姫』のなかで「過去の思い出は、現在の目で、もう正確に、判断出来ないものなのよ。過ぎ去るとたいていのことが、なつかしい」[9]とヒロイン波子に語らせているように、たいていの場合は美化され、理想化されています。時が自然に淘汰してくれ、いうなれば希望の光に色づけられた、いいものだけが残るからです。されば懐かしいのです。そして『舞姫』においてもそうであったように、暗い時代においても、また離郷者が故郷《ふるさと》を思うときにもそれはいえるのです[10]。こうした過ぎ去りし思いが、いつの世においても我われの心の支えとなり、生活にぬくもりをもたらせてくれたのです。

懐かしさの構造

懐かしさは自分の経験していない過去に対しても認められます。先述した田園風景になじみのない若者がスクリーンいっぱいに広がった多摩村の光景に感じた懐かしさ、「昭和の町」になぜかしら懐かしさを覚える平成生まれの若者、江戸時代の都市住民が四季耕作図に抱いた懐かしさ、あるいは吉田兼好が「なに事も、古き世のみぞしたはしき（なにごとでも古い時代ばかりがとくべつ懐かしく思われる）」（『徒然草』第二二段）と述べた感懐がそれなのです。

すなわち懐かしさは、自分が実際に経験した過去に基づくものと、そうではない歴史的な事柄への感情移入によって生じるものがあるということです[11]。後者については多少説明が必要かと思います。

私は仕事がら古写真をみる機会に恵まれているのですが、私の生まれる以前に撮影されたものであっても懐かしさを感じることがあります。たとえば昭和二〇年代撮影の写真にボンネットバスが写っていたとします。ボンネットバスは昭和四〇年代のわたしが小学生のころにも走っていたので、当時を思い出して懐かしくなるのです。

深川江戸資料館（東京都江東区）は江戸時代末期、天保年間の深川佐賀町の町並みを想定復元した博物館です。二〇〇年近くも前の町並みですから私は知るよしもありません。ところが展示室へ入るとなんとなく懐かしい気持ちになるのです。船宿を見ると、よく遊びに行った小学校の同級生の家を憶《おも》い出し（同級生の家が船宿だったわけではないのですが、船宿を見ると上階が少し小ぶりだった同級生の家を憶い出すのです）、長屋の路地を入り板で蓋をした排水溝を見ると、子どもの足で自宅から一〇分ほど歩いたところにあった長屋の光景を憶い出します。そこにも同級生の家があり、これまたよく遊びに行きました。土間に設えられた竈を見ると、やはり同級生の家にあったそれを憶い出します（使っていたのではないでしょうが……）。月見どきには団子を供えていて、昔は家《うち》でも薄と団子を供えたことなどをあれやこれやと懐かしく憶い出すのです。また裏へ回るとなにげなく竹箒が立てかけられています（これも展示資料のひとつです）。そうすると竹箒の柄を抜いてチャンバラをしたり、バットの代用にして遊んだことを憶い出します。そして竹箒はわたしの記憶を一気に中世へと遡らせてくれます。「春日権現霊験記」には竹箒を持った老爺が稚児に話しかけている場面が、「融通念仏縁起」（清涼寺本）には下僧が竹箒で掃除している場面が描かれていて、それらを憶い出すのです。逆に「春日権現霊験記」や「融通念仏縁起」に描かれた竹箒を見ると、その柄で遊んだ子どものころの記憶がよみがえってきます。このように中世の絵巻物からも懐かしさは感じられるものなのです。

大阪歴史博物館（大阪市中央区）には難波宮の大極殿が原寸大で復元的に再構成され、直径七〇㎝もある朱塗りの円柱が立ち並び、宮廷官人の人形も展示されています。円柱の朱色は、わたしがまだ幼稚園へ行くまえ、母の実家の縁側で真鍮製の洗面器に赤い金魚を泳がせ、つついたりしながら「金魚ってきれいだなあ」とあきもせず眺めていた記憶につながります。宮廷官人は、こちらも入園前のわたしのお稚児さんの姿へと結びつくのです。

たとえ自分が経験していない過去の空間（ここでは想定復元した過去の空間ですが）であっても、そこになにかしら懐かしさを感ずることがあったとすれば、それはその空間を構成する何らかの要素がきっかけとなって自身の懐かしい記憶がよみがえるからではないでしょうか。あるいは、見たことのない光景や事物に出あったときには、本能的に経験からそれらを理解しようとし、過去の記憶を引き寄せる傾向がみられるからではないでしょうか。白状すると、この文章を書くにあたり、深川江戸資料館や大阪歴史博物館へ行ったさい、私が感じた懐かしさに思いを巡らせました。その結果が述べたようなことなのです。実際の見学では「なんとなく懐かしいなあ」という感情を抱いたのは確かですが、そのとき懐かしい記憶までもがよみがえったのかと問われると、いささか心もとないものがあります。そうすると、この懐かしさは脳の奥深くしまい込まれた潜在的な記憶と関係するのではないかということです。

記憶のメカニズムは脳科学や心理学の領域でずいぶん研究が進んでいるようですが、私は博物館における資料の活用および保存方法と似たような関係にあるのではないかと考えています。博物館は膨大な数の資料を収蔵していますが、展示しているのはごく一部であり、大半は収蔵庫に保管されています。収蔵庫は資料の劣化を防ぐため適切な環境を整えており、展示室も収蔵庫ほどではありませんが、資料に優しい一定の環境を保持しています。したがって収蔵庫は資料を未来へ伝えるための、展示室は人類共有の財産である資料を適切に活用することから文化財保護の理念を涵養し、同時に将来にわたって継承していくための空間といえるのです。こうした機能を有する博物館の基本的な活動は常設の展覧会です。ただし、常設とはいえ展示資料やそれに伴う情報は固定されたものでなく、定期的に入れ替えと更新を行なっています。

以上のことを前提とし、記憶を博物館資料に、脳を展示室と収蔵庫に見立てるのです。そうした場合、展示室にあたる脳は日常生活を営むうえでの機能を、収蔵庫に相当する脳は当面必要とされない記憶を長期的に保管するための役割を担っていると考えられます。資料である記憶はわれわれの求めに応じて展示室から収蔵庫へ、あるいは収蔵庫から展示室へと行ったり来たりすることになり、これは展示資料の入れ替えに相当します。資料の入れ替えをすると展示室内の雰囲気が変わり、その効果でミュージアム・スタッフも利用者も新鮮な気分になるものです。懐かしい記憶がよみがえったときも同様のことがいえるのではないでしょうか。

懐かしい記憶は静かで穏やかな環境下におかれ、充分に休養をとっていたので活力は充分です。すなわち生きが良くて新鮮なのです。しかも懐かしい記憶にしてみれば久しぶりに表舞台へ登場したのですから、うれしさのあまり、それこそ生き生きと活動したくなるはずです。そのことが懐かしい記憶のよみがえった本人の変化につながり、活き活きとした人は周囲をも明るく元気にしてくれます。懐かしい記憶をよみがえらせることは私たち一人ひとりが幸せに生きるために必要であり、社会にとっても重要なのです。ただし、加齢によって物忘れの度合いが増してきます。私も年を重ねるごとにそれを実感しています。その現象は保管場所へのアクセスがあやしくなったために起こるのでしょう。これは致し方ありません。

よほどの変わり者でもないかぎり、このようなどうでもよいことは詮索しません。だから「なんとなく懐かしい」ですませているのでしょうが、およそ学問を生業《なりわい》としている輩は「なんでだろう、なんでだろう……」となんでもかんでも不思議の世界へと引っ張り込む習性を持っているので、こうした世迷言をついつい考えてしまうのです。念のため申し添えますが、科学的根拠はまったくありません。

脱日常がもたらす自由と解放感

すぐれた紀行作家としてもしられる田山花袋は「旅はどんなに私に生々としたもの、新しいもの、自由なもの、まことなものを与えたであろうか。旅に出さえすると、私はいつも本当の私となった[12]」と述べています。兼好法師も「いづくにもあれ、しばし旅立ちたるこそ、目さむる心地すれ。そのわたり、ここかしこ見ありき、ゐなかびたる所、山里などは、いと見慣れぬ事のみぞ多かる（どこであろうと、しばらく旅に出ているときは目の覚めるように新鮮な気持ちがするものだ。そのあたりをあちらこちらと見歩いていると、田舎めいた所や山里などはずいぶん見慣れないことばかりが多くあるものだ）」（『徒然草』第一五段）と仰せです。

旅の目的はひとによって異なります。観光旅行にしたところで、行く先ざきでなにを求めるかはひとによってちがいます。たとえそうであったとしても、旅によって得られる非日常空間への移動は、われわれに見慣れないものや珍しい物事、未知の事柄を提供してくれます。そして、一時的にせよ自由と解放感を与えてくれるのです。逆にいうと、非日常の空間に存在する異文化と、日常から離脱することによって得られる自由と解放感への希求が私たちを観光へと誘うのです。

ご多分にもれず、私も遊園地が大好きな子どもでした。長じてからはそこにテーマパークが加わりますが、東京ディズニーランドへは開園一か月もしないうちに出かけたものです。おそらく脱日常がもたらす自由と解放感、さらには華やかさと夢を遊園地やテーマパークに感じていたからでしょう。また私が大学生の頃まで、ゴールデンタイムには必ずといってよいくらい歌番組が放映されていました。でも演歌になると用足しに立ったものです。そんな私が四〇歳を過ぎたころから、どうしたものか「演歌もわるくないな」と思うようになったのです。

ちょうどその頃、善通寺（香川県善通寺市）へ行く機会がありました。境内で腰をおろしていると、つぎつぎと「お遍路さん」がやってきます。それを見た瞬間に「あっ、お遍路さんもわるくないな」と感じたのです。若いときには思いもよらないことでした。当然、習性として「なんでだろう?」と考えました。いまでもよくわからないのですが、一定の年齢になると遺伝子に書き込まれている日本人特有の感性が活発化するのではないか、ということにしています。

わたしは学生時代を東京で過ごしました。このところは年に何度か出張で行くだけですが、東京駅や羽田空港へ降り立つだけでワクワク・ドキドキします。興奮、緊張するのです。これは遊園地やテーマパークに抱いた感情と似ています。しかしながら学生時代のわたしにとって東京駅・羽田空港は、ここから新幹線に乗れば、ここから飛行機に乗れば故郷へと運んでくれる、逆に故郷から東京へ戻ったときには、これからまた都会での生活が始まるんだという、いくぶん胸のしめつけられるような感傷的な気分に浸らせてくれる場所でした。それがいまではワクワク・ドキドキの興奮・緊張の場へと変化しているのです。もちろん東京での六年間の生活のなかでもワクワク・ドキドキすることはたくさんありました。印象に残っていることをひとつ紹介しましょう。

北千住駅（東京都足立区）を東口で降り、旭町商店街の中ほどの路地を入ったところに同級生のひとりが親戚の所有する一軒家を借りて住んでいました。昭和五〇年代のことです。北千住は東京の下町ではありませんが、当時の旭町はいまよりもずっと下町風の情緒に満ちあふれた町だったのです。しかも同級生の住んでいた家は典型的な仕舞屋《しもたや》だったものですから、地方から出ていた私にはたまらない魅力がありました。泊まりにいくたびワクワク・ドキドキしたものです。おまけに商店街の一角にあった食堂の出してくれる竹輪の磯辺揚げのおいしかったこと。後にも先にもあれほど美味い竹輪の磯辺揚げをしりません。

ところで、一応わたしも現代人の端くれですから、ストレスをためこんで仕事をしています。帰宅して湯につかると、民俗調査等の折にいつもお世話になっている天草市倉岳町棚底にある旅館のお風呂が目に浮かびます。「棚底へ行って、ホワーとして、ボヤーとして、ゆっくり風呂に入って、うまい魚が食べたいなあ……」と切に願うのです。その旅館は、釣り人相手の鄙びた宿ですから風呂といってもたいしたことはありません。風呂だけならスーパー銭湯のほうがはるかによろしいのです。ただし魚は絶品です。ところがこうしたときには、いくら風呂好きの私でもスーパー銭湯へ行こうなどとは思いもよりません。そして棚底は観光地でもありません。とにかくいまの私が、ホワー、ボヤーとできるところと感じているのが棚底なのです。この訳のわからない感情をうまく表現できればよいのですが、日常から離脱したいという願いは共通していても、遊園地やテーマパークあるいは近年わたしが東京に抱いている思いとは真逆《まさか》のものであり、やすらぎ、ぬくもりなどのありふれた表現ではとうてい言い尽くせない感情なのです。しかも年齢を増すごとにホワー、ボヤーへの渇望は大きくなっているような気がします。おそらくそれは体力と関係するのでしょう。心躍るような興奮はいくら楽しくても中年以降の世代にはやはり疲れます。もっとも私は上京した折には友と酒食をともにし、旧交をあたためることで昂った感情を直しています。私なりの直会《なおらい》です。

直会とは神祭りのあとで行なう宴会のことであり、「なおりあい」が約まった語とされています。祭りは神霊を招き慰撫するために行なうのですから、粗相があってはいけません。そのため神事のあいだは興奮と緊張の連続です。それを直す、すなわち平常に戻す行為が直会なのです。

さきほど若かりし頃を思い出していたときは、楽しくて、楽しくて、始末に負えないほどだったのですが、棚底が直会の役割を果たしてくれたようで、私の気持ちもホワー、ボヤーと落ちついてきました。どうやら、この原稿を書きながら、無意識のうちに自ら回想法を試みていたようです。じつは回想法の実践では最終段階で現実に引き戻してあげることが大切なのです。そうしないと過去の世界に閉じこもったままになってしまいます。それでは明日へとつながりません。

時間をつなぐ、記憶をつなぐ

なぜ歴史を学ぶのか。それは時間をつなぐためです。現在から過去を見つめ、また過去に照らして現在を見つめなおす、そこから未来を志向するのです。でも過去がわからなければつなぐことはできません。適切な例ではないかもしれませんが、気のおけない友人とは楽しさゆえにほんの一杯のつもりがどうしてもやり過ぎてしまいます。そうすると、翌朝、目を覚ましたときには、ある時間からの記憶がいっさい残っていないのです。不安になって記憶が飛んでいるあいだの出来事を友に聞きだそうと連絡するのですが、向こうもこちらと同じですから、さっぱり要領を得ません。逆に不安は倍加します。

現代人はなんとなく不安な気持ちを日常的に抱いているひとが多くなったといわれます。私は社会全体の記憶のつながっていないことが原因のひとつにあるのではないかと考えています。十年一日のような社会の変化が緩やかだった時代においては、多少うっかり時を過ごしてもつなげられたのかもしれませんが、高度経済成長期以降のまさに十年一昔のごとく変化の急な時代にあってはボンヤリしているとたちまち取りのこされてしまいます。ましてや来し方を振り返る時間の余裕すらありません。そして私たちは〝ちょっと昔〟の出来事はすぐに忘れてしまいます。しかも、こうした私たちの背中に貼りついているかのような昔は見えにくいのです。それは振り返ったときに遠くはよく見えても、足下はわざわざ下を向かなければ見えないことと似ています。「提灯持ち足下暗し」とはよくいったものです。ましてや背中に貼りついていれば鏡がないと見えません。「人の背中は見ゆれど我が背中は見えぬ」ものなのです。

世態はミレニアムのころから昭和ノスタルジアブーム、とりわけ昭和三〇年代が注目されています。大分県豊後高田市の商店街が「昭和の町」を立ち上げたのは二〇〇一年、まさに二一世紀幕開けの年でした。映画「ALWAYS　三丁目の夕日」の公開が二〇〇五年、この年は昭和三〇（一九五五）年下期から三二年上期にかけて発生した空前の好景気、神武景気のスタートからちょうど五〇年後にあたっていました。翌二〇〇六年八月には高度経済成長の象徴的な存在であり、「ALWAYS　三丁目の夕日」でもシンボリックに描かれた東京タワーを登録有形文化財（建造物）に申請する動きが伝えられました（「東京新聞」二〇〇六年八月一一日付など）。東京タワーの竣工は一九五八年一〇月ですから、二〇〇八年一〇月に建設後五〇年を迎え、登録有形文化財登録基準の基本的要件を満たすからです（「登録有形文化財登録基準」平成一七年三月二八日、文部科学省告示第四四号）。いつ登録されるんだろうと、私もやきもきしていた一人ですが、二〇一三年六月二一日、国土の歴史的景観に寄与しているという理由で無事に登録されました。

こうした動きの背景には昭和三〇年代に抱く人びとの想いや、神武景気から五〇年の歳月が流れ、高度経済成長期を歴史のなかに位置づける時期がやってきたことなど、いくつかの要因が潜んでいるのでしょうが、私は目まぐるしく移り変わった戦後日本の有様を振り返り、時間をつなぐことを社会全体が求めているからではないかと考えています。亀井勝一郎の言を借りると、現代を生きる人びとが自己の生命の源を高度経済成長期に求め、それは今日の自己の生命を更新しようという再生の願いに基づくものである、ということになるのでしょう。

さて二〇〇七年からは終戦直後に生を受けた「団塊世代」が引退期を迎えました。この世代にとって昭和三〇年代は学齢期から青年期にさしかかったころですから、高度経済成長とともに多感な時期を過ごしたことになります。企業戦士として日本経済のピーク期に働き盛りを迎え、バブル経済期に管理職年齢となるのですが、五〇歳に到達した一九九〇年代半ばには金融機関がつぎつぎと破綻するなど、皮肉にもかれらの体力の衰えとともにわが国の経済力も下降の一途をたどりました。良くも悪くも戦後日本を象徴する世代であり、もしかすると昭和三〇年代をもっとも懐かしんでいるのはかれらなのかもしれません。この団塊世代の引退も二〇一〇年三月で一応の終結をみ、いまでは高齢者世代へと移行しています。

団塊世代はとかく批判の対象とされることも多いのですが、現代へと続く若者文化の基盤をつくりあげたのはかれらです。いうなれば「新人類（世代）」と呼ばれた私を含む中年世代や、そのジュニアである「さとり世代」の原型をかれらに見出すことができるのです。そして昭和三〇年代をもっとも懐かしんでいるのが団塊世代であるとすれば、かれらに〝ちょっと昔〟から現在への時をつなぐ役割を担ってもらう意義は回想ワークの立場からも大きいのです。そのさい、活動の拠点が必要でしょうから、地域の博物館をその場にあてればよいのではないでしょうか。博物館もまた過去から現在、そして未来へと時間をつなぐ役割を果たしているのですから、うってつけです。

地域の視点、地域の矜持

かつて私もかかわった和歌山県史の編さん事業において、近世編は慶長五（一六〇〇）年の浅野氏の紀州入国から江戸幕府の滅亡した慶応三（一八六七）年までを対象としています。一般に近世といえば、織田信長による統一権力の成立をもって始め、織豊政権期は近世に含めるのがふつうです。しかし地方史の観点では、どことも一様に織田政権の成立から近世を始めるわけにはいきません。紀州においては浅野幸長《よしなが》が入国し、その翌年に実施した慶長検地を近世の始まりとすることが妥当であり、そのため浅野氏の紀州入国からを近世としたのです(13)。地方と地域の概念は異なるのですが、地方史であれ、地域史であれ、要は土地ごとの状況に照らして歴史を編む視点が大切なのであり、それが地方・地域の矜持であるのです。同時にそれは柳田國男がいうところの「史心」と「史力」にもつながります。

ところで、東京タワーが文化財⁉ なんとなくピンとこない人も大勢いらっしゃったかと思います。そのように感じる一端には身近すぎるということがあるのでしょう。

文化財保護法や文化財保護条例で保護されている文化財には、農耕用具や山村の生産用具、漁村の漁撈用具など庶民が生業に使用した道具類も含まれ、それらは有形民俗文化財とよばれています。有形民俗文化財は衣食住、生業、信仰、年中行事等に関する風俗慣習、民俗芸能、民俗技術に用いられる衣服、器具、家屋その他の物件で我が国民の生活の推移の理解のため欠くことのできないものを指します（文化財保護法第二条第一項第三号）。前代の日本人が当たり前のように使っていた日常卑近の道具であっても、それがわれわれの生活の推移を明らかにするのであれば、れっきとした文化財なのです。これらの道具をつくった人、あるいは使っていた人のだれが、やがては重要有形民俗文化財に指定されると予想したでしょう。

道具は、こんなものがあれば便利だな、あるいはここを改良すればもっと便利につかえるのではないかなどと考える人がいて、つぎにそのアイディアを具現するため製作します。その製作物が多くの人びとの共感と支持が得られれば実用価値を生みます。この段階では文化財云々《うんぬん》という話にはなりません。ところが、道具はより便利なものがあらわれると旧式はしだいに価値を失い、やがて使われなくなります。無用の長物と化したそれは廃棄されるか、そうならないまでも物置などに放置され、忘れ去られ、朽ち果てるのが関の山です。こうしてだんだん世の中から消えていくと今度は稀少価値が生じますから、それも手伝って、だれかが「これって、われわれの生活の歴史の生き証人だよね。生活の変遷の理解に役立つ道具だよね」ということに気づき、いうなれば民俗文化財としての価値を発見したときに「大切なものだから残そうよ」となるのです。したがって、実用価値を喪失し、この世から消え去っていく段階で稀少価値が生まれ、そこから一部のものについては文化財としての価値が派生するのです。

さりながら、そこにも落とし穴があります。実用価値を失っていないものは文化財としての価値がないのか、遙か昔から身近な道具として存在し、いまも姿・形を変えずに当たり前のように使っている道具には文化財的価値がないのかということです。じつはそれを考えてもらうために先ほど竹箒の話をしたのです。竹箒は形状・材質・用途のどれをとっても中世の絵巻に描かれたそれとほとんど変わっていません。しかも見たことがない、使ったことのない日本人がいるでしょうか。このように何百年も変わることなく、いまも身近で活躍している道具もまたわれわれの生活の推移の理解のため欠くことのできないものなのです。

推移・変遷は移りゆくものばかりを見ていたのでは理解できません。変わるものと変わらないもの、その両者を見つめることが肝要なのです。それともうひとつ。民俗文化財の価値は優品主義・一品主義にもとづくものではありません。同じようなものがどこにでもあり、多くのひとが当たり前のように使っていた点に価値を求めるのです。これは柳田國男の歴史認識ともつながります。この民俗文化財の概念がこれからの文化財保護、あるいは文化財そのものを考える際の重要な視点になってくるのではないかと思います。

翻って〝脱観光的〟観光を考えるに、編者井口貢のいう常在観光もまた民俗文化財の概念と符合するのです。たとえば常在観光の代表例としてしばしば井口の掲げる足助町（愛知県豊田市）は、そこに生活する人びとが何の変哲もない自分たちの暮らしぶりを丁寧につむぎあげて魅力あふれるマチに仕立てました。豊後高田市の「昭和の町」は昭和三〇年代をテーマに、どこにでもあった商店街を修景整備し、進化を続けながら、いまでは年間三〇万人以上の観光客が訪れるようになりました。中高年層は足助や「昭和の町」から〝ちょっと昔〟を懐かしく思い出し、若年層には経験していない昔であってもなんとなく懐かしい気分に浸らせてくれ、いずれにおいてもその懐かしさが生き生きとしたもの、新しいものを提供してくれるからこそ、リフレッシュ効果があるのです。それは変遷の中に求める寄方《よるべ》を見出し、たとえ姿・形は変わろうと、変わらないものは住民一人ひとりのマチを愛する心であることを、足助や豊後高田市の商店街の人たちが自分たちの生活とマチを虚心にみつめる過程で気づいたからです。それがかれらの視点であり、矜持なのです。そして懐かしさのなかに新鮮さが感じられるのは、伝統を継承することから創造・発展へとつなげ、そこには地域再生への強い思いが働いているからです。

いまではこうした〝ちょっと昔〟を感じさせてくれるマチや施設は時流に乗ってずいぶん増えました。しかし足助や「昭和の町」のように、地域の視点と矜持を持ちあわせていなければ、所詮は借り物同様のツクリモノですから、やがて消え去る運命にあるのだろうと思います。

博物館教育と博物館の矜持

さきほど博物館は過去と現在、そして未来をつなぐ場であると述べたのですが、いまでも博物館は庶民の生活とは縁遠いお宝や、〝博物館行き〟の言葉に象徴される古くて役に立たないものが並んでいるところと思われがちです。すなわち、われわれの生活とは直結しない場であるとの印象を拭いきれていないのです。これでは過去と現在と未来をつなぐどころか、身近な存在として感じてもらうことすらできません。それは五七七五館（平成二〇年度文部科学省社会教育調査による登録博物館・博物館に相当する施設・博物館類似施設の合計館数）もある博物館のうち、歴史博物館が六割弱を占めるというわが国の博物館事情にもよりますが、かつて歴史博物館の展示が地域伝来の資料を用いて日本の歴史を構成していたことも少なからず影響しているのです。この手法は地域資料を日本の歴史にあてはめるやり方ですから、日本を押しなべてみたときの歴史に主眼がおかれ、地域固有の歴史的展開は従属的立場にあったのです。さりながら現在の歴史博物館は、もはやそのような段階ではありません。綿密な調査に基づき、地域の実情に即したテーマを設定し、暮らしのあり様は自然環境と密接に関係することから、自然科学系と人文科学系双方の資料で構成したテーマ型総合展示を行なう博物館が増えてきました。博物館が蓄積した資料や情報をとおして、地域の歴史的変遷や実情を学ぶことは、学校教育とは異なる博物館にしかできない学びであり、それが博物館の矜持です。

また博物館は「生涯学習推進の地域における中核的拠点」としての役割が期待されてもいます。博物館は多様な人びとがかかわりあう場であり、人びととの交流から生まれる自主的な学びは豊かな感性と知性あふれる人材を育て、地域社会を活発にします。博物館は蓄積した資料と情報を次代に継承するといった時間と空間を超えた責務のほかに、資料や情報を活用することで同時代の人びとや地域に貢献し、それはまた未来を創造する源でもあるのです[14]。こうしたさまざまなチカラと可能性を持つ博物館ですが、残念ながら有効に活用されているとはいえません。しかも五七七五館のうち、公立博物館は七割以上にも及んでいるのですから、設立する際にも日々の運営においても税金が投入されているのです。したがって地域住民が使わない手はありません。というよりも使わないともったいないのです。

　わたしは歴史博物館の楽しみ方のひとつには、慣れ親しんだ道具に出合える喜びもあるのではないかと思っています。物置や押し入れをがさごそしていると、小さいころに遊んだ玩具《おもちゃ》が出てくることがあります。そんなときは幼なじみと不意に出会ったような気分になるものです。それと同じです。堺屋太一は自身の小説『団塊の世代』文庫版の冒頭で「小説『団塊の世代』の文庫の版が発行されるというので、改めて読み直して見た。そしてそこに描かれているのが三十年後の現実に合っており、古さを感じさせないのが歓《うれ》しかった。例えていえば、三十年振りに出会った昔の恋人が、若々しさを保っていてくれたような喜びがある[15]」と述べていました。それを読んだとき、見事な表現に感服したものです。いうなれば博物館は竹馬の友にも、あるいは若々しさを保った昔の恋人とも再会できる素晴らしい場所なのです。回想法・回想ワークの社会的必要性から、これからの博物館にはよりそうした役割が求められるのではないでしょうか。同時にそうした視点で博物館をとらえることは、高度経済成長期以降の生活に係る資料を収集する際の選別基準のひとつにもなるのです。

　澁澤龍彦（小説家・フランス文学者、一九二八〜八七）は「ノスタルジアこそ、あらゆる芸術の源泉なのである。もしかしたら、あらゆる芸術が過去を向いているのである[16]」と、岡潔（数学者、一九〇一〜七八）は懐かしいという情操が理想の基調であり、「数学の最もよい道連れは芸術である[17]」と述べています。懐古趣味のすぎた昭和のオヤジと揶揄し、「あなたは過去ばかり見ているからダメなのよ」ときまって非難する家人に聞かせてやりたいものです。

【岩﨑竹彦】

註

（1）社会福祉法人全国社会福祉協議会政策委員会編『新たな福祉課題・生活課題への対応と社会福祉法人の役割に関する検討会報告書』社会福祉法人全国福祉協議会政策企画部、二〇一二年、五頁、一七頁。
（2）日本民俗学会五〇周年記念事業として『民俗学の冒険』全四冊を刊行しました。そのうちの一冊は『覚悟と生き方』（岩本道弥編、ちくま新書、一九九九年）と題しています。参考にしてください。
（3）「すべての学問、職業は福祉に通じる」は、一番ヶ瀬康子『福祉のこころ』（旬報社、二〇〇二年）第三章のタイトルに用いられています。
（4）岩﨑竹彦編『福祉のための民俗学』慶友社、二〇〇八年、二一九～二二四頁。
（5）西川淑子「高齢者の生活支援としての回想法」（『龍谷大学社会学部紀要』第38号、龍谷大学社会学部学会、二〇一一年）。
（6）石坂洋次郎『わが日わが夢』（新潮文庫、一九五九年）一八四～一八五頁。
（7）『郷土大学開校記念講演』（東和町ふるさとづくり実行委員会、一九八七年）六頁。ただし当該箇所については、周防大島文化交流センター編『宮本常一の風景をあるく 周防大島東和』（みずのわ出版、二〇一四年）の「はじめに」より教示を得、同書を編集・執筆された高木泰伸氏から『郷土大学開校記念講演』を恵贈されたことを記しておきます。
（8）四季耕作図については、冷泉為人・河野通明・岩﨑竹彦『瑞穂の国・日本 四季耕作図の世界』（淡交社、一九九六年）をご覧ください。
（9）川端康成『舞姫』新潮文庫、二〇一一年、一四〇頁。
（10）田中宣一「故郷および故郷観の変容」（『日本民俗学』第二〇六号、一九九六年）。
（11）堀内圭子「消費者のノスタルジア――研究の動向と今後の課題」（『成城文藝』第二〇一号、二〇〇七年）。
（12）田山花袋『東京の三十年』岩波文庫、一九八一年、二三四～二三五頁。
（13）詳しくは『和歌山県史 近世』（和歌山県、一九九〇年）の「序章」（木村博一執筆）をご覧ください。
（14）『博物館の原則 博物館関係者の行動規範』（日本博物館協会編、二〇一二年）。
（15）堺屋太一『団塊の世代 新版』（文春文庫、二〇〇五年）五頁。
（16）澁澤龍彥『記憶の遠近法』（河出文庫、二〇〇七年）九六頁。
（17）岡潔『春宵十話』（光文社文庫、二〇〇六年）四八頁。

「飛山濃水」のレーゾン・デートル

地域、社会での、人、コト、モノを自在につなぐ

はじめに、私とは何者であるかということについて少しお話をしたいと思います。それこそが、ある意味で本書のテーマへの答えの一つにもなると思うからです。

二〇〇九年、岐阜県の古田肇知事は、当選二期目の目玉施策として、岐阜県が観光立県をめざすという宣言（この宣言は岐阜県が二〇〇七年七月に「みんなでつくろう観光王国飛騨・美濃条例」を制定したことに端を発します）をし、その施策（アクションプラン）推進のスタートとして、新たに県庁内に観光交流推進局という、いってみれば本来、縦割りの県庁内の組織（部局）を、縦横無尽につないで事業を行うための（実は、行政組織が最も苦手とする）新しいプロデュース型の組織（局）をつくりました。

知事からその初代局長にと、ヘッドハンティングされたのが私です。私は、それまではフリーのプランニング・ディレクター兼プロデューサーとして様々な分野の仕事をしてきましたが、そんな私が一〇〇%公務員になり、いわゆる「観光」部局のトップになるなんて夢にも思っていませんでしたし、できるとも思っていませんでした。ですが、知事は迷う私に、「あなたの仕事の経験、人脈、考え、スタイル、そしてふるさと岐阜県への想いを、新しくできる岐阜県の観光交流事業に、よりスケールアップした形で活かしてほしい、活かせるはずです」と、熱心にいってくださいました。

そのとき私は「岐阜県を愛している気持ちは誰にも負けないし、旅も大好きだし、海外にも何度も仕事で行き来はしてきたけれども、旅行会社などで勤務したこともない私が、局長なんてできるのだろうか」と思いました。その反面、これからの「観光交流事業」には、旅行会社が旅行商品をつくって売るだけではない、地域創生への新しい視点、つまり、地

域の人々の心や、歴史や、文化を巻き込んだ新しいタイプの産業づくりをめざすことが不可欠で、そういった視点こそが、持続可能な社会づくりのための新しい可能性になるのではという予感もありました。それは、大学生の頃から三〇年近く、規模は小さくても、岐阜と東京、最近では世界と東京を往来して、様々な地域資源を活用し、磨き上げ、まさにローカルからグローバルへ、資源のプロモーションをし、モノやコトや、人の交流（経済的な交流も含めて）に関わる仕事を行ってきた私の直感でもあったのです。

また知事からは、「これからの観光は、いろいろな資源を自在につないでいく必要があり、その意味では、縦割り行政を打破して組織をつなぐ必要がある。でも県庁内のスタッフでは、それは困難。だからこそ、様々なジャンルの人、コト、モノをつないできた古田さん（私のことです。ちなみに知事とは同じ姓ですが特に姻戚関係はありません）のような外の方に、こういった仕事をしてほしいんです」ともいわれました。

知事が語る「いろいろな資源を自在につなぐ」という言葉や感覚に、私は一〇〇％同意しました。今まで私が岐阜や東京、ニューヨークやアジアなどで行ってきた、アート事業から文化活動、ビジネス、小さなまちづくりや地域おこし、大きな都市計画……といった、様々な仕事を知事が見つめ、理解し、それらの仕事の〈つながり〉の意味と可能性を（漠然とでしょうが）理解しているという行政トップの存在に、何というか静かな喜びを感じました。

行政というのは、歴史を振り返ると、基本的に民間から遠いところにありましたが、今や、そんな「お上」頼みでは、持続可能な社会をつくっていくことはできません。まさに官民が互いの役割を認識し、それぞれが責任を持って協働していかなければならない時代なのです。私は、自分のインディペンデントな活動のなかで、それを実感してきましたし、岐阜県のような小さな田舎の地域でも、チャンスと一点突破の魅力があれば世界につながることはできると、常々確信していた気持ちや、その確信を実現するために行っていた仕事について、知事は理解し、新しいプロジェクトの仲間を誘うかのように私を県に導いてくださったのです。

今になって思えば、まさにそういった地域への、社会への、人、コト、モノへの感覚（感受性）こそが、これからの日本の「観光」産業や事業を推進していくうえでの、レーゾン・デートルでもあるように思います。もう一つ、付け加えるなら、そのレーゾン・デートルには、地域という「場」への特定な感覚、私はそれを「Sense of place（場の感覚）」と呼んでいますが、それもまた不可欠です。

岐阜県は日本のほぼ真ん中に位置し、文化、歴史的にも東西の結節点、もしくは融合点としての場所であり、さらに

「飛山濃水」と呼ばれる、標高三〇〇〇メートル級の山岳地帯（飛騨地域）から海抜ゼロメートルの水郷地帯（美濃地域）までの急峻な勾配を持つ地勢が大きな特徴です。実は、この特徴をどう捉えるかでも「場」との関わり方は大きく変わっていきます。ちなみに飛騨国と美濃国が一八七六年に合併して岐阜県ができた明治の頃は、「飛山濃水」というのは、両地域の対立を象徴するどちらかというとネガティブな言葉であったといわれています。でも時を経て、今、この言葉は、岐阜県の自然の豊かさや多様性を象徴する前向きな言葉となり、平成の現在は、そこに「清流の国ぎふ」という言葉も加わって世界に発信するまでになりました。そんな独自の地勢から生み出される独特な四季のありようや、食、文化、歴史、伝統工芸などが、日本の魅力をぎゅっと凝縮したかのような観光、食、ものづくり、人、文化資源として保持されるに至ったのは、岐阜県ならではの〈場が持つ〉ほぼ、運命的なレーゾン・デートルであったのではとも思います。でも、どんなに場があっても、その魅力を縦横無尽に編集し、磨き、発信する人の〈感性〉がなければ無いに等しいわけですから、やはりこれから新しい「観光」を創り上げていくためには、時代のなかでの様々な偶然と、人の存在、そしてコンテクストが重なり合う〈必然〉が必要なのではと考えています。

さて、そんなふうに岐阜県で観光交流推進局長として四年間を勤め上げ、公務員任期を終えた二〇一三年春、私は民間人に戻りました。現在、岐阜県では顧問として、主に海外戦略全般のエグゼクティブアドバイザーを務めています。

県庁に入庁してからの四年間、県庁職員とともに、様々な事業にチャレンジし、特にインバウンド（海外誘客事業）では、例えば二〇一三年のシンガポールからの外国人延べ宿泊数の伸び率が、全国二位に。二〇一四年の速報値では、過去最高の六六万人を突破し、シンガポールはもとより、タイ、マレーシアそしてフランスからの宿泊者数をすべて全国トップ一〇入りさせるなどの目覚ましい成果をあげることができました【図③-1、図③-2】。

実は、こういった成果を生んだプロセスとノウハウは、現在、「岐阜モデル」として観光庁などでもとりあげられ、最近では、全国各地の自治体や、観光事業者、企業、地域関係者、これから観光事業を志したいという大学などで話をする機会も多くなりました。

観光というのは「新しい産業」です。国も観光立国としてがんばろうと、観光庁を二〇〇八年に設置したところですが、実は、観光立国って何？　という疑問点や、課題も多々あります。でも観光産業は今まで書いてきたように、地域の人とともに、夢を持ってできる希有な事業なのです。

私は、県庁時代は、職員にも、自分自身が楽しみながら夢

図③－1　2014年 岐阜県内宿泊外国人数

13年から14年の伸び率58.9%全国４位！

合計　662,100人（全国12位）

台　湾	122,500	オーストラリア	19,050
中　国	55,420	マレーシア	14,730
香　港	43,740	シンガポール	12,580
タ　イ	43,680	フランス	10,490
アメリカ	24,240	イギリス	8,330
韓　国	22,340	ドイツ	6,210

出所：国土交通省観光庁宿泊統計調査（平成26年年間値（速報））。

図③－2　東南アジアから岐阜県を訪れる人が急速に増加

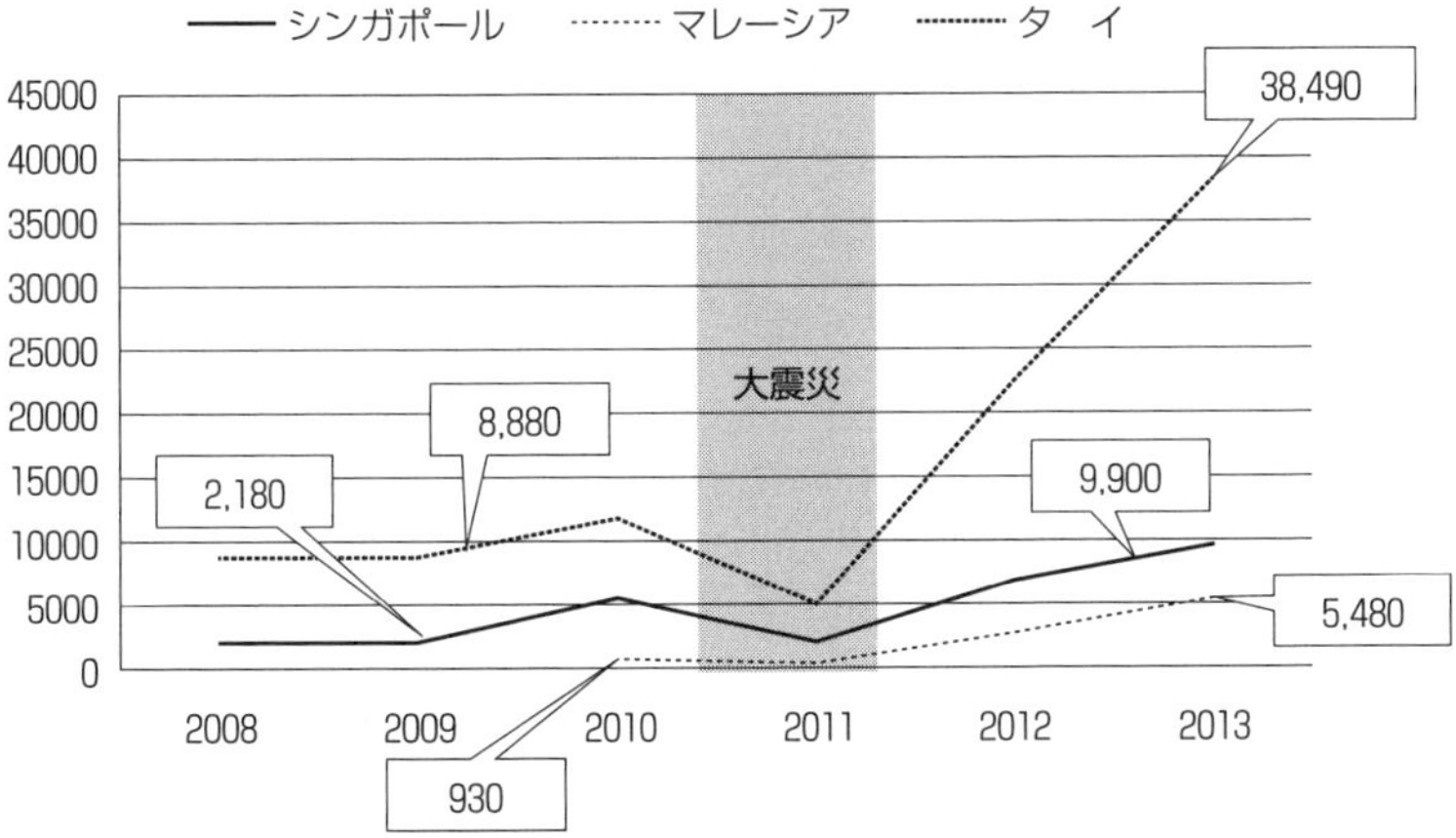

出所：国土交通省観光庁宿泊統計調査。

を持ち、自らも光になって仕事をするようにと言い続けました。相当な努力をし、困難なことがあっても、いつも明るくニコニコと少しも苦しそうでない顔をしてやっていこうとも伝えました。なぜなら観光は「光」を観る、魅せる仕事だからです。新しい観光について学び、実践することとは、こうした深い思いと覚悟、そして願いを持って、この新産業を私たちがつくり、これから五年、一〇年、五〇年、一〇〇年先の未来の世代の社会や地域のあり方を夢見つつ、それに向け地中深く根を張る事業なのだと思います。それこそが、私たちが実施し続けている「観光産業化」への取り組みなのです。

本当の観光学、とは、多様で幅広く、地域とともに、そして過去から現在、未来という様々な時間軸を背負って、夢を持って人が生きるなかでの「つながり」を実践していくことだと考えています。だからこそ私が本講を書き記すときには、そこに至る道のりや、その必然、まさにレーゾン・デートルについて、みなさんにお伝えしておきたかったのです。

では次に、そんな考えで実践してきた具体的な活動についてご紹介したいと思います。

地域資源の見直し「飛騨・美濃じまん運動」

最初に、県庁職員はもちろん、民間の事業者の方々含め、関係者のみなさんには観光客を何人呼ぼう、などという数値目標を捨ててもらいました。新しい観光のあり方をめざすためには、量より、質で勝負しようと。そのためには、まずは、〝観光、食、ものづくり、すべてにおいて選ばれる高品質な岐阜県になるために我々は頑張るのだ〟という目標を明確に持っていただくように進めました。観光の基本は、地域の本物の「光」を見出し、磨き、発信することで、その光のもとに多くの人が集い、それを迎える人や、コトや、モノがますます輝いて、地域が光いっぱいになることの実践そのものであるという考えです。

その基本に立ち返り、自らが岐阜県を自慢できるようになること、そのためにはまず、自らが岐阜県の様々な魅力を知る必要がある、そこで、岐阜県の持っている地域資源の洗い直しを行いました。

私は局長になる前に二年間ほど岐阜県庁のスタッフとともに、「飛騨・美濃じまん運動—岐阜の宝もの認定プロジェクト」という事業設計にかなりの想いと熱量を持って関わっていました。このプロジェクトは、地域に内在する隠れた資源（隠れた光、「じまんの原石」とも呼びます）を見つけ出し、それを地域のみなさんとともに磨きをかけ、観光資源化していくというものです。

そして創り出したものを（場合によっては創りながら）国

内外の人々に知っていただき、それをまちづくりや、経済活動に循環させていく施策（アクションプラン）とし、岐阜県のブランディングの見直しと、国内誘客、海外誘客、さらには、そこに付随するモノづくりや、食のプロジェクトにつなげ、果てはこうしてみつけだした資源を目一杯活用して、岐阜県の観光産業化（つまりこうした様々な地域の観光資源で経済活動ができるように、同時に、それに携わる人々がその地域で幸せにくらしていけるようになること）をめざそうという目標をたてました。

このプロジェクトは、多分、私が一民間人として関わっているだけでは、最初に設計した目標には、何年かかっても到達できなかった気がします。行政組織というのは、往々にしてそういうものなのです。ですが、私が知事の命を受けて局長という立場で、事業を推進する県側のトップになったことで、事態は大きく変わりました。

局長となった私には事業実現への権限と、有能な県庁スタッフが与えられ、地域資源を「見つけ出し」「創り出し」「知ってもらう」という（文字や言葉にする分には簡単そうにみえますが）実はとても困難な三つのプロセスを確実に推進するためのシステムと、地域の人々とともに官民共同で動く仕組みをつくり、実行しました。

こうしたことを行うなかで、岐阜県にとってのブランディングの基本は何なのだろうと各所で突きつめていき、岐阜県の地理性や私たちの活動のなかから見出したのが、前述した「清流の国ぎふ」というアイデンティティ、ブランド・ネームです。行政が一方的に押し付けるのではなく、活動のなかで岐阜県民にも、もう一度自分たちのふるさとについて真正面から向き合っていただき、想いや願いなどの実感を持ってブランド化を進め、みなが納得しながらそれに沿った形で観光の基幹産業化をも実現させていこうということです。当然ですが、民間の方々とも一体となってプロジェクトを推進しました（こういうアクションスタイルはプロセス志向型イノベーションに近いと思います。私の仕事のスタイルは、大部分がそういう感じで進めます）。

宝もの認定プロジェクトや誘客プロジェクト、海外戦略プロジェクト、県産品等ブランド力向上プロジェクト、さらにものづくりや食も含めたすべてが、一つの「清流の国」というブランドのなかで、岐阜県の新しいタイプの「観光基幹産業化」に向けた、大きなプロジェクトとして位置づけられ、さらにまちづくり支援や移住定住推進にもつなげ、最終的にこれらがすべて有機的に連動するように進めるというものです【図③-3】。

めざしたのは、部が違ったり課も違っても、観光交流推進局がすべてをプロデュースする部局として、縦串、横串を通

図③-3　推進プロジェクト―官民一体でのアクション

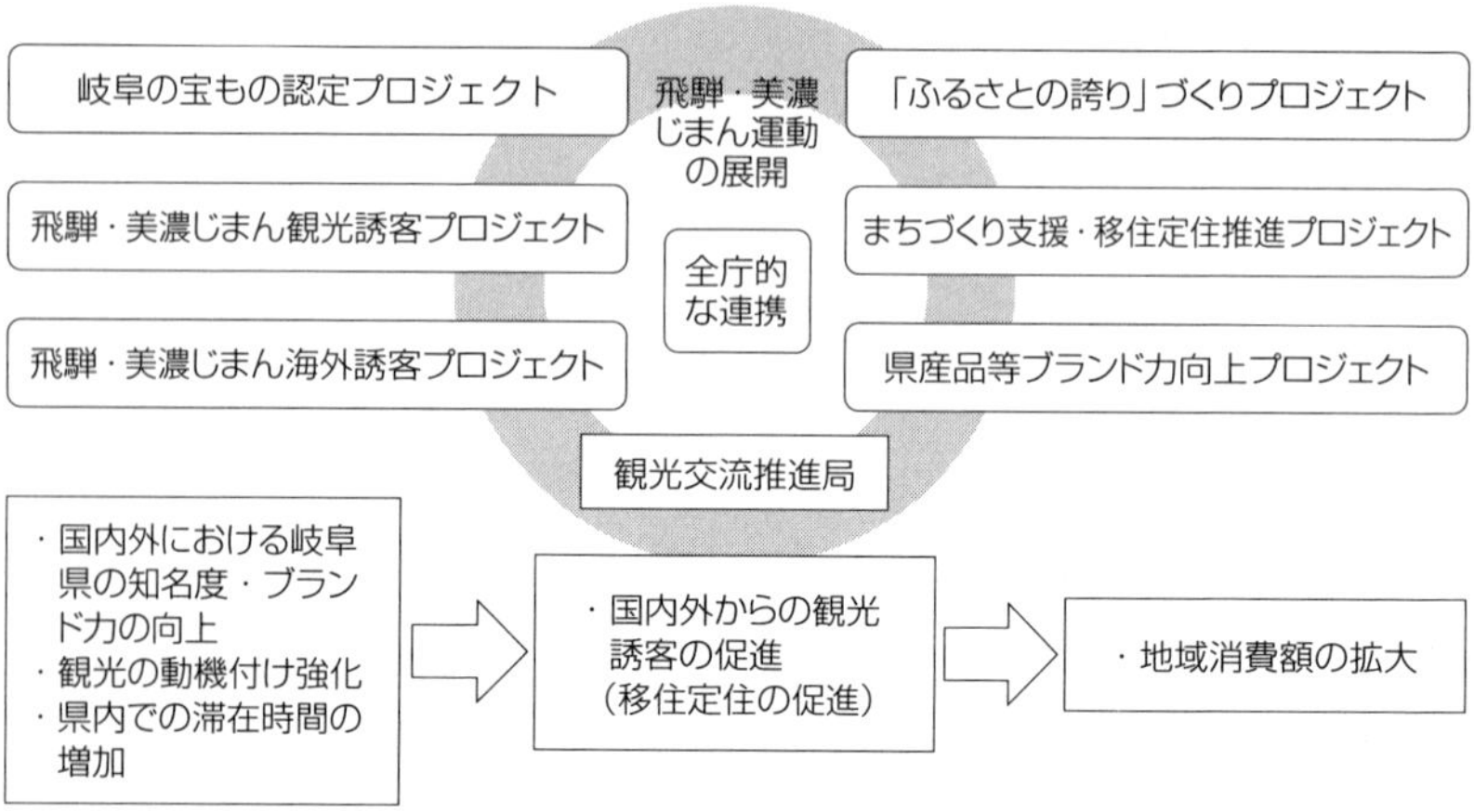

出所：岐阜県。

せる組織体制です。例えば、観光部局が、農政部と一緒に飛騨牛を国内外にプロモーションしたり、また林政部とは地域の森を守りながら、その森を守ることをアピールできる商品をつくっていくといった具合です。

確かに、実現は簡単ではありませんでした。最初の会議では、林政部や農政部の職員が、なんでここにいないといけないのかという顔もしていました。観光？　私には関係ないでしょう……みたいに。しかし今では、当たり前のように海外戦略も一緒に縦断かつ横断的に実施できるようになりました。

岐阜の宝もの認定プロジェクトの実施

次に、観光資源づくりの観点に話を戻します。まずは、そのような全庁的な組織体制をつくったうえで、本格的に岐阜県での滞在型観光地づくりを始動させました。それまでの岐阜県は、京都・大阪と東京の間での日帰り、通過型観光地であり、宿泊客数が少ない地域でした。宿泊が少ないということは、地元に落ちるお金（観光消費額）が少ないということで、どうすれば県内に適切なお金が落ちる仕組みを創出できるか、という課題解決に向け、前述したように、やみくもに観光客数を増やすだけではなく、「滞在型観光地として選ばれる岐阜県になる」ことを当面の目標として掲げました。

そのためには、県内に点在している従来までの有名観光地、例えば高山、長良川の鵜飼いや、世界遺産になっている白川郷などの観光資源に、新たな地域資源をつなぎ、線にして、さらには面へと広げること。それにより、どんどん県内の立ち寄る場所を増やし、立ち寄るだけではなく、もっと宿泊したいと思えるような高品質の本物の魅力を兼ね備えた新しい観光地づくりを提案しました。

それが前述した地域の方と一緒になって将来、観光資源になりそうな地域資源を発見し（原石の発掘）、磨き上げ、観光資源化する「岐阜の宝もの認定プロジェクト」への取り組みに重ねられていきます。

新しい観光資源開発で最も大切なのは、その地に様々な資源とともにくらす「人」の存在です。人の魅力があふれる場所であれば、それが自然資源であれ、文化資源であれ、もしくは産業資源であれ、その場所に必ず人は立ち寄り、そこで時間を過ごし、その人に「また会いたい」と思っていただけるはずだと考えました。

人が生き生きとくらしている「場所」には、必ず美味しい「食」があり、その地域ならではの「モノ」があり、その場所ならではの「物語」が存在します。私は、これからの観光資源の光の元となるのは、まさに、そういった人が存在する場所で、その地域ならではの資源を見出すことだと考えていました。

そこで県民のみなさんに向け、すでにある有名な観光地でなく、「あなたが将来、岐阜県の新しい観光地になると思う場所、人、コト、モノ等を教えてください」という主旨で、将来の岐阜県の観光の宝ものになる「観光資源の原石」の募集を二〇〇七年に実施しました。

この「観光資源の原石」を私たちは、「じまんの原石」と名付けました。将来の輝く宝ものになる観光資源は、単に経済活動だけの手段としての資源ではなく、地域のみなさんの「心のじまん」であるべきだという考えに基づいています。

当初は、どれくらい候補が集まるだろうかと心配していたのですが、ふたを開けてみると一八一一件の「じまんの原石」候補が集まり、例えば「自分の家の屋根の上からみえる夕日」などのパーソナルなものもありました。そこで集まったすべての内容を、例えば、あなたの家の夕日を見に観光客が訪れても大丈夫ですか？　などといった具合で一つずつ精査し、地域の市町村とも連携しながら、最終的には「じまんの原石」を五六件選定しました。そして、すべての現地調査を行い、国内外に通用する観光資源に匹敵する一番の資源を「岐阜の宝もの」に、もう少し頑張れば次、宝ものになると期待される資源を「明日の宝もの」として選定しました。第一回の選定が二〇〇八年に実施され、その後も、毎年、新たな候補の募集や、すでに選ばれている資源の磨き上げ（ブ

写③-1　「岐阜の宝もの」5件目に認定された中山道ぎふ17宿

出所：岐阜県。

ラッシュアップ）具合などをすべて現地再調査をし、新たな「岐阜の宝もの」や「明日の宝もの」を認定します。二〇一四年現在、「岐阜の宝もの」は五件、「明日の宝もの」は一一件認定されています【写③-1】。

認定基準は非常に厳しく、審査員には、県内でのしがらみを一切外し、例えば東京の有名な女性誌の編集長などによる新しいまっさらな視点と、新たな観光地づくりの可能性を理解していただける方々になっていただき、かつ、審査するだけではなく、地域の方が「資源の可能性」について、自らアピールしていただく（これによって、彼らは自らの地域資源をより客観的にみつめなおすことができる）プレゼンテーションの審査会も実施しつつ（もちろん、それに対する審査員からの専門的見地からの評価やアドバイスも実施します）、選びっぱなしでは決してなく、認定事業そのものが、地域を見直し、地域行政と民間との協働事業につながるように進めていきました。

宝ものに認定されると、県からブラッシュアップの補助金がたっぷりと受けられる仕組みもつくりました。要するに宝ものには、ブラッシュアップの事業に対して一〇〇％補助、明日の宝ものには八〇％、原石に対しては……といった具合で、県が堂々と〝えこひいき〟できる仕組みです。

例えば「天生県立自然公園と三湿原回廊」という自然資源が、岐阜県飛騨市のＮＰＯからエントリーされてきたときは、現地調査で、ＮＰＯの方のボランティアガイドをしながらその自然資源を守り、育み、頑張っていらっしゃる姿や、自然資源としての素晴らしさは充分納得したものの、当時は市町村合併の後遺症も若干あり、地元市町村との連携があまりうまくいっていないという印象を持ちました。さらに岐阜県のほぼ最北端にあり、公共交通手段も少なく、一般観光客が気楽に行くことができない場所でもあったので、まずは「じまんの原石」としての認定にとどめました【写③-2】。

ただ、この場所は、世界文化遺産の白川郷という世界でも有数の観光資源に近いという魅力があり、白川郷への訪問前後に、この自然資源に立ち寄るという新たなコースができれば、きっともう一泊していただけるのではと考えました。何より、ＮＰＯの方の地域への強い想い、熱意の存在や、過疎化が進む状況のなか、自らの足で調査した様々な観光ルート提案や、地域に若い人を呼び込んで魅力的なふるさとづくりをしたいという明快なビジョンを持っていらっしゃる姿に、将来の観光地づくりに向けた大きな可能性を感じました。

　同時にこういう想いの深い、魅力的な人が存在するところには、必ず、この「人」にまた会いたいというリピーターが出てくるとも思いました。

写③－2　天生県立自然公園

出所：岐阜県。

　さらに、白川郷と同様の著名な観光地であった高山との連携の可能性も鑑みて、何とか岐阜県の北端にあるこの場所の、豊かな自然の地域特性を生かしつつ（エコツーリズム実践型の）、人の魅力を兼ね備えた観光地化を実現したいと考えました。そこで、他地域や異業種連携や、独自のエコスタイルモデルづくり、人材育成など、様々な条件を付けた各種の支援事業を集中的に実施していきました。結果、四年をかけて、この素晴らしい自然資源は「じまんの原石」から順次、「明日の宝もの」、そして最後には「岐阜の宝もの」という観光資源に認定されていくことになったのです。

　現在、この資源は、白川郷や高山はもちろん岐阜県飛騨エリア一帯の他の地域資源との広域連携も進み、単体の観光資源での活動だけではなく、「飛騨の森リゾート」としてのエコツーリズム型の新たな観光プロジェクトへの広がりをみせています。市町村との関係もぐっと近くなり、互いに協力関係も結べるようになり、さらに官民連携としては、過疎化により廃止されていた地域を走る公共バスが、白川郷や高山と、この地域とをつなぐ観光バスとして、民間の協力により再開されることにもなりました。

　再開されたバスが走る姿をみて、ＮＰＯの方や地域のお年寄りが涙を流し、「自分たちの地域が再びよみがえった気がする」「忘れ去られた場所ではなかったんだね」などの言葉を発していらっしゃったと聞いて、この地域にはこの地域なりの身の丈にあった観光のスタイルがあるはずで、それを守りながら、でも観光地としての「光」を発することで、地域の人々にとっては、その光が、彼らがこの地にとどまり、くらしていくための地域の「心の灯台」の灯火になっていくのだと感じ、胸があつくなったものです。

こういった地域の方と一緒に、地道でも地域の愛すべき資源の観光資源化事業を粛々と進めることは、単に経済活動のためだけではなく（もちろん、継続のためにはある一定の経済活動ができるようにすることは必須ですが）、地域の文化やくらしを継続するエネルギーやきっかけづくりにもつながるということを実感した、私にとって、一生忘れられない事例のひとつです。

本来ならば、地域の持つ魅力はその地域に住む人々が一番良く知っていて、それをどんどん自慢し、発信すべきものだと思います。が、人は、その場所に長く居るとそれがみえなくなるということは、日本各地でしばしば起こっていることです。それだけでなく、地域が本来持っている大なり小なりの貴重な技術や、美しさ、伝統文化、モノづくりなどに目もくれず、先祖が必死で守り、継承してきた「場」の可能性を見捨ててしまうことが地方都市には起こりがちです。人は、決して一人でふるさとに生まれたわけではありませんし、その大地こそが、目にみえない誰かが過去、必死で守り継承してきてくれたかけがえの無い証、まさにレーゾン・デートルなのではないでしょうか？

地域の観光化の可能性を見つめ直し、実行することは、決して短絡的に儲けようとか、地域間競争のためだけに行うことではなく、今の時代を生きる私たちが過去から託されたバトンを未来へとしっかり手渡すための、有効な手法の一つだと私は考えています。

以前、白川郷の近くの旅館の経営者の方と話をしていたときに、ご主人がぽつりといった言葉があります。「息子の代になったら、もう旅館はつぶしても良いと思っているんです」と。その言葉を聞いて、「ご主人が先祖から受け取った貴重な財産を、失ってもよいのですか？　ご主人の使命は、もちろんこの旅館を経営して、ご家族を養うことかもしれないけれど、先祖から引き受けた贈り物としてのこの場所ならではの財産を未来につないで日本や世界に伝えるという大切なお役目も使命としてあるのではないですか？」というと、ご主人は、はっとした表情で、遠くをみつめました。そうか、そうだったな、という声が聞こえるようでした。私たちの人生は、自分だけのもののようでいて、そうでないことも多々あります。観光の「光」とは、そんなことにも気づかせてくれる「光」なのかもしれません。

【古田菜穂子】

地域をつむぐ——ヒトとミチがつむぐくらしのなかの観光と芸術

地域にとっての〝有形無形の「ベネフィット benefit」〟

最初にお伝えしておきたいのですが、私がここで記している事柄についてみなさんには、ちょっとしたドキュメンタリードラマでもみているかのような想像力と、〈時間感覚〉を持ってこの文章を読んでいただければと願っています。

時間感覚、というのは、私のようなソフトプランナーや、プロモーション・コミュニケーター、観光産業に携わったり、時代の先を読んでコンセプトを立てたりマーケティングを行う職業人にとっては必須の感覚です。それは、今、目の前にあるものを過去から未来へ常に時間軸を自在に往来しながら、想像の翼を広げてイメージし、共感性を持って物事を読み解き進めていくということでもあるのです。そんなわけで、前講でも少し触れた「岐阜の宝ものプロジェクト」についても、そんな感覚で以後、読み進んでみてください。

このプロジェクトは、地域に内在する様々な資源を「見つけ」「磨き」「発信」し、地域資源を「光」として観光資源化させていく事業です。「地域資源＝原石」を磨き、他の様々な資源とつないで地域の宝ものにすることによって地域にくらす人々も輝き、そのキラキラ輝く光に吸い寄せられるように外から人が集まり始め、その結果、様々な人・コト、モノの情報、そして経済的な交流や循環が生まれ、地域の人々にとって〝有形無形の「ベネフィット benefit」〟が得られるようになることをめざしています。それが、本書の最大のテーマである「脱観光的」な、〝光を観る、魅せる（観せる）〟タイプの新しい観光産業化の始まりにもつながると考えています。

この〝有形無形の「ベネフィット」〟というのが、とても大切なことなのです。ちなみに benefit は英語ですが、この言葉が「お金だけでは得られない、個人または集団の幸福

図④－1　岐阜県観光資源分布図

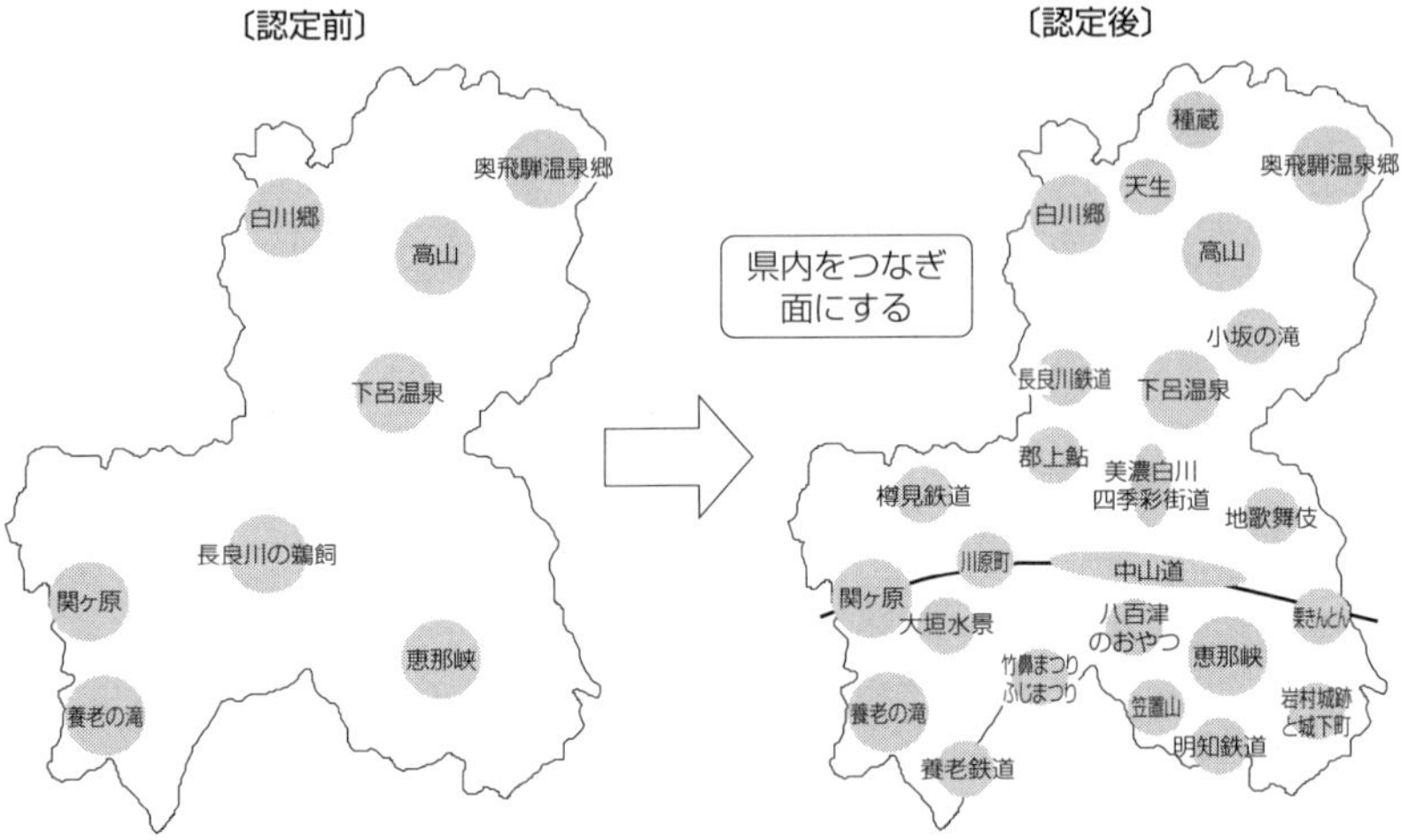

出所：筆者作成。

（福祉）につながる利益」を表しているのに対し、profitが「物質的または金銭的な利益」を表しています。同じ「利益」でも、benefitに一番近い感覚を表す日本語は「恩恵」で、profitは「儲け」という感じです。

人がくらしていくためには、当然profitは必要ですが、人が生き生きとくらしていくには、benefitが大切だと思いませんか？　長年、地域の人々と一緒に各種プロジェクトを実施してきた私は、今、それをつくづく実感しています。

この講では、実際に地域の人々、それも「清流の国～岐阜県」を象徴する農山村地域に住む人々にとって「岐阜の宝ものプロジェクト」を通じて得られた〝有形無形の「benefit／利益・恩恵」〟とは何だったのか？　という問いについて考えてみたいと思います。

それはこの先、岐阜県のみならず日本の地方都市や農山村に住む人々に加え、都市部に住む人々にも意味のある、持続可能な未来の社会をつくりだしていくための大切なキーワード（もしくはビジョン）になると信じているからです。

「岐阜の宝もの」認定事業の副産物

ここで上の図をみてください。「岐阜の宝ものプロジェクト」認定前の岐阜県の有名観光地が記されているのが左側で、右側がプロジェクトを経て多数の地域資源を見出した、二〇一四年現在の岐阜県の図です【図④-1】。

こうしてみてみると、当初は県内に〈点在〉していた観光地が、県内東西南北に広がり、それらをつなぐと、いろいろな旅のルートが描けるようになったことがわかります。つなぐ、ということは、これらの地域資源がつながるための「道」ができる、ということです。道は、ただ〝ある〟だけでは「つなぐ道」にはなりません。A地点とB地点がつながって、人やモノや情報が行き交って初めて「道」ができるのです。

地方都市の山村地域に行くと、あまり人や車が通らないのに、妙に立派な「道路」をみかけます。高度成長期以降に政治的なしがらみもあって各地に多数できた舗装道路で、そのお陰で便利になったこともちろんあるとは思いますが、でも例えば暑い夏の日に、アスファルトの照り返しのなか、その道を歩いている様子を思い浮かべてみてください。あのような「道路」は人が歩く道ではなくて、やはり「車」が「通り過ぎる」移動のための道で、人を運んではくれますが、その道自体をゆっくり旅するという発想ではありません。

こうして考えると、人と人や、場所と場所をつなぐ「道」といっても、様々なタイプがあることがわかります。では、地域資源の「光」をつなぐ、観光の道とは、どのような道であってほしいと思いますか？　私たちが見出した新しい地域資源をつなぐ道にも、まだまだ「道路」レベルの「道」もありますが、そもそも「地域に内在していた資源の再発見」がプロジェクトの主旨ですから、それら資源は、過去に「あった」「道」の記憶とともに再発見されることも多く、再び「人の道」としての「観光の道」になる可能性は、山を切り開いてつくった「道路」に比べるとずっと高いのではと考えています。

昔の人々がつくりだした「行き来できる道」は、その土地の特性や過去の出来事を感じ取ってできたものが多いため、災害に強かったり、一見、遠回りにみえても、途中で素晴らしい景色が眺められたり、乾いたのどを潤す湧き水や、露天風呂など、旅人の気分を一新させ、生理的な調子を整えることができる「なるほど！」ポイントが隠れていることが多々あります。

こういったところからも、自然とともに寄り添って来た先人たちの知恵と感性に出会うことができるわけで、それもまた大きな「ベネフィット」だと思います。

「道」といえば、江戸時代、五街道のひとつで、江戸と京都を結ぶ全長一三五里三二丁（約五三四キロメートル）に六九の宿場が置かれていた「中山道」をご存じでしょうか。「東海道」に並び、現在も全国各所で歴史やウォーキング愛好家などに親しまれている「街道」ですが、そのうちの一七

写④－1　東のはじまり「馬籠宿」

出所：岐阜県。

宿（全長約一二六・五キロメートル）が、岐阜県の美濃地方を東西に横断して現存し、往時の面影を色濃く残しています［写④－1］。

それぞれの宿場ごとに、現存具合の程度の差はありますが、岐阜県では、この一七の宿場とそれをつなぐ街道を、二〇一三年三月、「岐阜の宝もの」に認定し、「街道観光」として他の資源をつなぐ東西の大動脈にしようと、様々なブラッシュアッププログラムを進めています。

これは、各資源を磨いて光にするだけでなく、その資源をつなぐ「道」自体を観光資源化して、近隣の地域をもう一度、輝かせようという逆転発想です。もちろん、一七の宿場全部が同じようなレベルの観光地にはなれないかもしれませんが、一七の宿場をつなぐ「道」に注目することで、地元の人ですら忘れかけていた地域の歴史、交流や、生活文化情報を取り戻し、まちづくりへの一環にもしようと考えました。

そのために企画したのが、「ぎふがつながる　中山道ぎふ一七宿歩き旅／〝景色、味覚、癒し、ふれあい。東の馬籠宿から西の今須宿まで、全一七宿の旅路を楽しみ尽くす、岐阜県の中山道・歩き旅〟」という、一七宿場全部を一斉につないで実施する事業です。実施に向け、半年ほど前から一七宿を有する市町村の関係者に集まっていただき、何度も会議を重ね、主旨を丁寧に伝えながら、一定期間、中山道を歩いている旅人に向けて、例えば地域の伝統食を振る舞う、教える、お祭りの復活、モノづくり、など地域ならではのおもてなしイベントをすべての宿場で開催してほしいとお願いしました。

集まった市町村の行政担当者や、宿場保存に取り組んでいる地域のお年寄り（中山道イベントに協力するという方々は、その大部分が年配の方で、これも大きな課題でした）は、最初は何でまた、そんなことを県は始めるのか、という感じでしたが、会を重ねていくと人々のなかから、「自分ができることがあるのなら、やってもいいけど」という言葉が出るようになりました。

岐阜県の県民性か、こういう新たなチャレンジに対しては、最初から「やるぞー！」という人は少なく、しばらくして、実施者たちが楽しそうにしていれば、「じゃあ、ちょっとやってみようか」と重い腰を上げる。でも、一度やると決めたら一生懸命やるという傾向があります。これはお年寄りに限らず、企業経営者にも似たところがあり、だからこそ本気、やる気になっていただくためには最初は小さくても「成功事例」や「楽しそう」と思ってもらえる姿（成功のモデルケース）をみせることが大切です。さらに「隣の宿場が頑張っているのに、やらないわけにはいかない」という想いに誘導することも大切なポイントです。

ですから会議のなかではファシリテーターを入れ、ワークショップ形式で他地域の先行・成功事例を発表してもらうなど工夫を凝らし、なんとか全宿場でのイベントをラインナップでき、無事、開催することができました。

期間中、私もいくつかの宿場を歩きましたが、県庁スタッフの何人かは、下見もかねて全行程を踏破しました。彼らは半年近くかけて全行程を歩くなかで、途中の道のりの素晴らしい点、車がビュンビュン通行して危険な箇所、案内看板がよくみえない、宿泊ポイントが少ない、カフェや休憩所になりそうな箇所の発見……など長所短所含め、観光視点だけでなく、まちづくりや道路、都市計画など含めた行政マンとしての今後の課題も発見できたと語ってくれました。

その他、この事業を通じて、あまり交流のなかった東の馬籠宿の方と西の今須宿の関係者が互いの宿場を訪ねたり、地域の方々からは、自分の居場所についての再発見をするだけでなく、疎遠になりかけていた地域間の人間関係が少しつむぎなおせたとか、当たり前に思っていたモノが若い人にとっては意外に面白いこと、地産地消の郷土食に興味を持つ若者や、小さなお子さんを持つ若い夫婦などが多いことにも驚いた、などの意見もありました。

そんななか、印象的だったのが、ある宿場で五平餅づくりなどを教える体験イベントを実施してくださったおばあちゃんたちが「局長さん（私のことです）、今回は、うちらのところばっかりやっとったで（自分のところでばかりでイベントをやっていたので）、他の宿場が何をやっとったか（何をやっていたか）、ようわからんかったんが（よくわからなかったのが）残念やったでさ～（残念だったので）、今度は、他の宿場にも見に行けるようにしてちょうよ（してほしい）」といってくださったことです。

他地域でおもてなしを受けた観光客の方からの話や、イベントを紹介するパンフレットなどを見聞きしたおばあちゃんたちが、他地域の事業に関心を持ち、〝そこ〟へ、行きたいと思ってくれ（旅感覚の初まりです）、さらに「今度は」と、次回の開催が「あること」を前提にいってくださったこと。それらをケラケラ笑いながら私に訴えるおばあちゃんたちの明るい表情がとてつもなく嬉しかったのを覚えています。

「岐阜の宝もの」第一号・小坂の滝巡りの例

次に、観光資源化に向けていくなかで地域の意識が劇的に変化していった事例として、岐阜の宝もの第一号に選ばれた「小坂の滝めぐり」について、お伝えしたいと思います。

二〇〇八年「岐阜の宝もの」の調査初年度の初夏、「小坂の滝めぐり」という自然資源がじまんの原石にエントリーされ、岐阜県下呂市小坂町の現地に数名の審査員とともに赴いたときの驚きは言葉に尽くせぬものがありました。

日本三大温泉として知られる下呂温泉から車で三〇分ほど行くと、御嶽山の麓に「がんだて峡」という、溶岩流でできた巨大な絶壁があります。そういえば子どもの頃にここまでは来たことがあるなあという記憶を思い出しつつ駐車場で車を降り、「飛騨小坂二〇〇滝」というNPOの方々の導きで遊歩道の階段をとんとんと降りていくと、一瞬にして場の雰囲気が変化しました。

唐突に、目の前に轟音を立てた巨大な滝が現れたのです。その美しさ、大自然にすっぽり包まれるような心地よさ。段階的に滝の全貌がみえてくるようにうまくつくられた階段や小道も、スリル満点ながらも安全で、そういった周辺環境の保全、整備なども、ガイドを務めているNPOのみなさんが日々実施していると聞き、もう、声もでないほどの感動でした。マイナスイオンいっぱいの滝しぶきを浴びながらガイドの方の話を聞きつつ、さらに奥に進むと、またひとつ、先ほどの滝とは形の違う、深い透明な紺碧色の滝が目前に現れ、もう圧倒されっぱなしの審査員一同。しかし、驚くのはまだ早い！　なんとこの先に、まだ二〇〇もの滝が存在しているというではありませんか！

実はこの滝、市町村の支援を貰いつつも、地元の方たちが二〇〇以上の滝の調査、保全、階段や遊歩道の整備など、ほとんどを手弁当で何年もかけて行ってきたとのこと。当初、彼らはそれを観光資源にしようとはそれほど考えていなかったようですが、「じまんの原石募集」の話を聞いて、この滝こそは、まさに「じまんの宝だ！」との思いで応募してきてくださったのです。

今まで、ほとんど知られていなかった小坂の二〇〇滝、それぞれの滝の個性を活かした滝めぐりができるように粛々とコースづくりをしていたNPOのみなさんの活動の素晴らしさは「岐阜の宝もの」に他ならない！　ということで、審査員全員一致で「岐阜の宝もの」第一号に選びました。下呂温泉からたった三〇分というのも、新しい観光地づくりの条件にぴったり合致するものでした［写④-2］。

とにかくこの素晴らしい自然資源を、いち早く、でも丁寧に観光資源化し、「ウェルネスツーリズムぎふ」の看板商品にしようと考えました。マスメディアを活用したメディア戦略への努力はもちろんですが、一方で、この自然資源を観光資源化するには、一時のブームで終わらせるのではなく、地域の方とともに、地に足の着いた慎重かつ丁寧な資源の環境整備が必要だと考えました。

そのためには、地元の方々の意識改革の必要性も痛感し、東京の有名なアウトドアメーカーのプランナーに滝めぐりを体験していただき、この場所の素晴らしさや観光資源化への可能性を地域の人々に向けて語っていただいたり、都会の若い女の子たちを集めたモニターツアーを幾度となく開催し、滝めぐりの後に現地でお茶会をし、エコフレンドリーな旅のスタイルを満喫している姿を地域の人々にも可視化するなど、地域に新しい景色が誕生しつつあることが目にみえるようにも心がけました。

写④－2　小坂の滝めぐり（あかがねとよ）

出所：岐阜県。

さらに新しいターゲット層の開拓、地域の子どもたちへの体験学習への利用、ガイド養成講座の実施、閉鎖されていた冬期の体験事業の開発、地産地消の食やお土産開発、拠点の整備、周辺地域の調査、開拓など、様々なブラッシュアッププログラムを実行していきました。何よりＮＰＯの方々の活動を持続可能なものにするためには、彼らに「この自然資源を観光資源化するのだ」という強い意識を持っていただくことが必要で、ＮＰＯの方々とは、本気でお金が取れるガイドになろうと話し合いました。

そんななか、特に年配の方々には、若い女の子たちへのガイドは新鮮で、とても刺激的だったようです（彼女たちのエネルギーに触れられる嬉しさもあったでしょうけれど！）。彼らは、自然好きな人たちだけを滝めぐりに案内しているときとまったく違う、若い女子の反応を初めて知ったのです。滝の水が綺麗だということなどは当たり前すぎであえていってこなかったのに、「キャー、ステキ！」とはしゃぎながら感動する都会のお洒落な山ガール、そういう人たちが来ると、自分たちの目線も、何より周辺の景色が変わるということに気付いたのです。このように老若男女、多様な人々を相手にガイドを行うという喜びも芽生え、プロフェッショナルなガイドとしての意識もさらに高まっていきました。

こうして地域のみなさんの相当の努力も加わり、三年間ほどかけて多方面から様々なサポート事業を行うなかで、「小坂の滝めぐり」は、国内外に通用する観光資源に育っていきました。同時に若手ガイドの養成にも取り組み、数はまだ少ないですが、若い後継者ガイドが家族とともに小坂に移住し（小さなお子さんも誕生し！）、父親ほど歳の違う先輩ガイドとともに活躍しています。

「今までは、安全にガイドすることばかり考えていたけど、今は、安全は当たり前、そこに、いかに楽しんでもらえるかを考えてガイドするようになった」ある年配の男性ガイドさんの言葉です。私たちがあれこれいわなくても、こんなふうに〈場の力〉のあるところでは、人もまた、自然に変化していくものなのです。

また小坂の変化は「小坂二〇〇滝」のＮＰＯの方々だけにとどまりません。地域を見直して観光客を増やすプログラムの一貫として、地域の安心、安全な食材を活かした郷土料理で訪問者をもてなす会の結成や、新しいお土産づくりへの取り組み、地元の民話を集め、郷土館の囲炉裏の前で紙芝居の朗読をして宿泊観光客をもてなすなど、女性のみなさんも負けてはいられないと地域が活性化していきました。

そのほか小坂地域周辺には、湯屋温泉、下島温泉、濁河温泉という小さな温泉地もありましたので、下呂だけではなく、これらの温泉地にも滞在して健康になっていただけるような長期滞在型プログラムを地域のみなさんとともに開発しようという動きも生まれています。

そして、観光資源としての「小坂の滝めぐり」の誕生は、もうひとつ、岐阜県内の観光地に新しい変化をもたらせました。実は小坂を挟んで位置する高山市と下呂市は、ともに観光が基幹産業のひとつですが、過去、協力して観光プロモーションを行うことは少なかったのです。が、この地への観光客が増え（観光地として認識され）、メディアに多数掲載されるにしたがい、両市と小坂をつなぐ観光商品が造成され、一緒にプロモーションを行うようになったのです。

最近では「下呂温泉、飛騨高山発！　路線バスで、飛騨小坂に出かけよう！」という下呂、小坂、高山の三地点をつなぐバス路線も誕生しました。高山と下呂という観光地が、小坂という滞在先とつながることで、面としての観光ルートとなって滞在時間の増加につながり、どちらかにもう一泊してもらえる可能性も上がります。お互いにWIN-WINをめざそうということです。こういった事例はこの地域にとどまらず、広域連携にも発展します。まさに県内の資源の光が、つながりあって、大きな光になっていくことを予感させる一歩でした。

東濃地方の地歌舞伎と芝居小屋の例

最後に、伝統文化資源を観光資源化した事例として、二〇一〇年に「岐阜の宝もの」に選ばれた「東濃地方の地歌舞伎と芝居小屋」をご紹介します。

「地歌舞伎って何?」という方のために、少し説明をさせていただくと、通常、歌舞伎座などでプロの「歌舞伎役者」が演じる歌舞伎が「大歌舞伎」と呼ばれるのに対し、地域に残る芝居小屋で、素人役者が〝自腹を切ってお客さんに観ていただく〟歌舞伎を「地歌舞伎」、または「農村歌舞伎」と呼びます。日本にはこういった地歌舞伎の保存、継承活動をしている団体が、全国に二〇〇ほどあるなか、岐阜県では全国最多の二九の団体が現在も活動しており、そのうち一六団体が「東濃地方」と呼ばれる県の南東部に集中し、新旧七つの芝居小屋を拠点に、今も定期的に上演を続けています。

毎年、無料で行われる定期公演には、地歌舞伎ファンが各地から東濃地方に訪れますが、この地域が全国でも知る人ぞ知る、地歌舞伎のメッカであり続けているのには、地歌舞伎をひたすら愛する人々の存在に加えて、他の地方とは異なった地理的・歴史必然性もあったといわれています。

東濃地方の地歌舞伎の起こりは、江戸時代・元禄年間。「西の藤十郎。東の團十郎」といわれた京の初代・坂田藤十郎、江戸の初代・市川團十郎が活躍し、名作家の近松門左衛門の登場で、都市部で大歌舞伎が爆発的な人気を集めていた時代です。その隆盛は、旅興行として街道沿いに全国へ波及し、各地の有力者らは、神社の境内などに競って芝居小屋を建てました。移動することがたやすくなかった当時の人々にとっては、このように「街道」の向こう(異郷)から訪れる芸達者な人々を、都の情報を「物語」とともに運んでくれる〝まれびと〟として、芸能(異能)の神さまの到来のように歓待したことでしょう。やがて観るだけでは満足できなかった人々が、自ら演ずるようになったのが、素人歌舞伎の始まりといわれます。

江戸時代の東濃地方一帯は尾張藩の管轄で、中山道をはじめとした主要街道の交差点でもあり都市からの人、モノ、文化が伝わりやすく、東濃檜の産地として経済的にも豊かで、地域の材を活用した素晴らしい地歌舞伎小屋が多くつくられ、地歌舞伎が定着する環境が整っていったようです。ちなみに人々があまりに歌舞伎に夢中になったため、天保年間には全国的に歌舞伎を弾圧する動きもあったようですが、尾張藩の重要な収入源だったこの地方だけは芝居公演が黙認され、地歌舞伎は伝承されてきたといわれます。

そんな東濃地方の地歌舞伎も、何度も存続の危機に直面し、特に戦中は公演も途絶え、戦後の高度成長期には娯楽の多様

写④－3　地歌舞伎小屋—明治座

出所：岐阜県。

化により一気に地歌舞伎離れが進みます。ですが地域の大切な宝を無くしてはいけないと、「地歌舞伎には道楽の域を超えた面白さがある」との「歌舞伎馬鹿」を自認する人々が立ち上がり、東濃地方の一五団体が集まって「東濃歌舞伎保存会」を発足、自らが舞台に立ち、衣装の調達、小道具の修理、再生、芝居小屋の存続に向け、地域の伝統文化を地域が支え合うというスタイルを継承してきました［写④－3］。

その後、二〇一〇年の「岐阜の宝もの」認定に伴い、保存会、行政、地域が一体となった「岐阜自慢ジカブキプロジェクト」が発足し、「東濃地方の地歌舞伎と芝居小屋」という観光資源づくりをめざすことになりました。

二〇一〇年一〇月には上海万博日本館の「岐阜県の日」の舞台で熱演、現地のお客様の拍手喝采とフラッシュの嵐を浴び、二〇一一年にはシンガポールの旅行博、二〇一二年には新宿歌舞伎町での「岐阜県地歌舞伎座」の開催、高松の旧金比羅大芝居「さぬき歌舞伎まつり」への招待など、国内外の各種プロモーションイベントにも積極的に参加していただきました。

でも、こういったプロモーションへの参加には、当然のことながら、当初は関係者には大きな戸惑いがありました。ただひたすら好きでやってきた地歌舞伎であって、自分たちは人寄せパンダじゃない、貴重な伝統文化をこんなふうにエンターテイメント的な見せ方をしてもよいのだろうか、そもそも外国の方に地歌舞伎のことが理解できるのか、といった感じです。みなさん、他に仕事があるなかでの活動ですし、そういった戸惑いも十分理解できましたが、地歌舞伎を観光資源化する目的は単にお金儲けだけのためでなく、地域に残る貴重な伝統文化や芸術を、後世に残していくためもあるのだと力説しました。

そのためには、まずこの資源の価値を見直し、一般の人々にも地歌舞伎と芝居小屋に興味を持っていただけるための〈入口体験〉をつくること。それをきっかけに地域に滞在し、地域の人と触れ合って物心両面でのお土産を持ち帰り、またこの地に来たいと思える循環の仕組みをつくる必要があること。そんなふうに地歌舞伎を観光商品化して世界中の人々に伝えていけば、それが地域の人々や子どもたちにも伝わり、地域がもっと元気になると話し合いました。

プロジェクトでは、公演が無くても常時「地歌舞伎」に触れることができる多種多様な観光プログラムづくりに重点を置きました。例えば、芝居小屋をめぐるだけでも楽しめる地歌舞伎ガイドの養成や、地歌舞伎のメイク体験、衣装体験、英語解説者の導入、子どもたち向け体験プログラムの実施など、地域ごとの特徴を生かした、素朴でも、本格的なプログラムをつくってもらいました。

「地歌舞伎役者体験ツアー」という一泊二日で近くの温泉宿に泊まるツアーでは、あらかじめ参加者に地歌舞伎演目の台本が渡され、初日には、メイクや着付け、立ち回りなどを師匠から学び、翌日は役者になり、演目を地歌舞伎小屋の舞台で上演するというユニークな内容で、主に都会の大人の女性たちに人気の商品になり、現在はアジアや欧州向け観光商品としてもプロモーションを開始しています。あわせて農山村地域ならではの地産地消の地歌舞伎弁当や、地元の素材を使った地歌舞伎にちなんだ和菓子のお土産などもつくりました。

こうして文化資源の観光資源化に取り組んだ「地歌舞伎」ですが、注目を浴びることで各地で開催される定期公演への観客数も年々増えるという嬉しい効果も生みました。

おわりに――観光の「光」と、永遠の「雪かき」

こういった形で、岐阜県内のみなさんとともに、地域づくりを行いながら、地域資源を活かし、国内外に通用する観光資源化に取り組んでいきましたが、これらが持続可能な地域還元型の観光資源になるためには、付加価値の高い、本物の、質(クオリティ)が求められ続けます。

行政は、事業のエンジンをかけることはできますが、質の高い本物であり続けるための作業とは、結局は、地域の人たちの、永遠に降り続く「雪かき」のような作業によって成立していくものなのかもしれません。

そのためのすべての基本は「地域への愛」です。今までも、そしてこれからも、そういった地域の人々の「愛や想い」に支えられていくのだと実感しています。

永遠の「雪かき」とは、人間の根源的な行為のようにも思います。私はそこに人が生きるアート(芸術)を感じます。物語を感じます。それによって私は生かされているのだとすら思います。そしていつも最後にはこの言葉に辿り着きます。

〝それこそが観光の「光」なのだ〟ということに――。


【古田菜穂子】

【執筆者紹介】（執筆順，＊は編者）

＊井口《いぐち》　貢《みつぐ》	同志社大学政策学部・総合政策科学研究科教授	第１・２・３・12・最終講
片山《かたやま》　明久《あきひさ》	京都文教大学総合社会学部准教授	第４・８講
本康《もとやす》　宏史《ひろし》	金沢星稜大学経済学部教授	第５・９講
古池《こいけ》　嘉和《よしかず》	名古屋学院大学現代社会学部教授	第６・７講
小泉《こいずみ》　凡《ぼん》	島根県立大学短期大学部教授	第10講
安元《やすもと》　彦心《げんしん》	岐阜済美学院済美高等学校教諭	第11講
岩﨑《いわさき》　竹彦《たけひこ》	熊本大学五高記念館准教授	特講①・②
古田菜穂子《ふるたなほこ》	岐阜県観光国際戦略顧問・フリープロデューサー	特講③・④

Horitsu Bunka Sha

観光学事始め
――「脱観光的」観光のススメ

2015年８月10日　初版第１刷発行

編　者　井　口　　貢

発行者　田　靡　純　子

発行所　株式会社 法律文化社

〒603-8053
京都市北区上賀茂岩ヶ垣内町71
電話 075(791)7131　FAX 075(721)8400
http://www.hou-bun.com/

＊乱丁など不良本がありましたら、ご連絡ください。
お取り替えいたします。

印刷：中村印刷㈱／製本：㈱吉田三誠堂製本所
装幀：仁井谷伴子

ISBN 978-4-589-03694-0